高职高专"十二五"会计与财务管理专业系列规划教材

会计电算化实训

COMPUTERIZED ACCOUNTING PRACTICE

（用友8.7版）

主　编　李　迎　周平根
副主编　李晓妮　刘玉萍

西安交通大学出版社
XI'AN JIAOTONG UNIVERSITY PRESS

内容提要

本书是为了满足高职高专会计及财务管理相关专业"会计电算化"课程实验教学使用而编写的。

本书共包括了18个实验（项目），内容涉及系统管理、总账、UFO报表、薪资管理、固定资产、应收、应付、采购、销售、库存等模块，并且以项目驱动方式介绍了以上模块的主要功能。本书注重实践动手能力，以通用性较好、市场占有份额较高的用友U8软件为例，图文并茂地介绍了每个实验的具体操作步骤和注意问题，突破了传统实验教程单纯财务软件的限制，结合社会发展需求，考虑了软件应用功能的扩展，将财务部分与业务部分有机结合，体现了ERP的管理思想。书中的实验数据完整、结构清晰、讲解详尽，所列实验既有单独运行的，也有环环相扣的，可以适应不同层次的教学需要。

本书是高职高专会计与财务管理专业系列规划教材，是李迎主编的《会计电算化》的配套实训教材。适用于高职高专院校会计、会计电算化及其他财经类专业教学使用，也可作为会计电算化上岗培训、会计电算化社会培训教材，同时也适合会计电算化爱好者自学使用。

前言 Preface

会计电算化是一门综合性边缘学科,其内容涵盖了会计科学、信息科学、管理科学和计算机等多门学科。本教材选择了国内流行的会计软件进行详细的案例讲解,通过模拟企业的会计业务数据,分别介绍了总账、报表、工资、固定资产、供应链系统的基本功能及操作方法。通过各项目的练习,读者能够更好地增强动手实践能力。

本教材在编写过程中体现了以下几个特点:

一、采用任务驱动形式

本书采用任务驱动模式,每个项目都有明确的任务和目标,又将任务逐层细分,通过子任务和具体操作步骤,帮助读者快速掌握操作原理和方法。

二、案例模拟数据完善

本教材的项目案例既有相对独立的账套数据,可以让读者学习和掌握某个模块功能,又有前后衔接紧凑的数据案例,操作上具有数据连贯性的特点。本书还包括一个综合案例,来检验读者对所学知识的综合应用能力。

三、实验采用最新数据

本书的所有项目模拟数据均采用现行《企业会计准则》的科目编码、名称,采用新会计报表格式。每个实验包括学习目标、项目分析、任务分析和任务结果几部分,读者可以明确学习任务、了解项目操作步骤、核对项目结果。在任务分析中对涉及的一些相关知识及操作进行详细说明,使读者能够更好地理解这些概念并应用到实际的数据处理工作中。

全书的项目实验是依托国内优秀的财务软件用友 ERP-U8.72 版本进行的。本书的实验可以分为三部分。第一部分用十二个项目详细介绍了从系统管理到会计报表生成的全过程,包括了总账系统的基础账务处理、出纳管理、辅助核算和会计报表等内容;第二部分用两个项目介绍了工资、固定资产系统的操作方法;第三部分用三个项目介绍了供应链及应收、应付系统的操作方法。通过实践操作,学生真正能够融会贯通地掌握财务软件的操作。

本教材由李迎、周平根担任主编,李晓妮、刘玉萍担任副主编,李迎负责设计教材的总体结构和总纂。项目一至项目四由陕西财经职业技术学院李迎老师编写;项目五和项目十六由由河北工程高等专科学校王桐岳老师编写;项目六至项目九由西安职业技术学院李晓妮老师编写;项目十由编陕西财经职业技术学院吉珠老师编写;项目十一、十二由陕西财经职业技术学院杨亚静老师编写;项目十三至十五由石家庄财经职业学院刘玉萍老师老师编写;项目十七由江海职业技术学院方丽老师编写;项目十八由南京正德学院周平根老师编写。本书适用于高等院校会计类及其他相关经济管理专业的会计电算化课程的上机训练用教材,也可作为大中专院校、成人院校的财务会计类专业培训操作教材。

鉴于笔者水平有限,研究不够充分,难免有疏漏和不足之处,恳望不吝赐教。

编 者

2013 年 10 月

目录 Contents

项目一　系统管理 ………………………………………………………………… (1)
　　任务一　新建账套 ………………………………………………………………… (19)
　　任务二　账套管理 ………………………………………………………………… (25)
　　任务三　其他功能 ………………………………………………………………… (31)

项目二　基础设置 ………………………………………………………………… (33)
　　任务一　机构管理 ………………………………………………………………… (37)
　　任务二　外汇汇率设置 …………………………………………………………… (40)
　　任务三　会计科目 ………………………………………………………………… (41)

项目三　总账系统初始设置 ……………………………………………………… (46)
　　任务一　选项卡设置 ……………………………………………………………… (49)
　　任务二　结算方式设置 …………………………………………………………… (52)
　　任务三　凭证类别设置 …………………………………………………………… (53)
　　任务四　期初余额录入 …………………………………………………………… (53)
　　任务五　常用摘要 ………………………………………………………………… (55)
　　任务六　常用凭证 ………………………………………………………………… (55)

项目四　总账系统日常业务 ……………………………………………………… (57)
　　任务一　填制记账凭证 …………………………………………………………… (61)
　　任务二　修改记账凭证——直接修改法 ………………………………………… (64)
　　任务三　删除记账凭证 …………………………………………………………… (65)
　　任务四　审核记账凭证 …………………………………………………………… (66)
　　任务五　修改记账凭证——消审修改 …………………………………………… (68)
　　任务六　凭证记账 ………………………………………………………………… (68)
　　任务七　修改凭证——红字冲销修改已记账凭证 ……………………………… (72)
　　任务八　账簿输出（账套主管） ………………………………………………… (74)

项目五　期末处理 ………………………………………………………………… (83)
　　任务一　转账定义 ………………………………………………………………… (84)
　　任务二　转账生成 ………………………………………………………………… (88)
　　任务三　对账 ……………………………………………………………………… (94)
　　任务四　结账 ……………………………………………………………………… (95)
　　任务五　反结账 …………………………………………………………………… (96)

项目六 出纳管理 (97)
- 任务一 新建账套 (101)
- 任务二 设置基础档案 (102)
- 任务三 总账系统初始化 (103)
- 任务四 凭证处理 (104)
- 任务五 出纳管理 (107)
- 任务六 结账 (119)

项目七 现金流量核算与管理 (120)
- 任务一 指定现金流量科目 (123)
- 任务二 定义现金流量项目 (123)
- 任务三 设置总账系统参数 (125)
- 任务四 现金流量凭证处理 (126)
- 任务五 现金流量账表管理 (130)

项目八 往来辅助核算与管理 (134)
- 任务一 任务准备 (138)
- 任务二 设置基础档案 (139)
- 任务三 录入辅助核算账户期初余额 (143)
- 任务四 往来业务处理 (143)
- 任务五 客户往来管理 (144)
- 任务六 供应商往来管理 (150)
- 任务七 个人往来管理 (150)

项目九 部门辅助核算与管理 (152)
- 任务一 设置基础档案 (154)
- 任务二 部门辅助核算业务处理 (155)
- 任务三 部门总账管理 (155)
- 任务四 部门明细账管理 (158)
- 任务五 部门收支分析 (159)

项目十 项目辅助核算与管理 (161)
- 任务一 任务准备 (164)
- 任务二 项目辅助核算初始设置 (165)
- 任务三 项目辅助核算业务处理 (168)
- 任务四 项目总账管理 (169)
- 任务五 项目明细账管理 (171)
- 任务六 项目统计分析 (172)

项目十一　UFO报表系统初始设置 …………………………………………………… (175)
　　任务一　启动UFO报表 ………………………………………………………… (183)
　　任务二　新建报表 ……………………………………………………………… (184)
　　任务三　删除报表 ……………………………………………………………… (184)
　　任务四　设置文件口令 ………………………………………………………… (184)
　　任务五　自定义报表格式 ……………………………………………………… (185)
　　任务六　设置关键字 …………………………………………………………… (187)
　　任务七　套用报表模板 ………………………………………………………… (187)
　　任务八　定义报表单元计算公式 ……………………………………………… (188)
　　任务九　定义报表审核公式 …………………………………………………… (189)

项目十二　UFO报表系统数据处理与输出 …………………………………………… (191)
　　任务一　新增表页 ……………………………………………………………… (193)
　　任务二　录入关键字 …………………………………………………………… (193)
　　任务三　生成报表数据 ………………………………………………………… (194)
　　任务四　审核报表 ……………………………………………………………… (194)
　　任务五　报表汇总 ……………………………………………………………… (195)
　　任务六　报表透视分析 ………………………………………………………… (195)
　　任务七　报表图形分析 ………………………………………………………… (196)
　　任务八　舍位平衡 ……………………………………………………………… (197)
　　任务九　报表顺序 ……………………………………………………………… (197)

项目十三　薪资管理 …………………………………………………………………… (202)
　　任务一　薪资管理系统初始设置 ……………………………………………… (205)
　　任务二　薪资管理系统业务处理 ……………………………………………… (214)

项目十四　固定资产管理 ……………………………………………………………… (222)
　　任务一　固定资产管理系统初始设置 ………………………………………… (225)
　　任务二　固定资产管理系统业务处理 ………………………………………… (231)

项目十五　应收款管理系统 …………………………………………………………… (237)
　　任务一　初始设置 ……………………………………………………………… (243)
　　任务二　日常业务处理 ………………………………………………………… (248)
　　任务三　期末结账 ……………………………………………………………… (253)

项目十六　应付款管理系统 …………………………………………………………… (255)
　　任务一　初始设置 ……………………………………………………………… (257)
　　任务二　日常业务处理 ………………………………………………………… (260)
　　任务三　查询账款 ……………………………………………………………… (266)
　　任务四　月末结账 ……………………………………………………………… (266)

项目十七　采购、销售、库存管理……………………………………………………(268)
　　任务一　定义基础档案……………………………………………………………(272)
　　任务二　供应链各模块初始设置…………………………………………………(273)
　　任务三　业务处理…………………………………………………………………(274)
　　任务四　期末结账…………………………………………………………………(281)

项目十八　财务会计综合实验………………………………………………………(283)
　　综合一　系统管理…………………………………………………………………(283)
　　综合二　基础设置…………………………………………………………………(284)
　　综合三　总账系统初始设置………………………………………………………(287)
　　综合四　总账系统日常业务处理…………………………………………………(292)
　　综合五　出纳管理…………………………………………………………………(294)
　　综合六　总账系统期末业务处理…………………………………………………(295)
　　综合七　报表格式设置……………………………………………………………(297)
　　综合八　报表数据处理……………………………………………………………(298)
　　综合九　薪资管理…………………………………………………………………(299)
　　综合十　固定资产管理……………………………………………………………(303)

项目一 系统管理

项目背景

用友"ERP-U8.72"系统为2008年3月发布的产品"用友 ERP-U8.71"的升级版本,主要产品模式包括以下产品:企业门户、财务会计、管理会计、客户关系管理、供应链管理、生产制造、分销管理、零售管理、决策支持、人力资源、办公自动化、集团应用、系统管理集成应用,如图1-1所示。该版本主要用于提高系统运行效率、改进产品易用性,另外推出了面向中高层管理人员以及专业分析人员,进行全面的企业财务、业务的综合查询、实时监控和分析决策的商业智能平台。

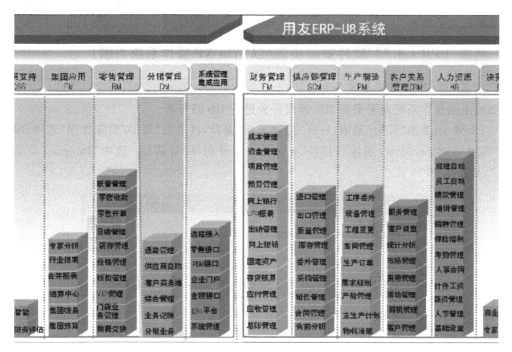

图1-1 用友"EPR-U8.72"系统

➢ 一、用友"EPR-U8.72"软件安装环境

1. 操作系统

安装操作系统的关键补丁:Win2000-SP4、WinXP-SP2、Win2003-SP2、Win7-SP1(旗舰版)。

2. 数据库

数据库版本:SQL2000(包括 MSDE)[SP4 及以上版本补丁]、SQL2005(包括 EXPRESS)[SP2 及以上版本补丁]。

3. 浏览器

支持微软 IE 浏览器 IE6.0＋SP1 或以上版本(如 IE7)使用 U8.72 的 WEB 产品。

4. Windows 系统 IIS 版本

必须准备操作系统对应版本的 IIS 软件,Wiondws XP 安装 IIS5.0 以上版本,Win7 安装 IIS7.0。

> **二、用友"EPR-U8.72"安装注意事项**

(1)关闭计算机防火墙以及系统已安装的安全防护类软件。

(2)检查计算机名(不要包含＃￥％等特殊字符)。

(3)意外情况导致 ERP-U8.72 安装中断。如果中途网络中断,安装程序将回滚,请耐心等待回滚结束后重新安装产品,或者手工结束安装过程后重新安装产品(环境清理功能有可能提示重新启动机器)。

> **三、用友"EPR-U8.72"软件安装步骤(以 Win XP 操作系统为例)**

1. 安装 IIS(互联网信息服务)

如果电脑操作系统尚未安装 IIS,需要首先进行 IIS 的安装。

(1)步骤一:单击"开始"菜单,打开"控制面板"窗口,再单击"添加/删除程序"选项,单击左侧的"添加/删除 windows 组件",打开"windows 组件向导"对话框,选中"Internet 信息服务(IIS)",如图 1-2 所示。

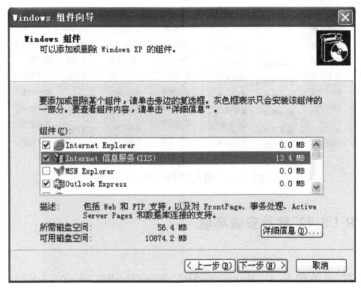

图 1-2 Windows 组件向导

(2)步骤二:单击"下一步"按钮,按照提示,将操作系统安装盘插入光驱,或下载 IIS 安装文件,然后单击"确定"按钮,如图 1-3 所示。

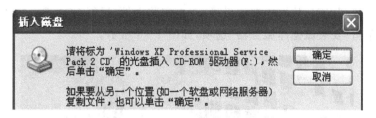

图 1-3　插入安装所需磁盘

(3)步骤三:若在安装 IIS 过程中,提示缺失文件,此时单击"浏览"按钮,选择操作系统安装盘或者 IIS 文件存放目录,找到缺失的文件,单击"确定"按钮,即可继续安装,如图 1-4 所示。

图 1-4　选择安装文件

(4)步骤四:此提示对话框可能出现不止一次,每次采用相同的方法操作直到出现如图 1-5 所示提示对话框,单击"完成"按钮,IIS 就安装成功了。

注意:不同的操作系统要安装的 IIS 是不一样的,安装时要注意选择。

图 1-5　IIS 安装成功

2. 安装数据库(SQL Server 2000)

用友 ERP-U8 要求的数据库文件包括 MSDE 和 SP4 及以上版本补丁。

(1)步骤一：找到 SQL 数据库存放目录，双击安装文件，运行 SQL Server 2000 安装程序，在弹出窗口中单击"安装数据库服务器"选项，如图 1-6 所示。

图 1-6　数据库安装选项

(2)步骤二：单击"安装 SQL Server 2000 组件"选项，出现如图 1-7 所示窗口。

图 1-7　数据库服务器安装选项

(3)步骤三：单击"安装数据库服务器"进入"欢迎"引导安装界面，如图 1-8 所示。

(4)步骤四：单击"下一步"按钮，在服务账户窗口中的服务设置里，选择"使用本地系统"，如图 1-9 所示。

(5)步骤五：单击"下一步"按钮，在"安装选择"界面，选择"创建新的 SQL Sever 实例，或安装'客户端工具'"选项，如图 1-10 所示。

图1-8 数据库安装-1

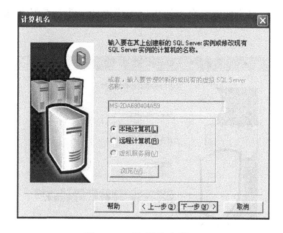

图1-9 数据库安装-2

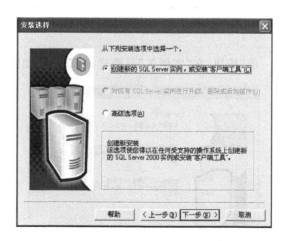

图1-10 数据库安装-3

(6)步骤六:单击"下一步"按钮,在"用户信息"界面,输入姓名和公司名称,如图1-11所示。

图 1-11 数据库安装-4

(7)步骤七:单击"下一步"按钮,在"安装定义"界面,选择"服务器和客户端工具",如图 1-12 所示。

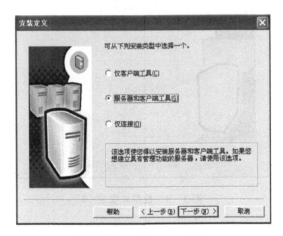

图 1-12 数据库安装-5

(8)步骤八:单击"下一步"按钮,在"实例名"界面选择"默认",如图 1-13 所示。

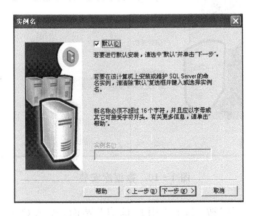

图 1-13 数据库安装-6

(9)步骤九:单击"下一步"按钮,在"服务账户"界面的"服务设置"中选择"使用本地系统账户",如图1-14所示。

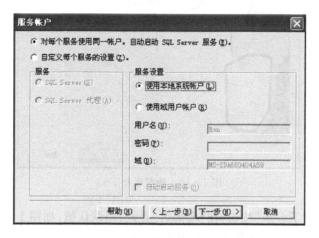

图1-14 数据库安装-7

(10)步骤十:单击"下一步"按钮,在"身份验证模式"界面选择"混合模式",并勾选"空密码",如图1-15所示。

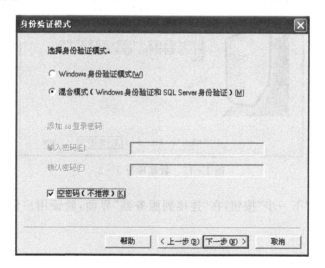

图1-15 数据库安装-8

(11)步骤十一:单击"下一步"按钮,直至完成安装。

3. 安装 SQL Server 2000 SP4 补丁程序

如果所安装的 SQL Server 2000 的版本低于 SP4,则还需要安装 SQL Server 2000 的 SP4 补丁程序。

(1)步骤一:点击安装光盘中的 SQL2000-KB884525-SP4-X86-CHS 图标,将 SQL2000 中的 SP4 拷贝到计算机的硬盘上面,然后在硬盘上找到 SQL2KSP4 文件夹打开,点击 setup MS-DOS 批处理文件 1 KB 图标,开始 SQL2000 Service Pack 4 的安装,如图1-16所示。

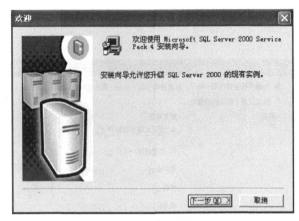

图1-16 数据库补丁-1

(2)步骤二:点击"下一步"按钮,在"实例名"界面,用默认值,如图1-17所示。

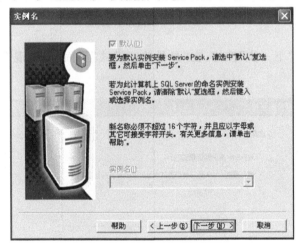

图1-17 数据库补丁-2

(3)步骤三:单击"下一步"按钮,在"连接到服务器"界面,验证用户信息时选择默认值,如图1-18所示。

图1-18 数据库补丁-3

项目一 系统管理

(4)步骤四:验证用户信息时间会较长,验证完后若SQL安装时设置了空密码则会提示SA密码警告,此时点击"忽略安全威胁警告,保留密码为空",如图1-19所示。

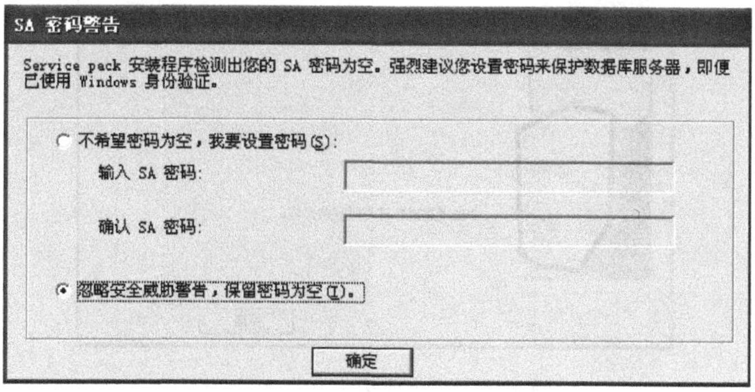

图1-19 数据库补丁-4

(5)步骤五:单击"确定"按钮,进入"SQL Server 2000 Service Pack 4 安装程序"界面时,勾选"升级 Microsoft Search 并应用 SQL Server 2000 SP4 补丁",如图1-20所示。

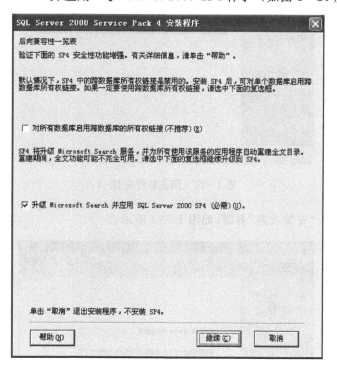

图1-20 数据库补丁-5

(6)步骤六:单击"继续"按钮,直至安装完成,单击"完成"按钮,如图1-21所示。至此 ERP-U8 前期准备工作完毕,重新启动电脑后,就可以安装用友 ERP-U8.72 了。

4. 安装用友 ERP-U8.72

(1)步骤一:打开安装光盘目录,双击"Setup.exe"文件,运行 U8.72 安装程序,如图1-22 所示。

— 9 —

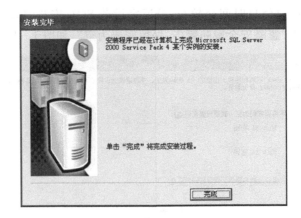

图1-21 数据库补丁安装完毕

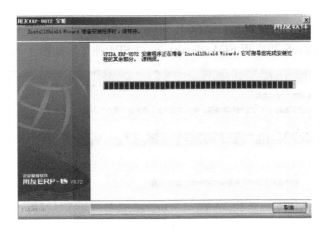

图1-22 用友软件安装-1

(2)步骤二:进入"安装欢迎"界面,如图1-23所示。

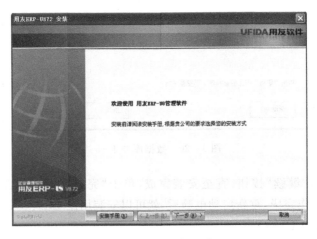

图1-23 用友软件安装-2

(3)步骤三:单击"下一步"按钮,进入"安装授权许可证协议"界面,选择"我接受许可证协议中的条款",如图 1-24 所示。

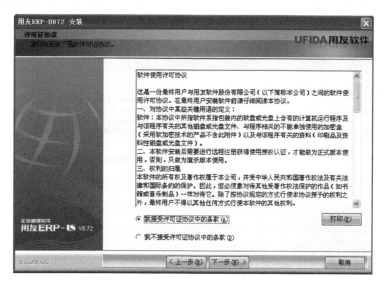

图 1-24　用友软件安装-3

(4)步骤四:单击"下一步"按钮,系统首先检测是否存在历史版本的 U8 产品,如图 1-25 所示。

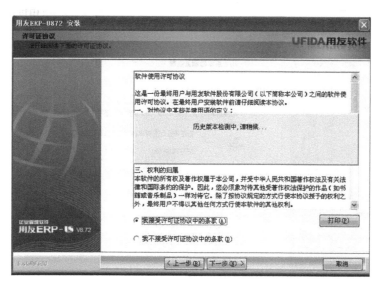

图 1-25　用友软件安装-4

(5)步骤五:如果存在历史版本残留内容,提示并开始清理历史版本残留内容(清理 MSI 安装包时间较长,请耐心等待),如图 1-26、图 1-27 所示。

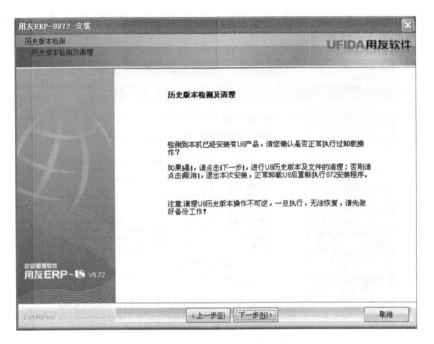

图1-26 用友软件安装-5

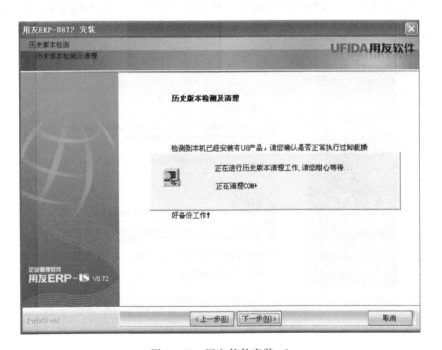

图1-27 用友软件安装-6

(6)步骤六:在软件安装客户信息界面,输入用户名和公司名称,用户名默认为本机的机器名,如图1-28所示。

(7)步骤七:选择安装程序安装文件的文件夹,可以单击"更改"按钮,修改安装路径和文件夹,如图1-29所示。

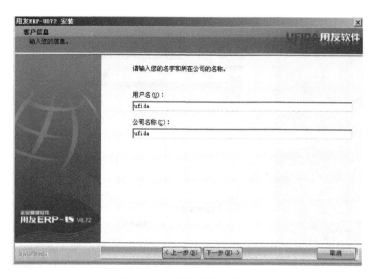

图1-28 用友软件安装-7

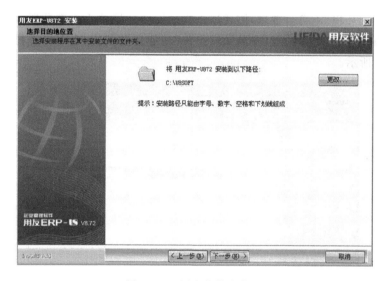

图1-29 用友软件安装-8

(8)步骤八:单击"下一步"按钮,选择最适合自己的安装类型,选择"全产品",如图1-30所示。

软件提供的安装类型有五种:

①标准:除GSP、专家财务评估之外的"全产品安装"。

②全产品:安装应用服务器、数据库服务器和客户端所有文件。

③服务器:安装应用服务器、数据库服务器、Web服务器的相关文件,用户也可分别选择进行安装。

④客户端:只安装应用客户端相关文件,不使用的产品可以不安装。

⑤自定义:如果上述安装都不能满足用户要求时,用户可自定义选择安装产品。

(9)步骤九:单击"下一步"按钮,系统进行环境检测。环境检测分为"基础环境"和"缺省组

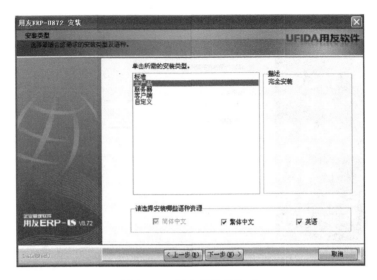

图1-30 用友软件安装-9

件"两部分。"基础环境"不符合要求,需要退出当前安装环境后手工安装所需的软件和补丁;"缺省组件"没有安装的,可以通过"安装缺省组件"功能自动安装,也可以选择手工安装,如图1-31、图1-32所示。

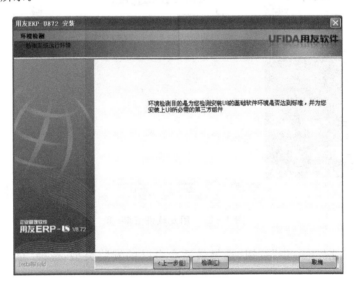

图1-31 用友软件安装-10

系统环境检查时,不符合的环境会有相关提示出错,在信息栏也会有路径提示,可以直接单击路径找到相关组件安装即可,在重新检查环境通过后,继续安装。

(10)步骤十:再次进行环境检测,如系统环境完全符合要求,如图1-33所示。

(11)步骤十一:当"基础环境"和"缺省组件"都满足要求后,单击"确定"按钮进入下一步;检测报告以记事本自动打开并显示检测结果,单击"下一步"按钮,可以选择"是否记录详细安装"日志,默认不勾选,如图1-34所示。

图 1-32 用友软件安装-11

图 1-33 用友软件安装-12

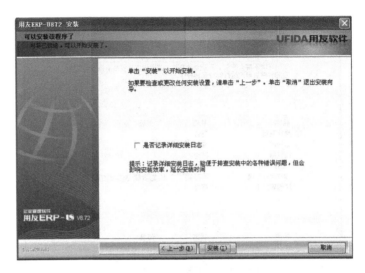

图1-34 用友软件安装-13

(12)步骤十二:单击"安装"按钮,进行产品安装,无论哪种类型的安装完成后,系统都会提示已成功安装,是否需要立即启动计算机,建议选择"是,立即重新启动计算机",如图1-35所示。重启计算机后,即完成了ERP-U8.72的安装。

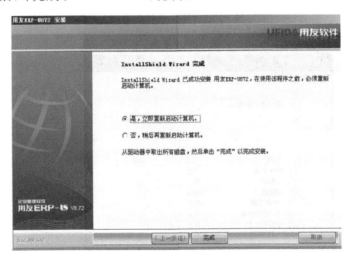

图1-35 用友软件安装-14

(13)步骤十三:计算机重新启动后需要安装应用服务器,如图1-36所示。

(14)步骤十四:在数据库实例处写上计算机的名称、口令,按照安装数据库时录入的口令(根据上述操作,默认为空)。在数据库一栏,填写本机计算机名或者127.0.0.1,SA口令填写安装数据库时设置的密码,填写完成后单击"测试连接"按钮,提示成功后点完成,就会进入桌面进行其他设置。

图1-36 应用服务器安装

学习目标

一、知识目标

1. 理解系统管理模块在整个软件中的地位和作用
2. 掌握账套建立和修改的内容和方法
3. 掌握操作员设置及其权限分配的相关问题
4. 熟悉账套恢复和账套删除的操作方法

二、能力目标

1. 能够利用财务软件相关模块进行核算单位的建账工作
2. 能够修改核算单位的账套信息
3. 能够以"系统管理员"的身份进行财务分工
4. 能够熟练进行账套备份工作,必要时会进行账套数据的恢复工作

项目分析

一、项目概述

在本项目中,要求学生根据情景案例的模拟公司资料,进行新建账套、修改账套、输出账套、引入账套、增加用户、分配权限等上机操作练习。

二、情景案例设计

1. 系统操作员(表1-1)

表1-1 腾飞公司用户一览表

编号	姓名	口令	所属部门	角色
A01	周平	001	财务科	账套主管
A02	王山	002	财务科	
A03	张凤	003	财务科	

2.腾飞公司建账信息(表1-2)

表1-2 腾飞公司账套信息

项目	账套参数	
账套信息	账套号:100 账套路径:F:\100账套	账套名称:腾飞股份有限公司 启用会计期:2013年1月
单位信息	单位名称:腾飞股份有限公司 单位地址:陕西西安 邮　　编:710000	单位简称:腾飞公司 法人代表:杨华 税　　号:01-2589639
核算类型	本币代码:RMB 企业类型:工业 账套主管:周平	本币名称:人民币 行业性质:新会计制度 按行业预置科目:不预置
基础信息	存货分类核算 供应商分类核算	客户分类核算 没有外币核算
编码方案	科目编码:3-2-2-2 客户分类编码:2-3	部门编码:3-2 供应商分类编码:2-3
数据精度	全部小数位默认为2	
系统启用	启用"总账系统"日期为2013年1月1日	

3.财务分工(表1-3)

表1-3 腾飞公司用户权限分配表

编号	姓名	权限
A01	周平	账套主管
A02	王山	拥有公用目录设置、总账系统的所有权限
A03	张凤	拥有公用目录设置、总账系统中填制凭证、查询凭证、账表、期末权限

4.修改账套

(1)修改存货、客户、供应商不分类,有外币核算;

(2)修改编码方案:科目(4-2-2-2)。

5.备份账套(输出账套)

(1)在F盘100账套文件夹下建立"项目一"文件夹;

(2)将100账套数据备份到"F:\100账套\项目一"文件夹中;

(3)查看"F:\100账套\项目一"文件夹中已存在两个备份文件。

6.删除账套(输出账套)

(1)选择要删除的100账套;

(2)删除账套过程中,将账套数据备份到默认文件夹;

(3)查看100账套是否已删除。

7.引入账套

(1)将"F:\100账套\项目一\UfErpAct.Lst"文件引入;

(2)查看100账套是否引入成功。

8.设置自动备份计划(表1-4)

表1-4 腾飞公司自动备份计划

计划编号	2013—01	计划名称	100账套备份
备份类型	账套备份	发生频率	每天
发生天数	1	开始时间	08:00
有效触发	2小时	保留天数	0
备份路径	F:\100账套\自动备份	账套	100腾飞公司

 任务分析

任务一 新建账套

准备工作:在F盘根目录建立"100账套"文件夹,再在"100账套"文件夹下建立"项目一"和"自动备份"文件夹备用。

> **子任务一 增加用户**

步骤一 启用"系统管理"模块。选择"程序"→"用友ERP-U8"→"系统服务"→"系统管理",即可打开系统管理窗口,如图1-37所示。

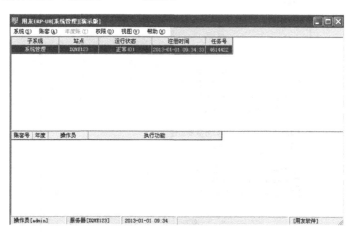

图1-37 系统管理窗口

步骤二 系统注册。由"系统管理员(Admin)"在系统管理窗口,进行注册(口令为空),注册界面如图 1-38 所示。

图 1-38 系统管理注册界面

步骤三 增加操作员。在"系统管理"窗口,选择"权限"→"用户",点击" "按钮,录入本单位操作员信息,点击"增加"按钮即可保存,如图 1-39 所示。同理,依次录入其他操作员相关信息。

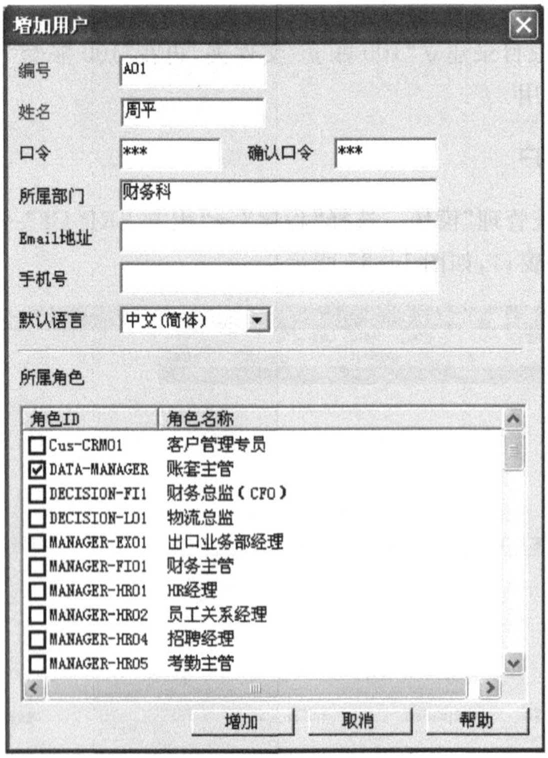

图 1-39 增加用户界面

➢ 子任务二　新建账套

步骤一　启用"系统管理"模块。
步骤二　系统注册。由"系统管理员（Admin）"注册进入"系统管理"窗口。
步骤三　建立账套。选择"账套"→"建立",第一步设置账套信息,如图 1-40 所示。

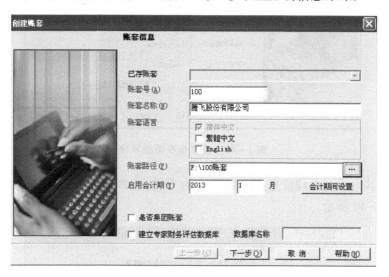

图 1-40　设置账套信息界面

点击"下一步",设置单位信息,录入单位名称、简称、地址、邮编、法人代表、联系电话等内容,如图 1-41 所示。

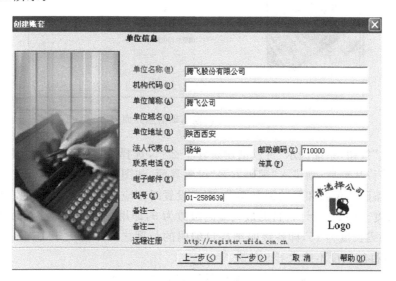

图 1-41　设置单位信息界面

点击"下一步",确定核算类型,选择记账本位币、企业类型、行业性质、账套主管等信息,如图 1-42 所示。

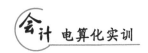

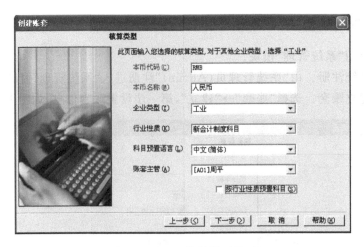

图1-42 设置核算类型界面

点击"下一步",设置基础信息,选择存货是否分类,客户、供应商是否分类,有无外币核算的信息,如图1-43所示。

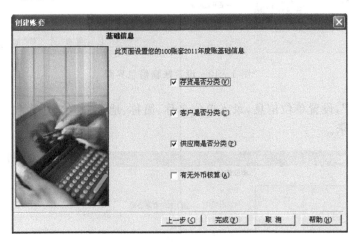

图1-43 设置基础信息界面

点击"完成"按钮,系统提示"可以创建账套了么?",选择"是"。系统则正在创建账套所需数据库文件,等待片刻后,则进入"编码方案"设置界面,如图1-44所示。

软件对各编码的位数和级数都有要求:用户设置时不应超过最大编码级数、最大编码长度和单级最大长度。例如,会计科目的最大编码级数为9,即用户设置时最多可以设置到九级明细科目;最大编码长度为15,即各级明细科目编码的长度之和不能大于15位;单级最大长度为9,即各级科目的长度不能大于9位数。

根据单位编码要求,分别设置各类编码的级数和各级编码的位数后,点击"确定"按钮,再点击"取消"按钮,则进入"数据精度"设置界面,默认系统预置的数据小数位精度都为2,用户可以修改,如图1-45所示。

确定后,稍等片刻,屏幕提示"是否启用系统?"如图1-46所示。

步骤四 建账成功,是否启用系统。点击"是",在需要启用的系统(总账)前的复选框中打

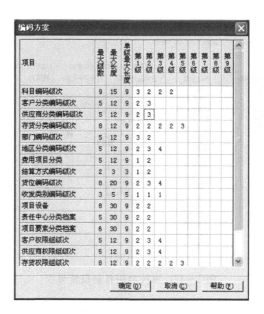

图 1-44 编码方案设置界面

图 1-45 数据精度设置界面

图 1-46 系统启用提示界面

对勾,系统弹出日历对话框,在此对话框中确定总账系统的启用日期(2013年1月1日),如图 1-47 所示。如果此时不启用,也可在以后的企业应用平台的基本信息中启用。

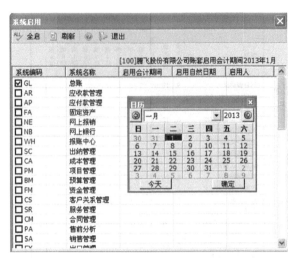

图1-47 系统启用日期设置界面

▶子任务三 分配用户权限

步骤一 分配"A01"账套主管的权限。在系统管理窗口,选择"权限"→"权限",打开"操作员权限"对话框,如图1-48所示。

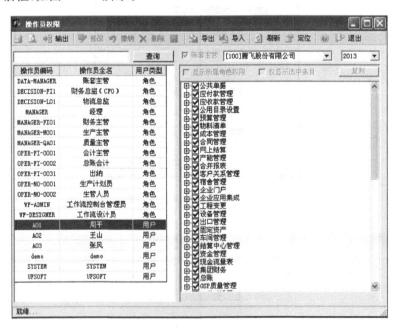

图1-48 查看账套主管权限

在"操作员权限"界面,在左侧的操作员列表中选择"A01 周平",查看右侧对应账套100 腾飞股份有限公司前的账套主管复选框中,已存在"√"。

说明:增加用户时,已将"A01"操作员设置为"账套主管"这一角色,建账时"核算类型"界面中的账套主管已默认"A01"操作员为该账套的主管身份。

步骤二 分配"A02"操作员的权限。在"操作员权限"对话框的左侧,选择"A02 王山",单击" "按钮,在右侧权限列表选中"公用目录设置"和"总账",点击" "按钮后,即为"A02"操作员分配了公用目录和总账系统的所有权限,如图 1-49 所示。

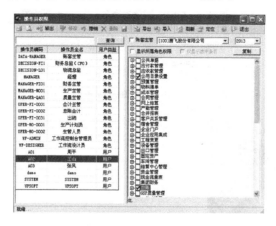

图 1-49　为操作员王山分配权限

步骤三 分配"A03"操作员的权限。在"操作员权限"对话框的左侧,选择"A03 张凤",单击" "按钮,同前操作,选中"公用目录设置",单击打开"总账"前的"＋"号,展开下级菜单,选择张凤拥有的操作权限保存即可。

任务二　账套管理

➢子任务一　修改账套

步骤一 注册登录。先进行"系统"→"注销",即注销了当前操作员(Admin);再进行"系统"→"注册",在"登录"界面输入账套主管编号 A01 和操作密码,选择需要修改的账套"100 腾飞股份有限公司",操作日期为"2013 年 1 月 1 日",如图 1-50 所示。

图 1-50　操作员登陆界面

步骤二 修改账套信息。点击"确定",进入"系统管理"窗口,选择"账套"→"修改"命令,进入修改"账套信息"界面,如图1-51所示。账套信息中的账套号、账套路径、启用会计期是不允许用户修改的。

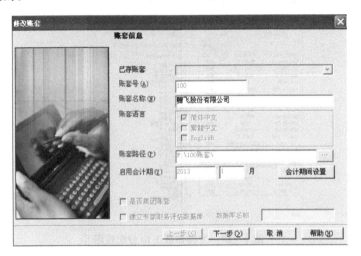

图1-51 修改账套-1

点击"下一步"按钮,进入"单位信息"界面。"单位信息"界面上的内容用户都可以修改,如图1-52所示。

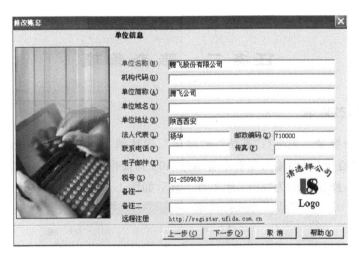

图1-52 修改账套-2

点击"下一步"按钮,进入"核算类型"界面。此界面上的本币代码、本币名称、企业类型、账套主管是不允许修改的,如图1-53所示。

点击"下一步"按钮,进入"基础信息"界面,取消存货、客户、供应商分类,添加有外币核算属性,如图1-54所示。

点击"完成"按钮,确认修改账套,进入"编码方案"设置界面,修改科目编码长度位数为"4—2—2—2"的结构,如图1-55所示。

项目一 系统管理

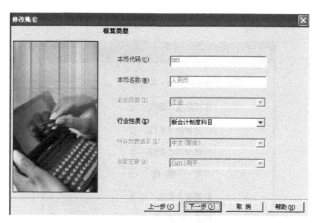

图1-53 修改账套-3

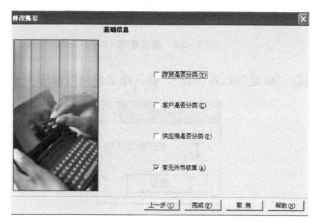

图1-54 修改账套-4

项目	最大级数	最大长度	单级最大长度	第1级	第2级	第3级	第4级	第5级	第6级	第7级	第8级	第9级
科目编码级次	9	15	9	4	2	2	2					
部门编码级次	5	12	9	3	2							
地区分类编码级次	5	12	9	2	3	4						
费用项目分类	5	12	9	1	2							
结算方式编码级次	2	3	3	1	2							
货位编码级次	8	20	9	2	3	4						
收发类别编码级次	3	5	5	1	1							
项目设备	8	30	9	2	2							
责任中心分类档案	5	30	9	2	2							
项目要素分类档案	6	30	9	2	2							
客户权限组级次	5	12	9	2	3	4						
意向客户权限组级次	5	12	9	2	3	4						
供应商权限组级次	5	12	9	2	3	4						
存货权限组级次		12	9	2	2	3						

图1-55 修改账套-5

点击"确定"按钮,再点击"取消"按钮,进入"数据精度"设置界面,如图1-56所示。

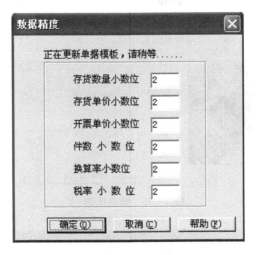

图1-56 修改账套-6

步骤三 修改完成。"确定"后,系统提示"修改账套成功",如图1-57所示。

图1-57 修改账套-7

▶子任务二 备份账套

步骤一 注册登录。以"系统管理员(Admin)"的身份注册进入"系统管理"窗口。

步骤二 账套输出。选择"账套"→"输出"命令,选择需要备份的账套号(100 腾飞股份有限公司),如图1-58所示。

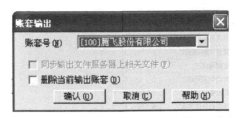

图1-58 备份账套-1

点击"确认"后,系统出现账套备份选择路径,选择备份数据存放的路径文件夹,如图1-59所示。

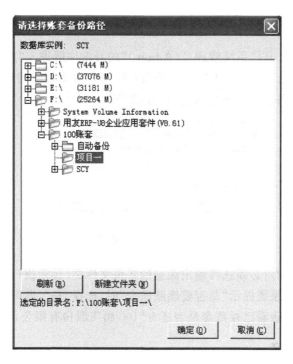

图 1-59 备份账套-2

步骤三 备份数据。选择备份路径后,系统会自动压缩文件,自动执行备份。备份完毕后,为了确保备份数据的准确性,用户可以查看备份文件所在盘上文件夹。每次备份系统会生成两个文件,其中一个文件名为 UfErpAct.Lst,如图 1-60 所示。

图 1-60 备份账套-3

▶子任务三 删除账套

步骤一 注册登录。以"系统管理员(Admin)"的身份注册进入"系统管理"窗口。

步骤二 删除账套。选择"账套"→"输出"命令,选择需要删除的账套号(100 腾飞股份有限公司),同时在"删除当前输出账套"前打对勾,如图 1-61 所示。

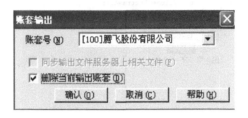

图 1-61 删除账套

删除时,系统要求用户必须选择输出账套的备份文件夹(必须执行备份过程),操作方法同子任务二,备份完毕后,系统提示"是否要删除账套"时,选择"是",即可删除该账套。用户还可以在"账套"→"新建"中查看已存账套是否还有"100 腾飞股份有限公司"账套号。

▶子任务四 引入账套

步骤一 注册登录。以"系统管理员(Admin)"的身份注册进入"系统管理"窗口。

步骤二 引入数据。选择"账套"→"引入"命令,选择引入账套数据所存放的文件夹中的备份文件(F:\100 账套\项目一\UfErpAct.Lst),如图 1-62 所示。

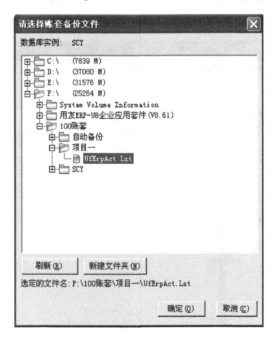

图 1-62 引入账套

确定后,系统自动恢复备份数据,最后提示账套引入成功。用户也可从"账套"→"新建"中查看已存账套是否有"100 腾飞股份有限公司"账套号。

任务三　其他功能

➢子任务一　设置自定备份计划

以"系统管理员(Admin)"的身份注册进入"系统管理"窗口,选择"系统"→"设置备份计划"命令,增加自动备份计划,即设置计划编号、计划名称、备份类型、发生日期、发生天数及开始时间等内容,如图1-63所示。自动备份计划的设置可以简化手工备份的工作量,提高工作效率。

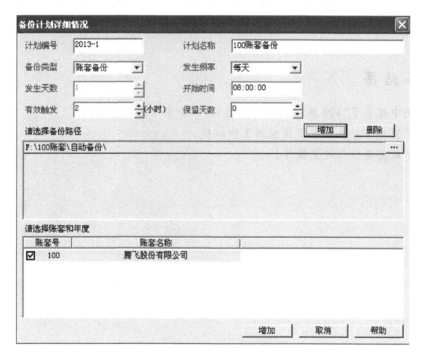

图1-63　设置自动备份计划

➢子任务二　查看上机日志

以"系统管理员(Admin)"的身份注册进入"系统管理"窗口;选择"视图"→"上机日志",输入查询条件后,则出现上机日志界面,显示用户登录系统名称、登录日期和时间、执行具体功能以及账套号、年度及工作站等信息,为审计工作留下线索。"上机日志"界面如图1-64所示。

提示:备份账套数据到"F:\100账套\项目一"文件夹中。

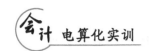

日期	时间	操作员	执行功能	子系统	账套号	年度	工作站	退出
2013-01-01	2013-01-01 09:42:55	[admin]admin	输出账套{101}	系统管理	101		XQWE123	2013
2013-01-01	2013-01-01 09:48:29	[admin]admin	删除用户{101}	系统管理			XQWE123	2013
2013-01-01	2013-01-01 09:48:30	[admin]admin	删除用户{102}	系统管理			XQWE123	2013
2013-01-01	2013-01-01 09:48:31	[admin]admin	删除用户{103}	系统管理			XQWE123	2013
2013-01-01	2013-01-01 09:48:32	[admin]admin	删除用户{104}	系统管理			XQWE123	2013
2013-01-01	2013-01-01 09:49:49	[admin]admin	增加用户{A01}	系统管理			XQWE123	2013
2013-01-01	2013-01-01 09:50:15	[admin]admin	增加用户{A02}	系统管理			XQWE123	2013
2013-01-01	2013-01-01 09:50:28	[admin]admin	增加用户{A03}	系统管理			XQWE123	2013
2013-01-01	2013-01-01 10:07:45	[admin]admin	创建账套{100}	系统管理			XQWE123	2013
2013-01-01	2013-01-01 10:13:22	[admin]admin	编辑用户权限{A02}	系统管理	100	2013	XQWE123	2013
2013-01-01	2013-01-01 10:14:38	[admin]admin	编辑用户权限{A03}	系统管理	100	2013	XQWE123	2013
2013-01-01	2013-01-01 10:17:16	[A01]周平	[reg]系统注册	系统管理	100	2013	XQWE123	2013
2013-01-01	2013-01-01 10:17:17	[A01]周平	[SYS0002]修改账套	系统管理	100	2013	XQWE123	2013
2013-01-01	2013-01-01 10:21:23	[A01]周平	修改账套信息{100}	系统管理	100	2013	XQWE123	2013
2013-01-01	2013-01-01 10:21:26	[A01]周平	[SYS0002]修改账套	系统管理	100	2013	XQWE123	2013

图 1-64 上机日志

任务结果

1. 在系统中建立了"100 腾飞股份有限公司"一个电子账套。
2. 增加了操作员并且分配了相应的工作权限。
3. 进行了账套备份和恢复操作。

项目二 基础设置

一、知识目标

1. 理解企业应用平台在整个软件中的地位和作用
2. 掌握机构设置、会计科目的相关操作内容和方法

二、能力目标

1. 能够利用企业应用平台进行单位的基础设置工作
2. 能够熟练掌握建立、修改、删除会计科目等操作方法

一、项目概述

在本项目中,要求学生根据情景案例的模拟公司资料,进行部门档案、职员档案、外汇汇率、会计科目等上机操作练习。

二、情景案例设计

实训准备:引入"F:\100账套\项目一"的备份数据。

1. 部门档案(表 2-1)

表 2-1 部门档案一览表

部门编码	部门名称	部门属性
001	财务科	财务管理
002	人事科	人事管理
003	生产科	产品生产
004	销售科	销售管理

— 33 —

2. 人员类别(表2-2)

表2-2 人员类别一览表

人员类别编码	人员类别名称
1001	管理人员
1002	生产人员
1003	经营人员

3. 人员档案(表2-3)

表2-3 人员档案一览表

人员编码	人员姓名	性别	人员类别	所属部门	是否业务员
101	周 平	男	管理人员	财务科	
102	王 山	男	管理人员	财务科	
103	张 凤	女	管理人员	财务科	
201	杨 东	男	管理人员	人事科	
202	张红燕	女	管理人员	人事科	
301	吕 蒙	女	生产人员	生产科	
302	刘阳明	男	生产人员	生产科	
401	张 文	男	经营人员	销售科	是
402	韩 平	女	经营人员	销售科	是

4. 外币汇率(表2-4)

表2-4 外币汇率一览表

币符	$	币名	美元
外币核算	固定汇率	汇率小数位	5
折算方式	直接汇率	记账汇率	1:6.30

5. 建立会计科目(表2-5)

表2-5 会计科目一览表

科目编码	科目名称	科目类型	账页格式	科目性质	辅助核算
1001	库存现金	资产	金额式	借	日记账
1002	银行存款	资产	金额式	借	
100201	建行存款	资产	金额式	借	银行账 日记账

续表 2-5

科目编码	科目名称	科目类型	账页格式	科目性质	辅助核算
100202	中行存款	资产	外币金额式（$ 美元）	借	银行账 日记账
1012	其他货币资金	资产	金额式	借	
1122	应收账款	资产	金额式	借	
112201	A公司	资产	金额式	借	
112202	B公司	资产	金额式	借	
1123	预付账款	资产	金额式	借	
1221	其他应收款	资产	金额式	借	
122101	张文	资产	金额式	借	个人往来
1231	坏账准备	资产	金额式	贷	
123101	应收账款准备金	资产	金额式	贷	
123102	其他应收款准备金	资产	金额式	贷	
1401	材料采购	资产	金额式	借	
140101	甲材料	资产	金额式	借	
140102	乙材料	资产	金额式	借	
1403	原材料	资产	金额式	借	
140301	甲材料	资产	数量金额式（单位:公斤）	借	
140302	乙材料	资产	数量金额式（单位:公斤）	借	
1405	库存商品	资产	金额式	借	
1601	固定资产	资产	金额式	借	
1602	累计折旧	资产	金额式	贷	
1901	待处理财产损益	资产	金额式	借	
190101	待处理固定资产损益	资产	金额式	借	
2001	短期借款	负债	金额式	贷	
2201	应付票据	负债	金额式	贷	
2202	应付账款	负债	金额式	贷	
220201	X公司	负债	金额式	贷	
220202	Y公司	负债	金额式	贷	
2203	预收账款	负债	金额式	贷	
2211	应付职工薪酬	负债	金额式	贷	

续表 2-5

科目编码	科目名称	科目类型	账页格式	科目性质	辅助核算
221101	工资	负债	金额式	贷	
221102	福利费	负债	金额式	贷	
2221	应交税费	负债	金额式	贷	
222101	应交增值税	负债	金额式	贷	
22210101	进项税	负债	金额式	贷	
22210102	销项税	负债	金额式	贷	
222102	未交增值税	负债	金额式	贷	
2231	应付利息	负债	金额式	贷	
2241	其他应付款	负债	金额式	贷	
4001	实收资本	权益	金额式	贷	
4002	资本公积	权益	金额式	贷	
4101	盈余公积	权益	金额式	贷	
4103	本年利润	权益	金额式	贷	
4104	利润分配	权益	金额式	贷	
5001	生产成本	成本	金额式	借	
500101	直接材料	成本	金额式	借	
500102	直接人工	成本	金额式	借	
500103	制造费用	成本	金额式	借	
5101	制造费用	成本	金额式	贷	
6001	主营业务收入	损益	金额式	收入	
6401	主营业务成本	损益	金额式	支出	
6403	营业税金及附加	损益	金额式	支出	
6601	销售费用	损益	金额式	支出	
6602	管理费用	损益	金额式	支出	
660201	差旅费	损益	金额式	支出	
660202	工资	损益	金额式	支出	
660203	福利费	损益	金额式	支出	
660204	折旧费	损益	金额式	支出	
660205	水电费	损益	金额式	支出	
660206	其他	损益	金额式	支出	
6603	财务费用	损益	金额式	支出	
6711	营业外支出	损益	金额式	支出	

6. 复制会计科目

(1)复制单个科目。

为"主营业务收入"科目下增加1个明细科目"A产品";将"主营业务收入——A产品"复制到"主营业务收入——B产品"和"主营业务收入——C产品"。

(2)复制多个科目。

将"管理费用"下属明细科目全部复制到"财务费用"科目下。

7. 删除会计科目

删除主营业务收入、主营业务成本和财务费用的下级明细科目(共12个)。

8. 修改会计科目

(1)为1001库存现金科目添加助记码KCXJ;为100201建行存款科目添加助记码JHCK;为100202中行存款科目添加助记码ZHCK。

(2)将122101科目的辅助核算取消。

(3)将1403科目的账页格式修改为"数量金额式",单位"公斤"。

(4)将5101制造费用科目的余额方向改为"借"。

(5)取消100201、100202科目的"银行账"属性。

9. 查询会计科目

(1)快速查找222101科目。

(2)详细查找4101科目。

(3)分类查找"负债类"科目。

(4)全部查找。

任务分析

任务一　机构管理

▶子任务一　部门档案设置

步骤一　注册登录。以"账套主管A01"身份登录"企业应用平台"进行注册,如图2-1所示,选择账套"100腾飞股份有限公司",操作日期为"2013-01-01"。

步骤二　进入功能模块。登录后,进入主界面,选择"基础设置"选项卡,进入基础信息文件夹列表,如图2-2所示。选择"基础档案"文件夹,打开"机构人员"中的"部门档案"。

步骤三　录入部门信息。点击"增加"按钮,输入部门编码等信息,保存即可,如图2-3所示。

▶子任务二　人员类别设置

步骤一　查看系统预置人员类别。软件系统已为用户预置了四类职员类别,分别是"在职人员"、"离退人员"、"离职人员"和"其他"。

步骤二　设置用户单位人员类别。选择"机构人员"中的"人员类别",在"在职人员"列表

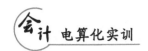

图 2-1 登录企业应用平台界面

图 2-2 基础信息菜单

中输入单位人员分类信息,如图 2-4 所示。

项目二 基础设置

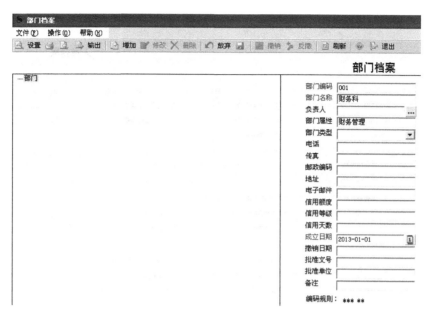

图 2-3 部门档案设置界面

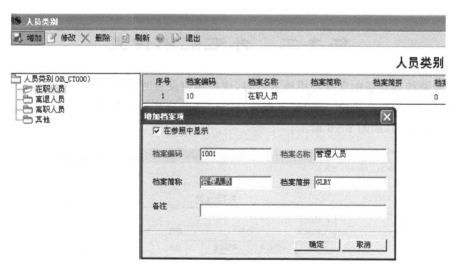

图 2-4 人员类别设置界面

▶子任务三　职员档案设置

　　选择"机构人员"菜单中的"人员档案"命令,在左侧选择人员对应部门信息,如"财务科",点击"增加"按钮后,录入该部门下属的人员信息,如图 2-5 所示。

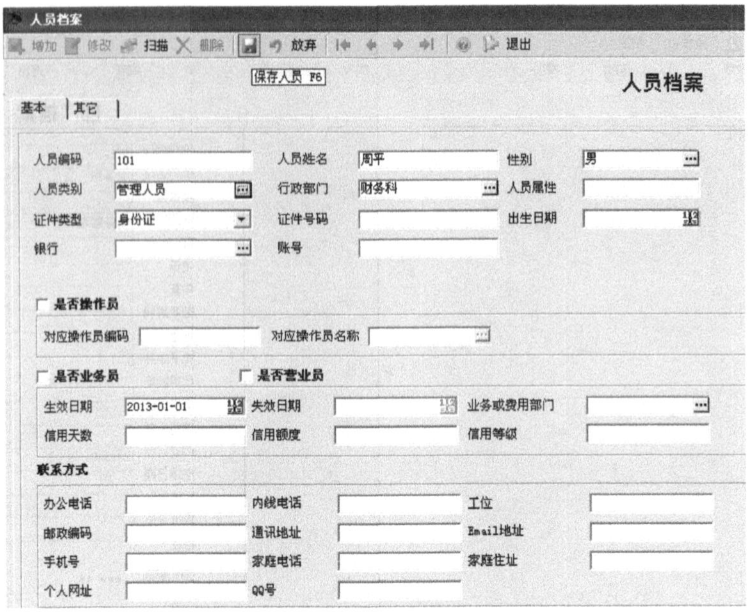

图 2-5 职员档案设置界面

任务二 外汇汇率设置

如果企业核算业务中含有外币核算内容,应在初始设置时考虑外币信息的录入。

步骤一 选择功能模块。选择"基础信息"→"基础档案"→"财务"→"外币设置"功能,打开"外币设置"界面,如图 2-6 所示。

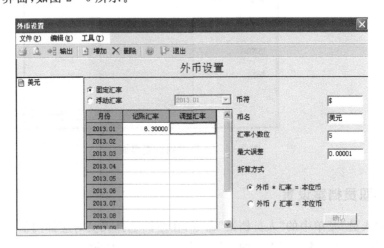

图 2-6 外币设置界面

步骤二 在"外币设置"界面,录入美元币符"$",币名"美元",选择直接汇率的折算方式(外币×汇率=本位币),选择"固定汇率",点击"确认"按钮后,出现月份栏目,录入 1 月份的期初记账汇率为"6.30000"即可。

任务三 会计科目

▶子任务一 建立会计科目(64个)

步骤一 是否预置科目。选择"基础信息"→"基础档案"→"财务"→"会计科目"功能,进入会计科目模块,系统提示"是否要按行业预置会计科目?"。点击"不预置"按钮,如图2-7所示。

图2-7 按行业预置科目界面

步骤二 增加会计科目。不按行业预置科目,软件系统中的科目列表则为空,需要用户自己添加所需会计科目。进入"会计科目"界面,点击"增加"按钮,依次输入科目相关参数,录入完毕后,点击"确定"按钮即可保存,如图2-8所示。

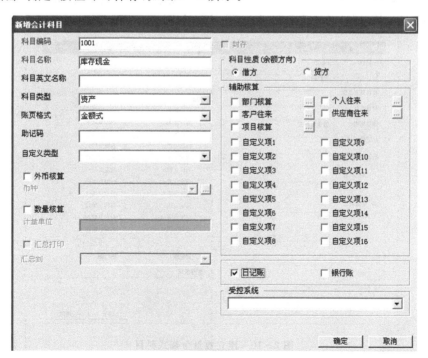

图2-8 建立科目界面

注意：

①如果某科目的账页格式是"外币金额式"，则需要选择账页格式为"外币金额式"，同时还需要选择"外币核算"属性及相应的币种如"美元＄"，如图 2-9 所示。

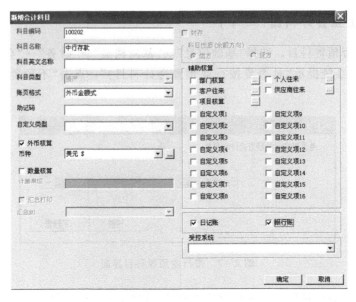

图 2-9　建立外币金额式科目

②如果某科目的账页格式是"数量金额式"，则需要选择账页格式为"数量金额式"，同时还需要选择"数量核算"属性及输入计量单位"公斤"，如图 2-10 所示。

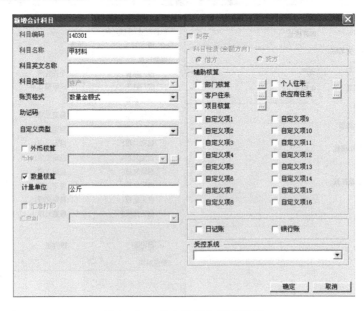

图 2-10　建立数量金额式科目

子任务二 复制会计科目

步骤一 单个科目复制。在"会计科目"编辑界面,先选定需要复制的源科目"600101A产品",再选择"编辑"→"复制"命令,则出现与源科目内容完全相同科目,需要将编码修改为"600102",名称修改为"B产品"后再保存,如图2-11所示。

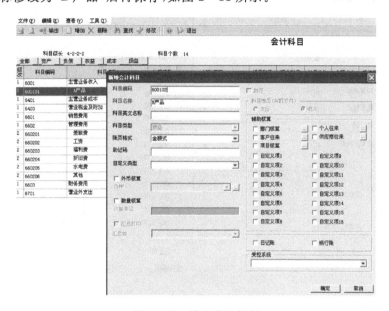

图2-11 单个科目复制

步骤二 多个科目(成批)复制。在"会计科目"编辑界面,选择"编辑"→"成批复制"命令,录入要复制的源科目"6602"和目标科目"6603",即将"6602管理费用"的所有下属明细科目全部复制到"6603财务费用"科目下,则出现如图2-12所示画面。

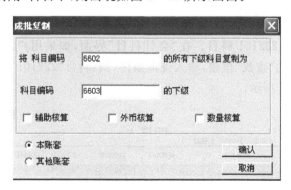

图2-12 多个科目复制

子任务三 删除会计科目

首先要选定需要删除的会计科目,然后点击工具栏上的"删除"按钮,系统提示"记录删除后不能修复!真的删除此纪录吗?"根据用户要求,单击"确定"按钮,即可将该科目删除。

注意:用友软件只能删除末级科目,非末级科目和有余额、发生额的科目不允许删除。

▶子任务四　修改会计科目

首先要选定需要修改的会计科目,然后点击工具栏上的"修改"按钮,进入"会计科目_修改"界面,根据用户需要修改科目参数,如图 2-13 所示。

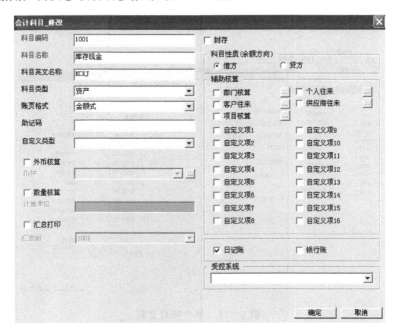

图 2-13　修改会计科目

注意:如果该科目已有余额或发生额时,科目的部分属性不能修改。

▶子任务五　查询会计科目

步骤一　快速查找 222101 科目。在"会计科目"界面,如果用户想快速找到某个所需科目,可以使用工具栏中的"查找"按钮,输入查询条件(例:科目"222101"),光标会迅速定位到该科目所在行,如图 2-14 所示。

图 2-14　科目快速查找

步骤二 详细查找 4101 科目。在"会计科目"界面，如果用户想查看某科目的详细参数信息，可以将该科目所在行双击，展开科目修改界面，如图 2-13 所示，即可看到科目的各项参数。

步骤三 分类查找"负债类"科目。在"会计科目"界面，有"全部"、"资产"、"负债"、"权益"、"成本"和"损益"六个选项卡，如果用户想查询"负债类"科目，就需要点击"负债"选项卡，如图 2-15 所示，相关负债类科目列表就会显示出来。

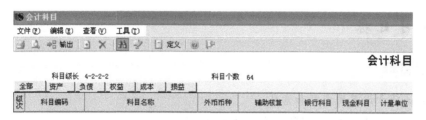

图 2-15 科目分类查找

步骤四 全部查找。在"会计科目"界面，如图 2-15 所示，如果用户想查询"全部"科目，则点击"全部"选项卡，则所有科目在列表中显示出来。

提示：备份账套数据到"F:\100 账套\项目二"文件夹中。

 任务结果

1. 在 100 账套中进行了机构设置。
2. 设置了外币及其汇率。
3. 建立了企业所需的会计科目。

项目三 总账系统初始设置

学习目标

➤ 一、知识目标

1. 理解选项卡设置的内容和意义
2. 掌握凭证类别设置、期初余额录入内容和方法
3. 理解常用摘要、常用凭证设置的目的和作用

➤ 二、能力目标

1. 能够利用财务软件相关模块进行系统初始设置工作
2. 能够合理设置凭证类别
3. 能够正确录入期初余额

项目分析

➤ 一、项目概述

在本项目中,要求学生根据情景案例的模拟公司资料,进行选项卡设置、凭证类别设置、期初余额录入、常用摘要、常用凭证设置等上机操作。

➤ 二、情景案例设计

实训准备:引入"F:\100账套\项目二"的备份数据。

1. 选项卡(表3-1)

表3-1 总账参数设置

选项卡	参数
凭 证	制单序时控制;支票控制;可以使用应收受控科目;可以使用应付受控科目;凭证编号方式采用系统编号。
账 簿	账簿打印位数与每页打印行数按软件的标准设置;明细账打印方式按年排页。
会计日历	1月1日—12月31日;数量、单价小数位为2;本位币精度为2。
权 限	允许修改、作废他人填制的凭证;采用可查询他人凭证;明细账查询权限控制到科目。
其 他	外币核算采用固定汇率;部门、个人、项目排序方式按编码排序。

2.结算方式(表3-2)

表3-2 结算方式一览表

结算方式编码	结算方式名称	是否票据管理
1	现金	
2	支票	是
201	现金支票	是
202	银行支票	是
3	银行汇票	
4	商业汇票	
5	其他	

3.凭证类别(表3-3)

表3-3 凭证类别一览表

类别字	类别名称	限制类型	限制科目
收	收款凭证	借方必有	1001,1002
付	付款凭证	贷方必有	1001,1002
转	转账凭证	凭证必无	1001,1002

4.期初余额(表3-4)

表3-4 会计科目期初余额一览表

科目名称	方向	币别/计量	期初余额
库存现金(1001)	借		5 000
银行存款(1002)	借		1 043 000
建行存款(100201)	借		980 000
中行存款(100202)	借		63 000
	借	美元	10 000
其他货币资金(1012)	借		40 000
应收账款(1122)	借		35 000
A公司(112201)	借		65 000
B公司(112202)	借		−30 000
预付账款(1123)	借		6 000
其他应收款(1221)	借		800
张文(122101)	借		800
坏账准备(1231)	贷		6 000

续表 3-4

科目名称	方向	币别/计量	期初余额
应收账款准备金(123101)	贷		3 500
其他应收款准备金(123102)	贷		2500
材料采购(1401)	借		5000
甲材料(140101)	借		2 000
乙材料(140102)	借		3 000
原材料(1403)	借		70 000
甲材料(140301)	借		20 000
	借	公斤	2 000
乙材料(140302)	借		50 000
	借	公斤	1 000
库存商品(1405)	借		600 000
	借	公斤	30 000
固定资产(1601)	借		133 000
累计折旧(1602)	贷		40 000
短期借款(2001)	贷		202 000
应付票据(2201)	贷		40 000
应付账款(2202)	贷		28 000
X公司(220201)	贷		58 000
Y公司(220202)	贷		-30 000
预收账款(2203)	贷		80 000
应付职工薪酬(2211)	贷		15 000
福利费(221102)	贷		15 000
应交税费(2221)	贷		16 000
未交增值税(222102)	贷		16 000
其他应付款(2241)	贷		3 800
实收资本(4001)	贷		1 500 000
资本公积(4002)	贷		60 000
盈余公积(4101)	贷		37 000
利润分配(4104)	贷		50 000
生产成本(5001)	借		140 000
直接材料(500101)	借		80 000
直接人工(500102)	借		40 000
制造费用(500103)	借		20 000

5. 常用摘要（表3-5）

表3-5　常用摘要一览表

编码	摘要内容	编码	摘要内容
01	材料入库	02	提取现金
03	购入原材料	04	接受投资
05	分配工资	06	销售产品

6. 常用凭证（表3-6）

表3-6　常用凭证一览表

编码	说明	凭证类别	详细
01	购入原材料	付款	借：材料采购 　　应交税费——应交增值税——进项税 贷：银行存款——建行存款
02	材料入库	转账	借：原材料 贷：材料采购
03	提现备发工资	付款	借：库存现金 　　贷：银行存款——建行存款
04	销售产品	收款	借：银行存款——建行存款 　　贷：主营业务收入 　　　　应交税费——应交增值税——销项税
05	收到前欠货款	收款	借：银行存款——建行存款 　　贷：应收账款

任务分析

任务一　选项卡设置

步骤一　注册登录。以"账套主管"身份进行注册，进入100账套。
步骤二　切换到"业务工作"选项卡，打开"财务会计"文件夹，选择"总账"→"设置"→"选项"，点击"编辑"后再设置。

（1）凭证选项卡设置。

凭证选项卡中包括了"制单控制"、"赤字控制"、"应收、应付、存货系统受控科目"、"凭证控制"、"凭证编号方式"和"现金流量参照科目"选项，可以根据用户需要自行设置，如图3-1所示。

（2）账簿选项卡设置。

账簿选项卡主要是对账簿的打印参数设置，用户根据实际需要设置方式"套打"或"非套

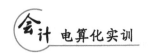

图3-1 选项—凭证卡

打",可以设置纸型等参数,如图3-2所示。

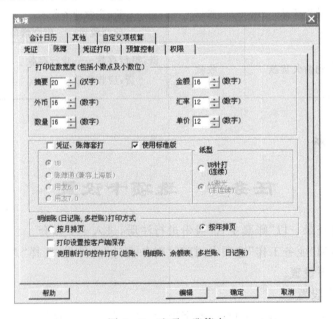

图3-2 选项—账簿卡

(3)会计日历选项卡设置。

会计日历选项卡可以看到用户建账时的账套参数,如账套名称、单位名称、账套路径、科目级长、小数位数、启用日期、会计期间等信息,其中账套名称、单位名称、账套路径、行业性质、启用日期和会计期间是不允许修改的,如图3-3所示。

图3-3 选项—会计日历卡

(4)权限选项卡设置。

权限选项卡是对用户具体权限的控制,包括对记账凭证的审核签字、出纳签字、主管签字的具体要求和约束,对凭证查询和修改权限的控制等,如图3-4所示。

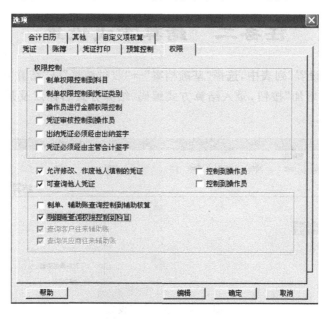

图3-4 选项—权限卡

(5)其他选项卡设置。

其他选项卡中包括了外币信息和本币信息,其中本币信息不能修改;部门、个人和项目排序方式,可以按编码或名称排序,如图3-5所示。

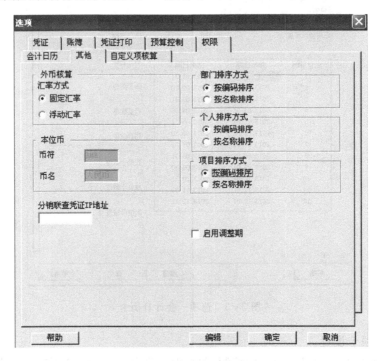

图3-5 选项—其他卡

任务二 结算方式设置

步骤一 "基础设置"列表中,选择"基础档案"→"收付结算"→"结算方式"命令。

步骤二 点击"增加"按钮,录入结算方式编码、结算方式名称以及是否需要票据管理标记。如图3-6所示。

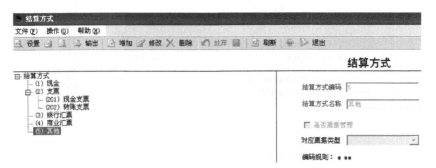

图3-6 结算方式设置

注意:如果选择进行票据管理,则可以进行出纳的支票登记簿处理工作。

任务三 凭证类别设置

步骤一 选择"基础设置"→"基础档案"→"财务"→"凭证类别"命令,系统为用户提供了凭证类别的五种分类方案,可以从中选择其一。

步骤二 选择"收、付、转"分类,确定后,进入凭证分类界面。

步骤三 点击"修改"按钮,选择添加限制类型和限制科目。如收款凭证,应选择限制类型为"借方必有",选择限制科目为"1001,1002",如图3-7所示。

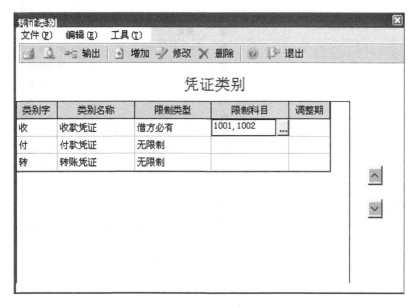

图 3-7 凭证类别设置

任务四 期初余额录入

步骤一 在"业务工作"选项卡中,选择"财务会计"→"总账"→"设置"→"期初余额"命令,出现"期初余额录入"界面,如图3-8所示。期初余额录入界面既可以输入一般科目的余额数据,也可以输入期初外币数据,还可以输入期初数量。

步骤二 在"期初余额录入"界面的右上角,有栏目的显示信息,表示不同类别的科目状态,"□末级科目 □非末级科目 □辅助科目",一般情况下,用户只需要录入末级科目的期初余额,非末级和辅助核算科目的期初余额不需直接输入。

步骤三 当所有期初余额输入完毕后,应当点击"试算"按钮,软件自动进行试算平衡检查,平衡等式为"资产+成本=负债+权益",如图3-9所示。如果试算不平衡,系统会提示"试算结果不平衡!"

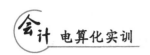

科目名称	方向	币别/计量	期初余额
库存现金	借		5,000.00
银行存款	借		1,043,000.00
建行存款	借		980,000.00
中行存款	借		63,000.00
	借	美元	10,000.00
其他货币资金	借		40,000.00
应收账款	借		35,000.00
A公司	借		65,000.00
B公司	借		-30,000.00
预付账款	借		6,000.00
其他应收款	借		800.00
张文	借		800.00
坏账准备	贷		6,000.00
应收账款准备金	贷		3,500.00
其他应收款准备金	贷		2,500.00
材料采购	借		

图 3-8 期初余额录入

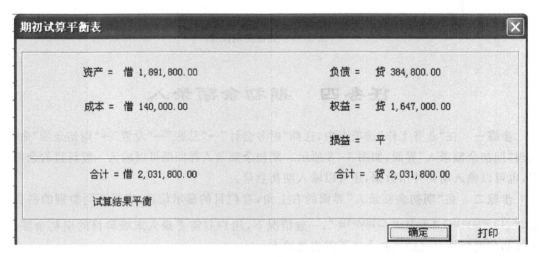

图 3-9 试算平衡表

任务五 常用摘要

步骤一 在"基础设置"选项卡中,选择"基础档案"→"其他"→"常用摘要"命令,屏幕出现"常用摘要设置"界面,如图3-10所示。

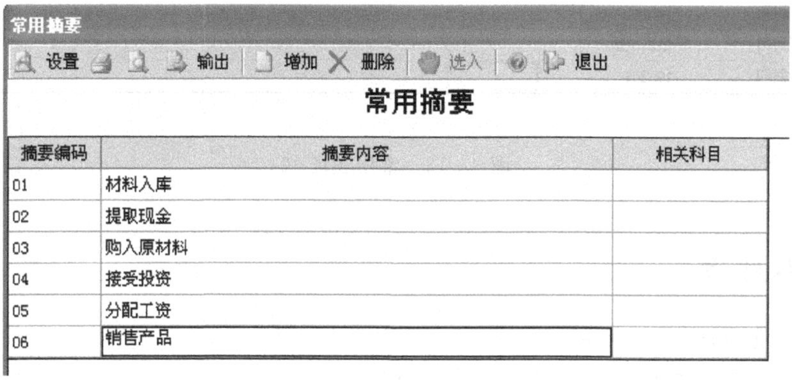

图 3-10 常用摘要

步骤二 点击"增加"按钮,依次录入摘要编码和摘要内容,用户可根据本单位的实际业务情况将本企业常用的摘要词组设置以备以后调用。

任务六 常用凭证

步骤一 在"业务工作"选项卡中,选择"财务会计"→"总账"→"凭证"→"常用凭证"命令,出现"常用凭证"设置界面。

步骤二 点击"增加"按钮,输入常用凭证的编码、说明(即摘要内容)、凭证类别、附单据数后,如图3-11所示。

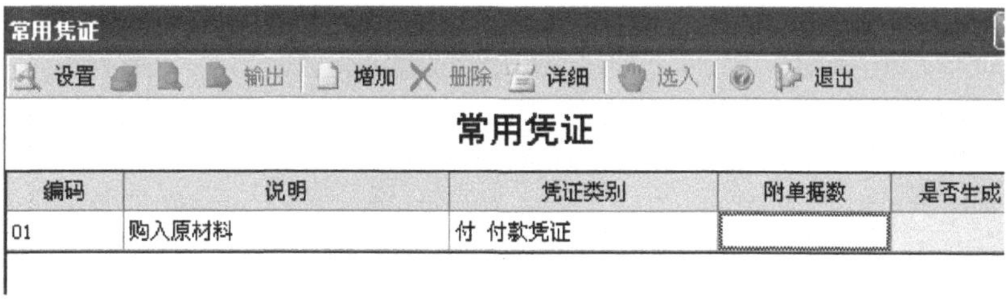

图 3-11 常用凭证-1

步骤三 再点击"详细"按钮,继续输入会计科目,借、贷方金额可以输入,也可以不输入,一般上一行是借方科目,下一行是贷方科目,如图3-12所示。

提示:备份账套数据到"F:\100账套\项目三"文件夹中。

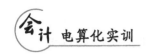

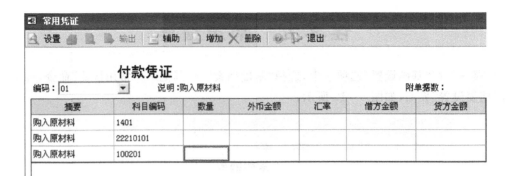

图 3-12 常用凭证-2

 任务结果

1. 进行了选项设置。
2. 设置了结算方式和凭证类别（收、付、转）。
3. 录入了期初余额，并试算平衡。
4. 设置了常用凭证和常用摘要。

项目四　总账系统日常业务

一、知识目标

1. 掌握总账系统的日常业务的内容和操作方法
2. 熟练掌握记账凭证的录入、审核、记账的方法和要求
3. 熟悉凭证修改、作废、删除等操作方法

二、能力目标

1. 能够利用财务软件相关模块进行日常账务处理工作
2. 能够熟练填制和审核记账凭证
3. 能够利用软件功能进行记账处理
4. 能够熟练查询各类账簿数据

一、项目概述

在本项目中,要求学生根据情景案例的模拟公司资料,进行凭证录入、凭证审核、凭证修改、作废、删除、记账和账簿输出等上机操作。

二、情景案例设计

实训准备:引入"F:\100账套\项目三"的备份数据。
(1)2013年1月份发生的经济业务内容如下:(27张)。
①(收款1)2日,接受外商投资。(附件3张)
　　借:银行存款——中行存款(6.30×20 000美元)　　　　　　　126 000.00
　　　贷:实收资本　　　　　　　　　　　　　　　　　　　　　126 000.00
②(收款2)3日,银行借款。(附件1张)
　　借:银行存款——建行存款　　　　　　　　　　　　　　　　200 000.00
　　　贷:短期借款　　　　　　　　　　　　　　　　　　　　　200 000.00
③(付款1)5日,购置固定资产。(附件1张)
　　借:固定资产　　　　　　　　　　　　　　　　　　　　　　68 000.00
　　　贷:银行存款——建行存款　　　　　　　　　　　　　　　68 000.00

④(付款2)6日,预借差旅费。(附件1张)

　　借:其他应收款——张文　　　　　　　　　　　　　　　　　4 500.00

　　　贷:库存现金　　　　　　　　　　　　　　　　　　　　　　　　4 500.00

⑤(付款3)8日,采购甲材料。(附件3张)(调用常用凭证)

　　借:材料采购——甲材料　　　　　　　　　　　　　　　　　80 000.00

　　　应交税费——应交增值税——进项税　　　　　　　　　　13 600.00

　　　贷:银行存款——建行存款　　　　　　　　　　　　　　　　　93 600.00

⑥(转账1)8日,采购乙材料。(附件3张)

　　借:材料采购——乙材料　　　　　　　　　　　　　　　　　100 000.00

　　　应交税费——应交增值税——进项税　　　　　　　　　　17 000.00

　　　贷:应付账款——X公司　　　　　　　　　　　　　　　　　　117 000.00

⑦(转账2)8日,甲材料验收入库。(附件2张)

　　借:原材料——甲材料(8 000公斤*10元)　　　　　　　　80 000.00

　　　贷:材料采购——甲材料　　　　　　　　　　　　　　　　　　80 000.00

⑧(转账3)9日,乙材料验收入库。(附件2张)

　　借:原材料——乙材料(20 000公斤*5元)　　　　　　　　100 000.00

　　　贷:材料采购——甲材料　　　　　　　　　　　　　　　　　　100 000.00

⑨(付款4)10日,支付前欠货款。(附件1张)

　　借:应付账款——X公司　　　　　　　　　　　　　　　　　100 000.00

　　　贷:银行存款——建行存款　　　　　　　　　　　　　　　　　100 000.00

⑩(转账4)12日,报销差旅费。(附件2张)

　　借:管理费用——差旅费　　　　　　　　　　　　　　　　　3 000.00

　　　贷:其他应收款——张文　　　　　　　　　　　　　　　　　　3 000.00

⑪(收款3)12日,退回预借差旅费余款。(附件2张)

　　借:库存现金　　　　　　　　　　　　　　　　　　　　　　　500.00

　　　贷:其他应收款——张文　　　　　　　　　　　　　　　　　　500.00

⑫(转账5)15日,领用甲材料。(附件2张)

　　借:生产成本——直接材料　　　　　　　　　　　　　　　　140 000.00

　　　制造费用　　　　　　　　　　　　　　　　　　　　　　　15 000.00

　　　贷:原材料——甲材料(15 500公斤*10元)　　　　　　　　155 000.00

⑬(付款5)16日,提现备发工资。(附件1张)(调用常用凭证)

　　借:库存现金　　　　　　　　　　　　　　　　　　　　　　　200 000.00

　　　贷:银行存款——建行存款　　　　　　　　　　　　　　　　　200 000.00

⑭(付款6)16日,发放工资。(附件1张)

　　借:应付职工薪酬——工资　　　　　　　　　　　　　　　　200 000.00

　　　贷:库存现金　　　　　　　　　　　　　　　　　　　　　　　200 000.00

⑮(付款7)17日,支付报刊费。(附件1张)

　　借:预付账款　　　　　　　　　　　　　　　　　　　　　　　3 500.00

　　　贷:银行存款——建行存款　　　　　　　　　　　　　　　　　3 500.00

⑯(转账 6)22 日,分配工资。(附件 1 张)

　　借:生产成本——直接人工　　　　　　　　　　　　　　　　　　120 000.00
　　　　制造费用　　　　　　　　　　　　　　　　　　　　　　　　 71 000.00
　　　　管理费用——工资　　　　　　　　　　　　　　　　　　　　　9 000.00
　　　贷:应付职工薪酬——工资　　　　　　　　　　　　　　　　　 200 000.00

⑰(转账 7)22 日,计提福利费。(附件 1 张)

　　借:生产成本——直接人工　　　　　　　　　　　　　　　　　　 16 800.00
　　　　制造费用　　　　　　　　　　　　　　　　　　　　　　　　　9 940.00
　　　　管理费用——福利费　　　　　　　　　　　　　　　　　　　　1 260.00
　　　贷:应付职工薪酬——福利费　　　　　　　　　　　　　　　　　28 000.00

⑱(转账 8)25 日,摊销预提费用。(附件 1 张)

　　借:制造费用　　　　　　　　　　　　　　　　　　　　　　　　　2 300.00
　　　　管理费用——其他　　　　　　　　　　　　　　　　　　　　　1 200.00
　　　贷:预付账款　　　　　　　　　　　　　　　　　　　　　　　　3 500.00

⑲(转账 9)27 日,计提折旧。(附件 1 张)

　　借:制造费用　　　　　　　　　　　　　　　　　　　　　　　　　8 000.00
　　　　管理费用——折旧费　　　　　　　　　　　　　　　　　　　　2 800.00
　　　贷:累计折旧　　　　　　　　　　　　　　　　　　　　　　　 10 800.00

⑳(收款 4)28 日,销售产品。(附件 2 张)(调用常用凭证)

　　借:银行存款——建行存款　　　　　　　　　　　　　　　　　　 210 600.00
　　　贷:主营业务收入　　　　　　　　　　　　　　　　　　　　　 180 000.00
　　　　　应交税费——应交增值税——销项税　　　　　　　　　　　 30 600.00

㉑(收款 5)28 日,收到前欠货款。(附件 1 张)(调用常用凭证)

　　借:银行存款——建行存款　　　　　　　　　　　　　　　　　　　60 000.00
　　　贷:应收账款——A 公司　　　　　　　　　　　　　　　　　　　60 000.00

㉒(转账 10)29 日,销售产品。(附件 2 张)

　　借:应付票据　　　　　　　　　　　　　　　　　　　　　　　　 725 400.00
　　　贷:主营业务收入　　　　　　　　　　　　　　　　　　　　　 620 000.00
　　　　　应交税费——应交增值税——销项税　　　　　　　　　　　105 400.00

㉓(转账 11)30 日,购买股票。(附件 3 张)

　　借:交易性金融资产(新增:1101)　　　　　　　　　　　　　　　　30 000.00
　　　贷:其他货币资金　　　　　　　　　　　　　　　　　　　　　　30 000.00

㉔(转账 12)31 日,固定资产盘亏。(附件 1 张)

　　借:待处理财产损益——待处理固定资产损益　　　　　　　　　　　　600.00
　　　　累计折旧　　　　　　　　　　　　　　　　　　　　　　　　 1 400.00
　　　贷:固定资产　　　　　　　　　　　　　　　　　　　　　　　　2 000.00

㉕(转账 13)31 日,处理固定资产盘亏。(附件 1 张)

　　借:营业外支出　　　　　　　　　　　　　　　　　　　　　　　　　600.00
　　　贷:待处理财产损益——待处理固定资产损益　　　　　　　　　　　600.00

㉖(转账14)31日,预提利息。(附件1张)
　　借:财务费用　　　　　　　　　　　　　　　　　　　　　　　　3 725.00
　　　贷:应付利息　　　　　　　　　　　　　　　　　　　　　　　　　　3 725.00
㉗(付款8)31日,支付利息。(附件1张)
　　借:应付利息　　　　　　　　　　　　　　　　　　　　　　　　　3 825.00
　　　　财务费用　　　　　　　　　　　　　　　　　　　　　　　　　　 50.00
　　　贷:银行存款——建行存款　　　　　　　　　　　　　　　　　　　3 875.00

(2)修改未记账凭证——直接修改法。
①修改收款2:借:银行存款——建行存款　　　　　　　　　　　　　　100 000.00
　　　　　　　贷:短期借款　　　　　　　　　　　　　　　　　　　　　100 000.00
②修改转账10:借:应收票据(新增:1121)　　　　　　　　　　　　　608 400.00
　　　　　　　贷:主营业务收入　　　　　　　　　　　　　　　　　　　520 000.00
　　　　　　　　　应交税费——应交增值税——销项税　　　　　　　　　88 400.00

(3)删除凭证(1张):删除转账9号凭证。
(4)审核凭证:审核所有26张凭证。
(5)修改未记账凭证——消审修改。
修改付款2号凭证　借:其他应收款——张文　　　　　　　　　　　　　3 500.00
　　　　　　　　　　贷:库存现金　　　　　　　　　　　　　　　　　　　3 500.00
(6)记账(26张)。练习:反记账。
(7)修改已记账凭证——红字冲销法。
冲销转账10(原转账11):
补充正确凭证。借:交易性金融资产　　　　　　　　　　　　　　　　40 000.00
　　　　　　　贷:其他货币资金　　　　　　　　　　　　　　　　　　　40 000.00
(8)账簿输出。
①日记账输出——查询"库存现金"、"银行存款——建行存款"日记账。
②明细账输出——查询"银行存款——中行存款"、"原材料——甲材料"、"应付账款——X公司"明细账。
③总账输出——查询"库存现金"、"银行存款"总账。
④余额表输出(一级科目)。
⑤多栏账输出——查询"生产成本"、"管理费用"多栏账。

科目名称	栏目来源	展开方向	分析方式	栏目位置
生产成本	自动编制	借方	余额	栏目后置
管理费用	手工增加	借方	金额	栏目前置

项目四 总账系统日常业务

任务分析

任务一 填制记账凭证

➢子任务一 输入记账凭证(人工输入法)

步骤一 重新注册,由"A03 张凤"注册,选择 100 账套,进入账套日期的日期为 2013 年 1 月 31 日,如图 4-1 所示,"确定"后进入"企业应用平台"。

图 4-1 账套登录界面

步骤二 在"业务"选项卡中,点击"财务会计"→"总账"→"凭证"→"填制凭证",进入"填制凭证"界面。

步骤三 凭证输入的方法有两种,直接输入和调用常用凭证法。采用键盘人工直接输入时,点击"增加"按钮,需要用户输入的凭证信息比较多,包括凭证类别(选择)、序号(自动生成)、制单日期、附单据数、摘要、科目名称、借方金额和贷方金额等信息,如果某科目具有辅助核算信息还需要输入辅助项信息。合计数软件自动生成,制单人姓名系统自动取得进入该账套的当前操作员姓名,如图 4-2 所示。

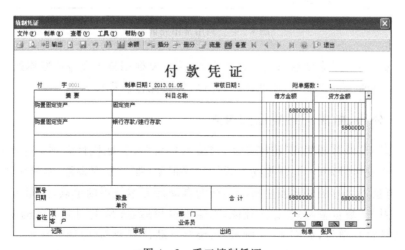

图 4-2 手工填制凭证

步骤四 凭证输入完毕后,点击保存时,软件会进行各种校验以防止错误数据的录入,如借贷平衡检验、凭证类别合法性校验等,如果检查出错误,系统会出现错误信息提示,并拒绝保存该张凭证内容。

➢子任务二 输入记账凭证(调用常用凭证法)

步骤一 修改操作员的权限:为"张凤"添加"凭证"下"常用凭证"、"凭证整理"的权限(操作方法同实训一相关内容)。

步骤二 在"填制凭证"界面,选择菜单"制单"→"调用常用凭证"命令,出现如图4-3所示画面。

图4-3 调用常用凭证-1

步骤三 点击"…用凭证",点击"选入"按钮,如图4-4所示。

图4-4 调用常用凭证-2

步骤四 选入后,屏幕显示出记账凭证格式,用户要根据具体业务内容修改该张凭证上的信息,例如需要添加借贷方金额、辅助核算信息后才能保存该凭证。

➢子任务三 外币、数量记账凭证的录入

步骤一 对于"外币金额式"记账凭证,当输入科目后,凭证栏目上则会显示出外币栏目,上方需录入外币发生额,下方出现期初设置的记账汇率(如果是变动汇率,则需要先修改下方的记账汇率,再录入上方的外币发生额),系统会自动计算本位币的金额,如图4-5所示。

步骤二 对于"数量金额式"记账凭证,当输入科目后,屏幕上则会显示辅助项对话框,在辅助项上输入数量和单价,如图4-6所示,系统会自动计算金额(金额=数量×单价),并放在借方金额位置,如果该笔业务是贷方金额,则需要使用空格键调整金额方向。

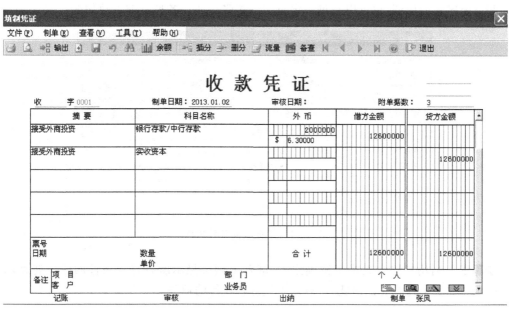

图 4-5　外币业务凭证

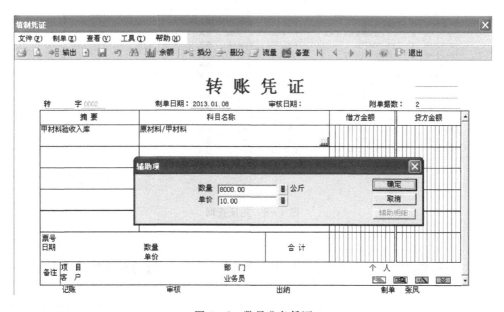

图 4-6　数量业务凭证

▶子任务四　查询记账凭证

步骤一　在"业务工作"选项卡中,点击"财务会计"→"总账"→"凭证"→"查询凭证",进入凭证查询界面。

步骤二　在"凭证查询条件"界面,录入用户的查询条件。在此可以查询所有凭证,或查询已记账凭证,也可以查询未记账凭证;可以查询所有类别凭证,也可以分类查询凭证;可以查询某一张指定序号的凭证，也可以查询一定范围的多张凭证。各种查询参数如图 4－7 所示。

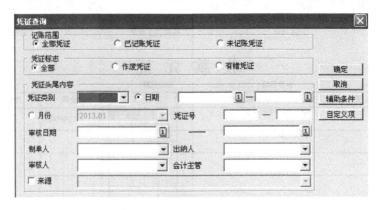

图 4－7　凭证查询条件界面

步骤三　当用户输入查询范围确定后，屏幕上则会显示所有符合条件的凭证列表，如图 4－8所示。如果想查看凭证格式，可以双击光标所在行的业务。

制单日期	凭证编号	摘要	借方金额合计	贷方金额合计	制单人	审核人	系统名	备注	审核
2013-01-02	收 - 0001	接受外商投资	¥126,000	¥126,000	张凤				
2013-01-03	收 - 0002	银行借款	¥200,000	¥200,000	张凤				
2013-01-12	收 - 0003	退回预借差旅费余款	¥500	¥500	张凤				
2013-01-28	收 - 0004	销售产品	¥210,600	¥210,600	张凤				
2013-01-28	收 - 0005	收到前欠货款	¥60,000	¥60,000	张凤				
2013-01-05	付 - 0001	购置固定资产	¥68,000	¥68,000	张凤				
2013-01-06	付 - 0002	预借差旅费	¥4,500	¥4,500	张凤				
2013-01-08	付 - 0003	采购甲材料	¥93,600	¥93,600	张凤				
2013-01-10	付 - 0004	支付前欠货款	¥100,000	¥100,000	张凤				
2013-01-16	付 - 0005	提现备发工资	¥200,000	¥200,000	张凤				
2013-01-16	付 - 0006	发放工资	¥200,000	¥200,000	张凤				
2013-01-17	付 - 0007	支付报刊费	¥3,500	¥3,500	张凤				
2013-01-31	付 - 0008	支付利息	¥3,875	¥3,875	张凤				
2013-01-08	转 - 0001	采购乙材料	¥117,000	¥117,000	张凤				

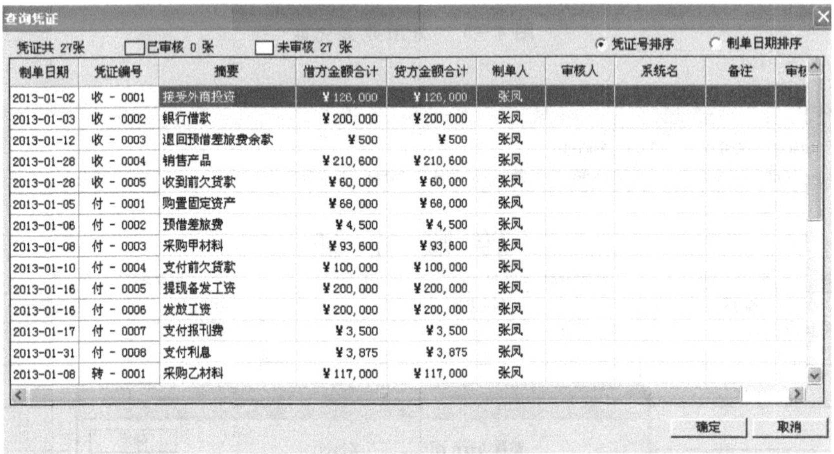

图 4－8　凭证查询

任务二　修改记账凭证——直接修改法

步骤一　由“张凤”注册进入“企业应用平台”，在“财务会计”的“总账”系统中，选择“凭证”→“填制凭证”命令。

步骤二　点击“查询”按钮，输入需要修改的凭证的类别和序号，可快速在屏幕上显示出该张凭证的内容，如图 4－9 所示。

步骤三　要修改收款 2 号凭证，则需要将光标指向借方金额位置处，直接修改金额为 100 000.00，贷方金额同理，保存即可。

项目四　总账系统日常业务

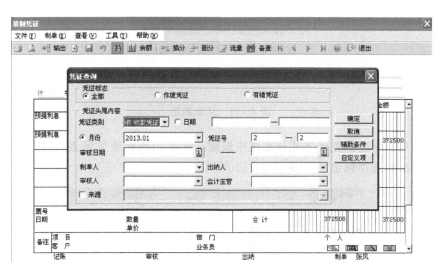

图4-9　凭证修改

任务三　删除记账凭证

步骤一　由"张凤"注册进入"企业应用平台",在"财务会计"的"总账"系统中,选择"凭证"→"填制凭证"命令。

步骤二　为凭证做"作废"标记。在"填制凭证"界面,查询到需要删除的记账凭证使其显示在屏幕上,选择"制单"→"作废/恢复"命令,如图4-10所示。

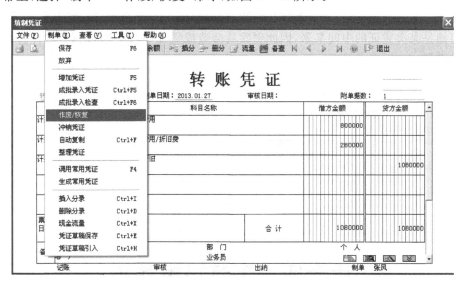

图4-10　凭证作废

步骤三　进行凭证删除整理。选择"制单"→"整理凭证"命令,系统提示凭证期间范围,如图4-11所示。

图 4-11 凭证删除

步骤四 只有作废的凭证才能从系统中删除。屏幕出现作废凭证表,从中可以对要删除的凭证双击做删除选择标记"Y",如图 4-12 所示。

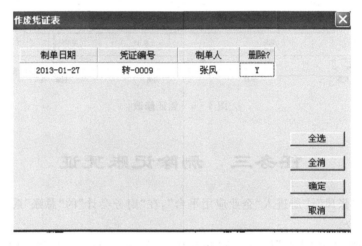

图 4-12 作废凭证删除选择界面

步骤五 系统提示"是否还要整理凭证断号?",如图 4-13 所示,选择"是"。删除的记账凭证有可能是某类凭证的中间某张,因此删除后会造成凭证序号中断,因此,软件会帮助用户自动重排序号。

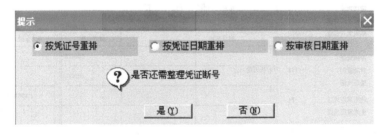

图 4-13 凭证断号整理

任务四 审核记账凭证

步骤一 改变操作员:"系统"→"重注册",由"A02 王山"登录"企业应用平台"。

步骤二 在总账系统中,选择"凭证"→"审核凭证",如图 4-14 所示,用户输入本次需要审核的记账凭证范围(凭证类别、月份、凭证号、日期、操作员、来源等)。

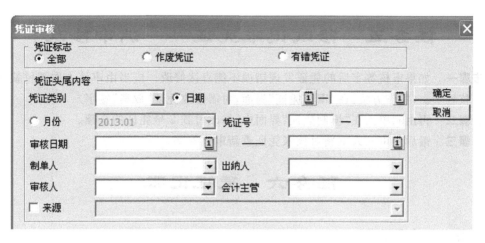

图 4-14　凭证审核范围

步骤三　审核条件输入后,屏幕会显示要审核记账凭证的内容,用户可以逐张审核签字,也可以成批审核签字。无论是何种方式,都应该由审核人认真检查凭证各项内容,如果都正确才能签字,反之,如果检查出错误,应该不予签字,还可以在错误凭证上"标错",留给制单人修改错误。成批审核签字界面如图 4-15 所示。审核后的凭证头审核日期处会显示审核日期,凭证下方审核签字处会显示审核人姓名。

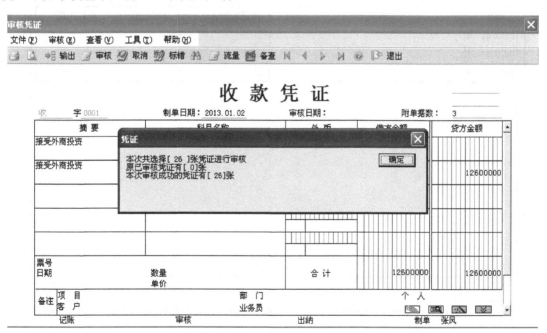

图 4-15　凭证成批审核签字

任务五 修改记账凭证——消审修改

步骤一 如果审核签字后的凭证发现错误不能直接修改。应当由审核人取消付款2号凭证的审核签字。(操作方法:在"审核凭证"界面,对需修改凭证"取消"签字)

步骤二 再由制单人在"填制凭证"界面中,修改付款2号凭证的金额。

步骤三 最后由审核人重新对该张凭证重新审核签字。

任务六 凭证记账

▶子任务一 凭证记账

步骤一 由"A02王山"注册登录进入总账系统。

步骤二 在总账系统中,选择"凭证"→"记账"命令,出现如图4-16所示界面。

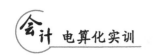

图4-16 记账—选择记账范围

步骤三 选择记账范围。用户可以根据需要选择本次记账的范围,所有已审核签字的凭证都可参与记账,即审核范围大于或等于记账范围,如果记账范围为空,则系统默认为所有已审核凭证。点击"记账报告"按钮,则出现记账报告,如图4-17所示。

步骤四 记账报告中显示本次记账的凭证张数,所有科目的本期借、贷发生额数据,继续

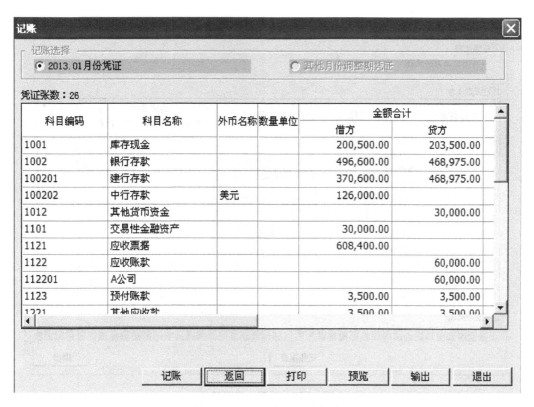

图 4-17　记账—记账报告

点击"记账",进入记账过程,第一次记账,软件会自动检查期初余额数据是否试算平衡,如果不平衡,则停止记账。试算平衡表检查如图 4-18 所示。

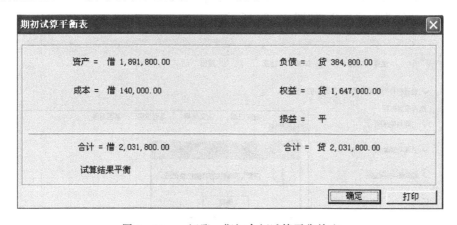

图 4-18　记账—期初余额试算平衡检查

步骤五　试算平衡后,软件自动执行记账功能,无需人工干预,并显示记账结果,如图 4-19 所示。确定后,记账完毕。

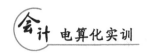

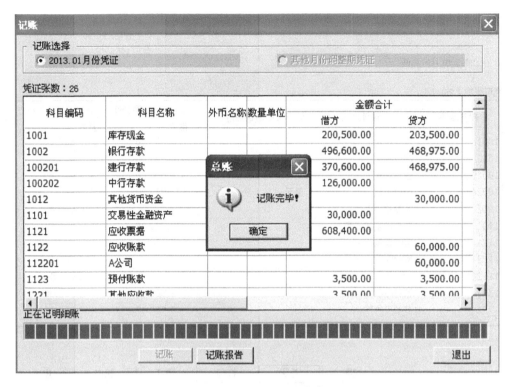

图 4-19 记账—记账完毕

▶子任务二 反记账(账套主管操作)

步骤一 选择"期末"→"对账"命令,打开"期末对账"界面,按住"Ctrl+H",系统出现提示信息,"反记账"功能被激活,如图 4-20 所示。

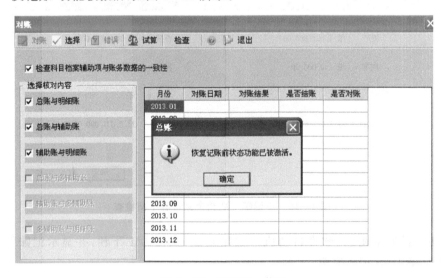

图 4-20 反记账—激活

步骤二 关闭"对账"界面,选择"凭证"→"恢复记账前状态"命令,系统提示恢复记账选择方式,如图 4-21 所示。

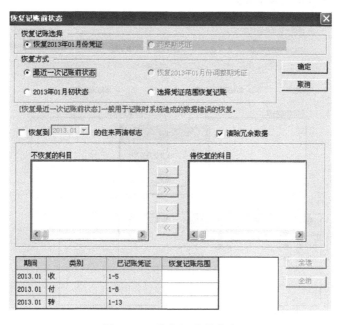

图 4-21 恢复记账前状态

步骤三 用户可根据实际需要选择恢复到"最近一次记账前状态"或者"2013 年 01 月初状态",并进行身份验证,如果非账套主管则不能执行此操作,如图 4-22 所示。

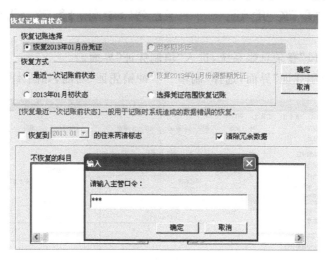

图 4-22 主管身份验证

步骤四 恢复数据完成后,系统会提示"恢复记账完毕!"如图 4-23 所示。

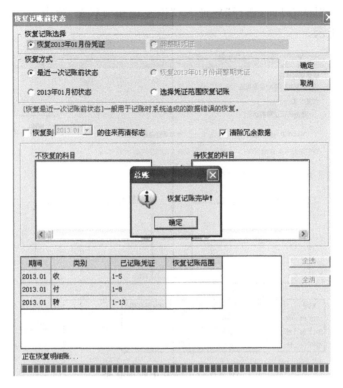

图 4-23 反记账成功

任务七 修改凭证——红字冲销修改已记账凭证

步骤一 由"张凤"登录总账系统,进入"填制凭证"界面。
步骤二 在"填制凭证"界面,选择"制单"→"冲销凭证"功能,如图 4-24 所示。

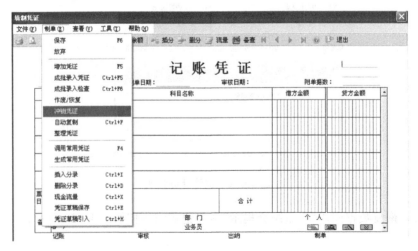

图 4-24 冲销凭证-1

步骤三 在冲销凭证界面,输入需要冲销的凭证类别和序号即可,如图4-25所示。

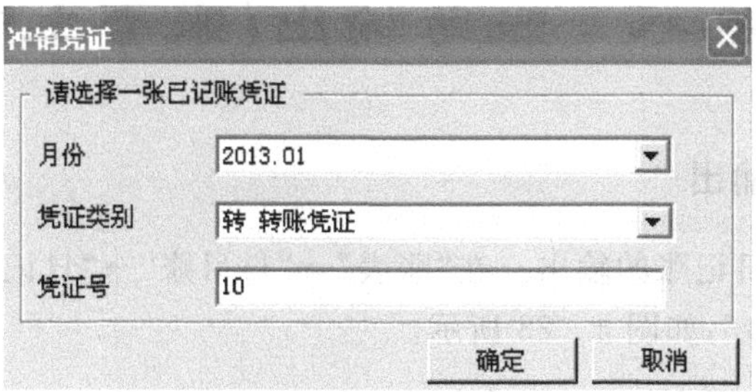

图4-25 冲销凭证-2

步骤四 系统会自动生成一张红字凭证,点击"保存"按钮,如图4-26所示。

图4-26 冲销凭证-3

步骤五 红字冲销凭证后,还需要再增加一张正确的蓝字凭证,操作方法同填制凭证,内容如图4-27所示。

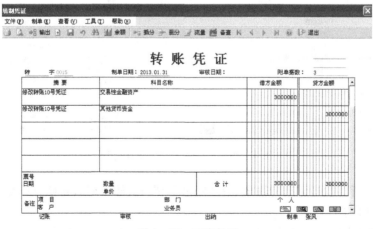

图4-27 正确凭证

步骤六 将这两张凭证进行审核、记账。

任务八 账簿输出(账套主管)

▶子任务一 日记账输出

步骤一 库存现金日记账的输出。在"账表"→"科目账"→"日记账"中,输入查询条件,选择科目为"1001 库存现金",如图4-28所示。

图4-28 日记账查询条件

步骤二 "确定"后,屏幕显示库存现金日记账格式,如图4-29所示。

日记账

科目		1001 库存现金					
2013年		凭证号数	摘要	对方科目	借方	贷方	方向	余额
月	日							
			上年结转				借	5,000.00
01	06	付-0002	预借差旅费	122101		3,500.00	借	1,500.00
01	06		本日合计			3,500.00	借	1,500.00
01	12	收-0003	退回预借差旅费余款	122101	500.00		借	2,000.00
01	12		本日合计		500.00		借	2,000.00
01	16	付-0005	提现备发工资	100201	200,000.00		借	202,000.00
01	16	付-0006	发放工资	221101		200,000.00	借	2,000.00
01	16		本日合计		200,000.00	200,000.00	借	2,000.00
01			当前合计		200,500.00	203,500.00	借	2,000.00
01			当前累计		200,500.00	203,500.00	借	2,000.00

图4-29 三栏式库存现金日记账

步骤三 建行存款日记账的输出。在"账表"→"科目账"→"日记账"中,输入查询条件,选择科目为"100201 建行存款"。

步骤四 "确定"后,屏幕显示建行存款日记账格式,如图4-30所示。

项目四　总账系统日常业务

日记账

科目 [100201 建行存款]

2013年		凭证号数	摘要	对方科目	借方	贷方	方向	余额
月	日							
			上年结转				借	980,000.00
01	03	收-0002	银行借款	2001	100,000.00		借	1,080,000.00
01	03		本日合计		100,000.00		借	1,080,000.00
01	05	付-0001	购置固定资产	1601		68,000.00	借	1,012,000.00
01	05		本日合计			68,000.00	借	1,012,000.00
01	08	付-0003	采购甲材料	140101,22210101		93,600.00	借	918,400.00
01	08		本日合计			93,600.00	借	918,400.00
01	10	付-0004	支付前欠货款	220201		100,000.00	借	818,400.00
01	10		本日合计			100,000.00	借	818,400.00
01	16	付-0005	提现备发工资	1001		200,000.00	借	618,400.00
01	16		本日合计			200,000.00	借	618,400.00
01	17	付-0007	支付报刊费	1123		3,500.00	借	614,900.00
01	17		本日合计			3,500.00	借	614,900.00
01	28	收-0004	销售产品	6001,22210102	210,600.00		借	825,500.00
01	28	收-0005	收到前欠货款	112201	60,000.00		借	885,500.00
01	28		本日合计		270,600.00		借	885,500.00
01	31	付-0008	支付利息	2231,6603		3,875.00	借	881,625.00
01	31		本日合计			3,875.00	借	881,625.00
01			当前合计		370,600.00	468,975.00	借	881,625.00
01			当前累计		370,600.00	468,975.00	借	881,625.00

图 4-30　三栏式建行存款日记账

➤子任务二　明细账输出

步骤一　明细账的输出。在"账表"→"科目账"→"明细账"中，输入用户需要查询的条件，如图 4-31 所示。

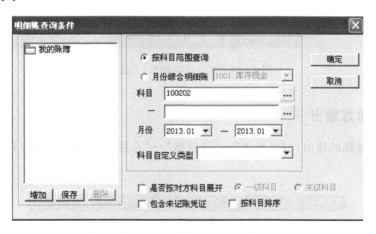

图 4-31　明细账查询条件

步骤二　在查询条件中，选择"100202 银行存款——中行存款"科目，"确定"后，屏幕显示"中行存款"外币金额式明细账格式，如图 4-32 所示。

步骤三　在查询条件中，选择"140301 原材料——甲材料"科目，"确定"后，屏幕显示"甲材料"数量金额式明细账格式，如图 4-33 所示。

步骤四　在查询条件中，选择"220201 应付账款——X 公司"科目，"确定"后，屏幕显示"X

银行存款明细账

科目：100202 中行存款 外币币名：美元 月份：2013.01-

2013年		凭证号数	摘要	币种/汇率	借方		贷方		方向	余额		
月	日				外币	金额	外币	金额		外币	汇率	金额
			上年结转						借	10,000.00	6.30000	63,000.00
01	02	收-0001	接受外商投资	美元:6.30000	20,000.00	126,000.00			借	30,000.00		189,000.00
01			当前合计		20,000.00	126,000.00			借	30,000.00		189,000.00
01			当前累计		20,000.00	126,000.00			借	30,000.00		189,000.00

图 4-32 中行存款明细账(外币金额式)

原材料明细账

科目：140301 甲材料 数量单位：公斤 月份：2013.01-2013.0

2013年		凭证号数	摘要	单价	借方		贷方		方向	余额		
月	日				数量	金额	数量	金额		数量	单价	金额
			上年结转						借	2000.00	10.00	20,000.00
01	08	转-0002	甲材料验收入库	10.00	8000.00	80,000.00			借	10000.00		100,000.00
01	15	转-0005	领用甲材料	10.00			15500.00	155,000.00	贷	5500.00		55,000.00
01			当前合计		8000.00	80,000.00	15500.00	155,000.00	贷	5500.00	10.00	55,000.00
01			当前累计		8000.00	80,000.00	15500.00	155,000.00	贷	5500.00	10.00	55,000.00

图 4-33 甲材料明细账(数量金额式)

公司"金额式明细账格式,如图 4-34 所示。

应付账款明细账

科目：220201 X公司

2013年		凭证号数	摘要	借方	贷方	方向	余额
月	日						
			上年结转			贷	58,000.00
01	08	转-0001	采购乙材料		117,000.00	贷	175,000.00
01	10	付-0004	支付前欠货款	100,000.00		贷	75,000.00
01			当前合计	100,000.00	117,000.00	贷	75,000.00
01			当前累计	100,000.00	117,000.00	贷	75,000.00

图 4-34 X公司明细账(金额式)

➢子任务三 总账输出

步骤一 总账的输出。在"账表"→"科目账"→"总账"中,输入用户需要查询的条件,如图 4-35 所示。

图 4-35 总账查询条件

步骤二 在查询条件中,选择"1001 库存现金"科目,"确定"后,屏幕显示"库存现金总账"格式,如图 4-36 所示。

库存现金总账

2013年		凭证号数	摘要	借方	贷方	方向	余额
月	日						
			上年结转			借	5,000.00
01			当前合计	200,500.00	203,500.00	借	2,000.00
01			当前累计	200,500.00	203,500.00		

图 4-36 库存现金总账

步骤三 在查询条件中,选择"1002 银行存款"科目,"确定"后,屏幕显示"银行存款总账"格式,如图 4-37 所示。

银行存款总账

2013年		凭证号数	摘要	借方	贷方	方向	余额
月	日						
			上年结转			借	1,043,000.00
01			当前合计	496,600.00	468,975.00	借	1,070,625.00
01			当前累计	496,600.00	468,975.00		

图 4-37 银行存款总账

➢子任务四 余额表输出

步骤一 在"账表"→"科目账"→"余额表"中,输入用户需要查询的条件,如图 4-38 所示。

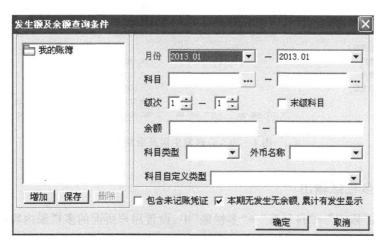

图 4-38 余额表查询条件

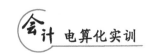

步骤二 在查询条件中,可以查询总账(1级—1级)总账科目余额表,也可以查询所有科目(1级—4级)的余额发生额汇总表,"确定"后,屏幕显示"余额表"格式,如图4-39所示。

发生额及余额表

科目编码	科目名称	期初余额 借方	期初余额 贷方	本期发生 借方	本期发生 贷方	期末余额 借方	期末余额 贷方
1001	库存现金	5,000.00		200,500.00	203,500.00	2,000.00	
1002	银行存款	1,043,000.00		496,600.00	468,975.00	1,070,625.00	
1012	其他货币资金	40,000.00			30,000.00	10,000.00	
1101	交易性金融资产			30,000.00		30,000.00	
1121	应收票据			608,400.00		608,400.00	
1122	应收账款	35,000.00			60,000.00		25,000.00
1123	预付账款	6,000.00		3,500.00	3,500.00	6,000.00	
1221	其他应收款	800.00		3,500.00	3,500.00	800.00	
1231	坏账准备		6,000.00				6,000.00
1401	材料采购	5,000.00		180,000.00	180,000.00	5,000.00	
1403	原材料	70,000.00		180,000.00	155,000.00	95,000.00	
1405	库存商品	600,000.00				600,000.00	
1601	固定资产	133,000.00		68,000.00	2,000.00	199,000.00	
1602	累计折旧		40,000.00	1,400.00			38,600.00
1901	待处理财产损益			600.00	600.00		
资产小计		1,937,800.00	46,000.00	1,772,500.00	1,107,075.00	2,626,825.00	69,600.00
2001	短期借款		202,000.00		100,000.00		302,000.00
2201	应付票据		40,000.00				40,000.00
2202	应付账款		28,000.00	100,000.00	117,000.00		45,000.00
2203	预收账款		80,000.00				80,000.00
2211	应付职工薪酬		15,000.00	200,000.00	228,000.00		43,000.00
2221	应交税费		16,000.00	30,600.00	119,000.00		104,400.00
2231	应付利息			3,825.00	3,725.00	100.00	
2241	其他应付款		3,800.00				3,800.00
负债小计			384,800.00	334,425.00	567,725.00	100.00	618,200.00
4001	实收资本		1,500,000.00		126,000.00		1,626,000.00
4002	资本公积		60,000.00				60,000.00
4101	盈余公积		37,000.00				37,000.00
4104	利润分配		50,000.00				50,000.00
权益小计			1,647,000.00		126,000.00		1,773,000.00
5001	生产成本	140,000.00		276,800.00		416,800.00	
5101	制造费用			98,240.00	98,240.00		
成本小计		140,000.00		375,040.00	98,240.00	515,040.00	
6001	主营业务收入				700,000.00		700,000.00
6602	管理费用			14,460.00	14,460.00		
6603	财务费用			3,775.00	3,775.00		
6701	营业外支出			600.00	600.00		
损益小计				18,835.00	700,000.00	18,835.00	700,000.00
合计		2,077,800.00	2,077,800.00	2,500,800.00	2,500,800.00	3,160,800.00	3,160,800.00

图4-39 总账发生额及余额表

➢子任务五 多栏账输出

步骤一 在"账表"→"科目账"→"多栏账"中,设置用户所需的多栏账内容才可以查询,如图4-40所示。

步骤二 生产成本多栏账的设置(自动编制)。选择核算科目为"5001 生产成本",点击"自动编制"按钮,分析方式按"余额"分析,栏目包含三个明细科目,点击"选项"按钮后,再设置

项目四　总账系统日常业务

图 4-40　生产成本多栏账设置-1

"分析栏目后置",按"借方分析",点击"确定",如图 4-41 所示。

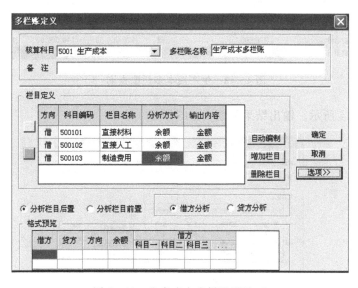

图 4-41　生产成本多栏账设置-2

步骤三　将"生产成本"多栏账设置成功后,多栏账名称上会显示该账簿,用户双击该行,则出现"多栏账查询"界面,选择期间和相关信息,如图 4-42 所示。

步骤四　"确定"后,屏幕显示多栏账内容,如图 4-43 所示。

步骤五　管理费用多栏账。操作方法同"生产成本"多栏账,"分析栏目前置",分析方式

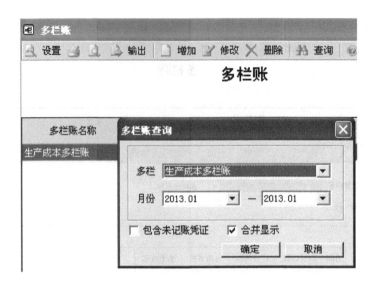

图 4-42 生产成本多栏账查询-1

多栏账

多栏	生产成本多栏账						借方		
2013年									
月 日	凭证号数	摘要	借方	贷方	方向	余额	直接材料	直接人工	制造费用
		上年结转			借	140,000.00	80,000.00	40,000.00	20,000.00
01 15	转-0005	领用甲材料	140,000.00		借	280,000.00	140,000.00		
01 22	转-0006	分配工资	120,000.00		借	400,000.00		120,000.00	
01 22	转-0007	计提福利费	16,800.00		借	416,800.00		16,800.00	
01		当前合计	276,800.00		借	416,800.00	140,000.00	136,800.00	
01		当前累计	276,800.00		借	416,800.00	220,000.00	176,800.00	20,000.00

图 4-43 生产成本多栏账查询-2

"金额",如图 4-44 所示。输出结果如图 4-45 所示。

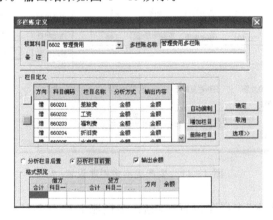

图 4-44 管理费用多栏账设置

多栏账

图 4-45 管理费用多栏账查询

▶ 子任务六　已记账凭证输出

步骤一　在"业务"选项卡中,点击"财务会计"→"总账"→"凭证"→"查询凭证"。

步骤二　选择查询范围"已记账凭证",确定后,屏幕显示所有满足条件的记账凭证列表,如图 4-46 所示。如想查看凭证格式,可双击某业务打开凭证内容。

制单日期	凭证编号	摘要	借方金额合计	贷方金额合计	制单人	审核人	系统名
2013-01-02	收-0001	接受外商投资	¥126,000	¥126,000	张凤	王山	
2013-01-03	收-0002	银行借款	¥100,000	¥100,000	张凤	王山	
2013-01-12	收-0003	退回预借差旅费余款	¥500	¥500	张凤	王山	
2013-01-28	收-0004	销售产品	¥210,600	¥210,600	张凤	王山	
2013-01-28	收-0005	收到前欠货款	¥60,000	¥60,000	张凤	王山	
2013-01-05	付-0001	购置固定资产	¥68,000	¥68,000	张凤	王山	
2013-01-06	付-0002	预借差旅费	¥3,500	¥3,500	张凤	王山	
2013-01-08	付-0003	采购甲材料	¥93,600	¥93,600	张凤	王山	
2013-01-10	付-0004	支付前欠货款	¥100,000	¥100,000	张凤	王山	
2013-01-16	付-0005	提现备发工资	¥200,000	¥200,000	张凤	王山	
2013-01-16	付-0006	发放工资	¥200,000	¥200,000	张凤	王山	
2013-01-17	付-0007	支付报刊费	¥3,500	¥3,500	张凤	王山	
2013-01-31	付-0008	支付利息	¥3,875	¥3,875	张凤	王山	
2013-01-08	转-0001	采购乙材料	¥117,000	¥117,000	张凤	王山	
2013-01-08	转-0002	甲材料验收入库	¥80,000	¥80,000	张凤	王山	
2013-01-09	转-0003	乙材料验收入库	¥100,000	¥100,000	张凤	王山	
2013-01-12	转-0004	报销差旅费	¥3,000	¥3,000	张凤	王山	
2013-01-15	转-0005	领用甲材料	¥155,000	¥155,000	张凤	王山	
2013-01-22	转-0006	分配工资	¥200,000	¥200,000	张凤	王山	
2013-01-22	转-0007	计提福利费	¥28,000	¥28,000	张凤	王山	
2013-01-25	转-0008	摊销预提费用	¥3,500	¥3,500	张凤	王山	
2013-01-29	转-0009	销售产品	¥608,400	¥608,400	张凤	王山	
2013-01-30	转-0010	购买股票	¥30,000	¥30,000	张凤	王山	
2013-01-31	转-0011	固定资产盘亏	¥2,000	¥2,000	张凤	王山	
2013-01-31	转-0012	处理固定资产盘亏	¥600	¥600	张凤	王山	
2013-01-31	转-0013	预提利息	¥3,725	¥3,725	张凤	王山	
2013-01-31	转-0014	[冲销2013.01.30 转-00	-¥30,000	-¥30,000	张凤	王山	
2013-01-31	转-0015	修改转账10号凭证	¥40,000	¥40,000	张凤	王山	

图 4-46 已记账凭证查询

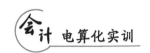

提示:备份账套数据到"F:\100 账套\项目四"文件夹中。

 任务结果

1. 填制了 27 张记账凭证(人工凭证)。
2. 使用无痕迹和有痕迹方法修改了记账凭证。
3. 将凭证进行了审核签字。
4. 将所有凭证进行了记账处理。
5. 查询所有已记账凭证(28 张)。
6. 查询日记账、总账、明细账和多栏账。
7. 查询总账科目余额和发生额一览表。

项目五 期末处理

学习目标

一、知识目标

1. 了解 U8 中期末处理业务在总账系统中的地位和作用
2. 掌握期末处理的功能
3. 掌握期末处理各种操作

二、能力目标

1. 能够对企业的各种自动转账业务进行设置
2. 能够进行自动转账操作
3. 能够进行对账操作
4. 能够完成结账、反结账

项目分析

一、项目概述

在本项目中,要求学生根据情景案例的模拟公司资料,进行转账定义、转账生成、对账、结账等上机操作练习。

二、情景案例设计

实训准备:引入 F:\100 账套\项目四的备份数据。

1. 转账定义

(1)自定义转账1。

按"短期借款"期末余额的 0.3% 计提短期借款利息。

(2)自定义转账2。

将"制造费用"本期发生额转入"生产成本——制造费用"。

(3)对应结转1。

将"应交税费——应交增值税——进项税"的期末余额转入"应交税费——应交增值税——转出未交增值税(新增科目)"。

(4)对应结转2。

将"应交税费——应交增值税——销项税"的期末余额转入"应交税费——应交增值

税——转出未交增值税"

(5)对应结转3。

将"应交税费——应交增值税——转出未交增值税"的期末余额转入"应交税费——未交增值税"。

(6)计算并结转汇兑损益(美元,月末汇率:6.2)。

(7)期间损益设置。

2.转账生成

3.对账

4.结账

5.反结账(选做)

任务分析

任务一 转账定义

准备工作:以"Admin"的身份登录"系统管理",引入"项目四"的备份数据。以账套主管(A01)登录"企业应用平台",打开"总账"。

> 子任务一 自定义转账一

步骤一 打开"总账"下的"期末"→"转账定义"→"自定义转账",打开"自定义转账设置"界面,如图5-1所示。

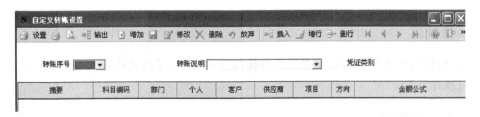

图5-1 自定义转账设置-1

步骤二 点击""打开增加"转账目录"录入相关信息如图5-2所示。

步骤三 输入转账凭证分录的借方信息。借方科目选择"财务费用",方向选择"借方",金额公式按照公式向导选择"期末余额",点击"下一步";科目选择"月"的"短期借款"的"贷方余额";点击"继续"处输入公式"乘",点击"下一步";在公式向导选择"常数"点击"下一步";在常数中输入0.003,点击"完成"回到"自定义转账设置"界面,如图5-3所示。

步骤四 输入转账凭证分录的贷方信息。在"自定义转账设置"界面,点击"增行"→科目选择"应付利息"→金额公式中选择公式向导→"取得对方科目计算结果"→"完成"→回到"自定义转账设置"界面,点击"保存",如图5-4所示。

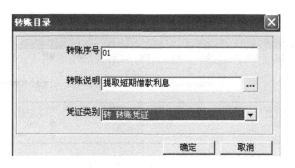

图 5-2 转账目录 1

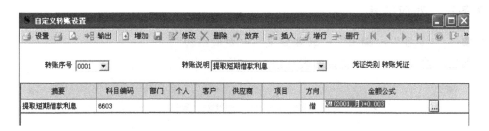

图 5-3 自定义转账设置-2

图 5-4 自定义转账设置-3

➤子任务二 自定义转账二

步骤一 重复子任务一的步骤二,录入相关信息:转账序号为"02",转账说明录入"将制造费用转入生产成本",凭证类别选择"转账凭证",点击"确定",如图 5-5 所示。

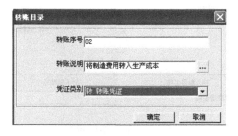

图 5-5 转账目录-2

步骤二 输入自定义转账凭证的相关信息。在自定义转账设置界面,按图 5-6 录入相关信息。

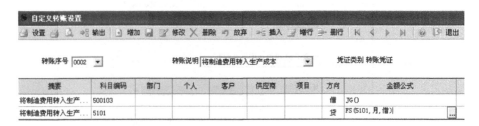

图 5-6 自定义转账设置-4

▶子任务三 对应结转

步骤一 "总账"→"期末"→"转账定义"→"对应结转"。

步骤二 输入对应结转设置的表头信息,如图 5-7 所示。

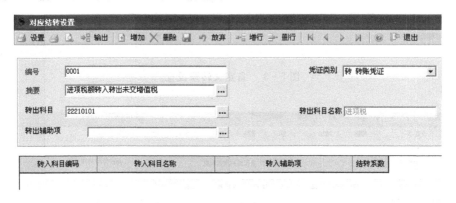

图 5-7 对应结转设置-1

步骤三 输入转入科目信息。点击"增行"→科目选择"应交税费"→"应交增值税"→"转出未交增值税"→结转系数"1.00"→"保存",如图 5-8 所示。

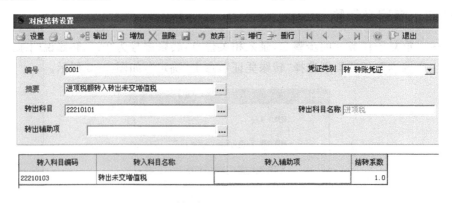

图 5-8 对应结转设置-2

步骤四 输入其他对应结转凭证信息。点击"增加"重复以上步骤,输入其他两个对应结转凭证。

子任务四 汇兑损益结转设置

步骤一 选择“总账”→“期末”→“转账定义”→“汇兑损益”。

步骤二 在“汇兑损益结转设置”界面，凭证类别选择“付款凭证”，入账科目选择“财务费用”，双击“是否计算汇兑损益”，点击“确定”，如图 5-9 所示。

外币科目编号	外币科目名称	币种	是否计算汇兑损益
100202	中行存款	美元	Y

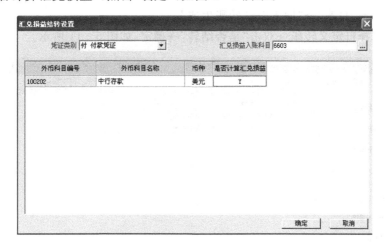

图 5-9 汇兑损益结转设置

子任务五 期间损益结转设置

步骤一 选择“总账”→“期末”→“转账定义”→“期间损益”。

步骤二 凭证类别选择“转账凭证”→本年利润科目选择“本年利润”→点击“确定”，如图 5-10 所示。

损益科目编号	损益科目名称	损益科目账类	本年利润科目编码	本年利润科目名称	本年利润科目账类
6001	主营业务收入		4103	本年利润	
6401	主营业务成本		4103	本年利润	
6403	营业税金及附加		4103	本年利润	
6601	销售费用		4103	本年利润	
660201	差旅费		4103	本年利润	
660202	工资		4103	本年利润	
660203	福利费		4103	本年利润	
660204	折旧费		4103	本年利润	
660205	水电费		4103	本年利润	
660206	其他		4103	本年利润	
6603	财务费用		4103	本年利润	
6701	营业外支出		4103	本年利润	

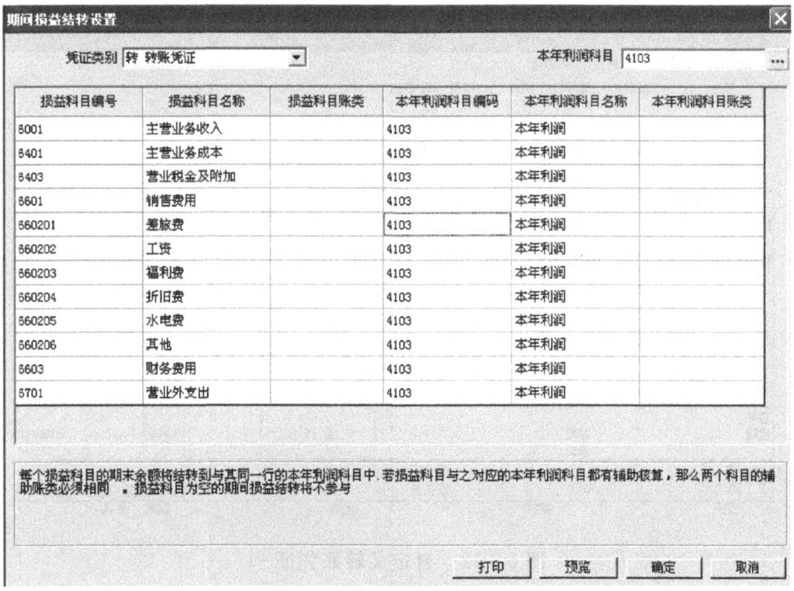

图 5-10 期间损益结转设置

任务二 转账生成

> **子任务一 自定义转账生成(制单人:张凤)(审核记账:王山)**

　　步骤一　选择"总账"→"期末"→"转账生成"。
　　步骤二　选择自定义转账→双击"是否结转"→确定,如图5-11所示。

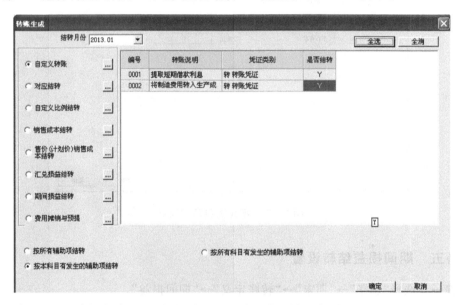

图5-11　自定义转账生成

　　步骤三　对自动生成的凭证两张,点击"保存"如图5-12、图5-13所示。

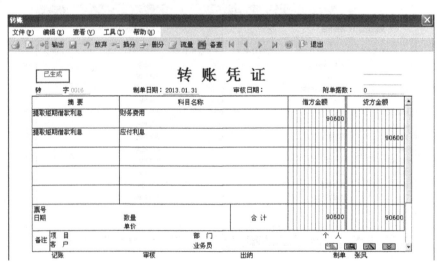

图5-12　自定义转账凭证-1

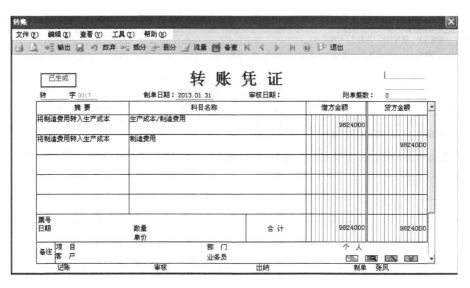

图 5-13 自定义转账凭证-2

步骤四 由"王山"将自定义机制凭证两张进行审核、记账。

▶子任务二 对应结转生成

步骤一 选择"转账生成"→对应结转→双击前两行"是否结转"→"确定",如图 5-14 所示。

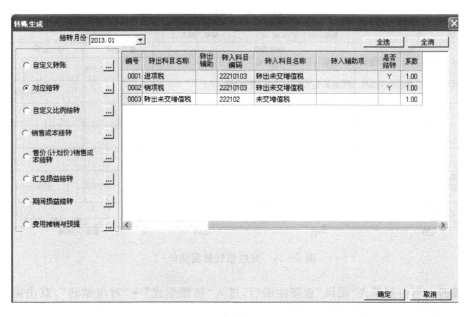

图 5-14 对应结转生成

步骤二 保存自动生成的两张凭证,如图 5-15、图 5-16 所示。
步骤三 由操作员"王山"重新注册,对以上凭证进行审核、记账。

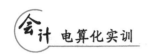

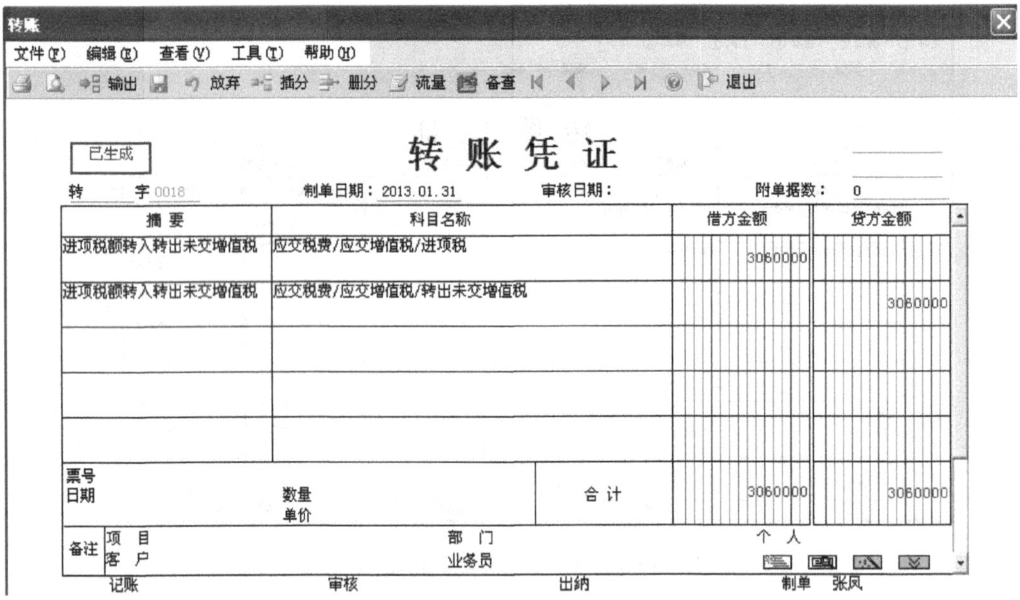

图 5-15 对应结转机制凭证-1

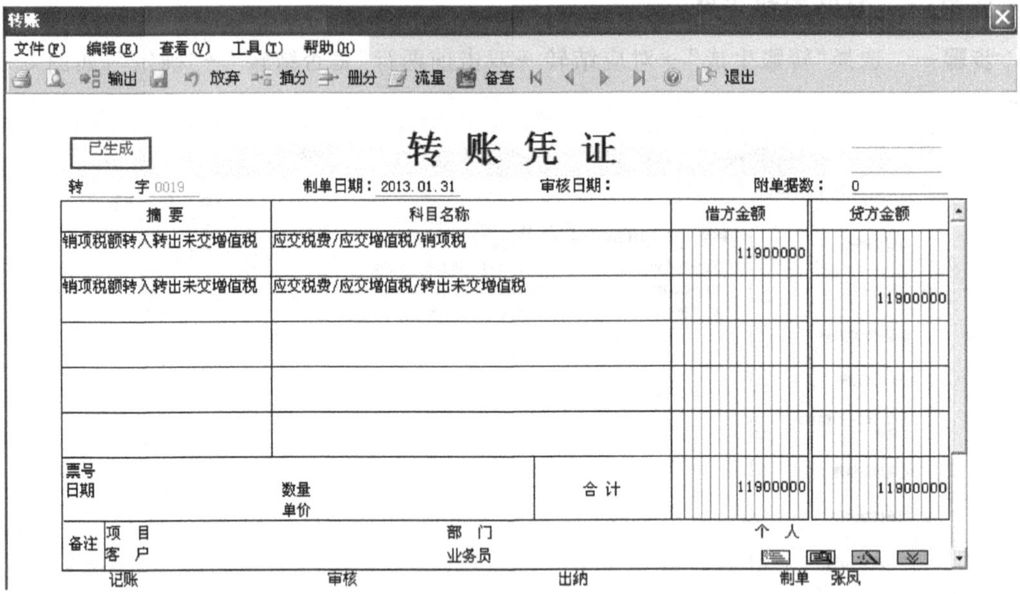

图 5-16 对应结转机制凭证-2

步骤四 再由制单人"张凤"重新注册后,进入"转账生成"→"对应结转",双击第三行,点击"确定",保存自动生成的凭证,如图 5-17 所示。

步骤五 由操作员"王山"重新注册,对该凭证进行审核、记账。

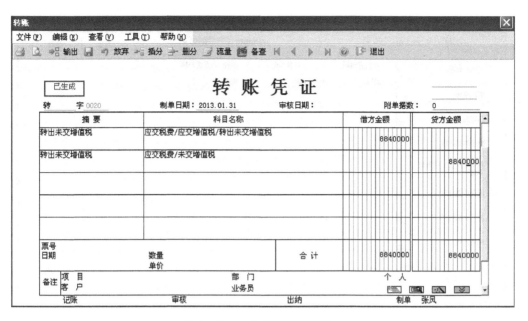

图 5-17 对应结转机制凭证-3

▶子任务三 结转汇兑损益

步骤一 录入期末汇率。在"基础档案"→"财务"→"外币设置"中。输入 2013 年 1 月份的调整汇率为"6.20",如图 5-18 所示。

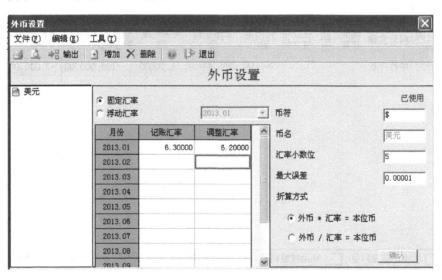

图 5-18 设置期末调整汇率

步骤二 选择"总账"→"期末"→"转账生成"→"汇兑损益结转"。

步骤三 双击"是否结转"→确定,如图 5-19 所示。

步骤四 自动查看汇兑损益试算表,点击"确定",如图 5-20 所示。

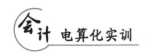

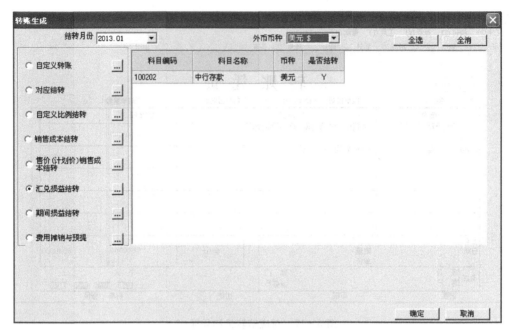

图 5-19 汇兑损益转账生成

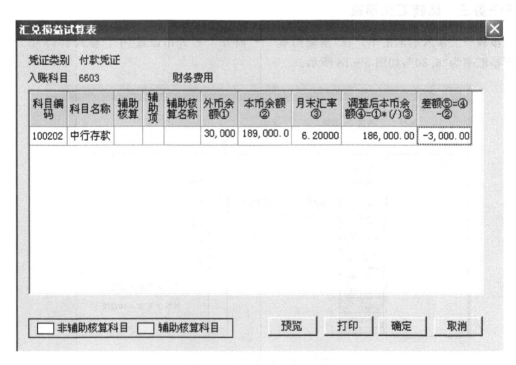

图 5-20 汇兑损益试算表

步骤五 生成期末汇兑损益凭证,然后保存,如图 5-21 所示。

步骤六 由操作员"王山"对该凭证审核、记账。

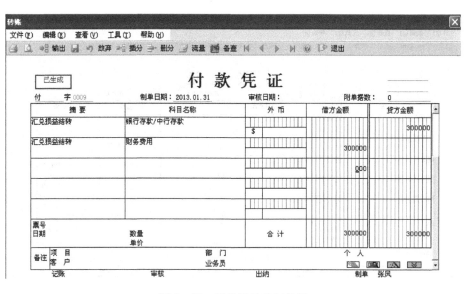

图 5-21 汇兑损益机制凭证

▶子任务四 结转期间损益

步骤一 选择"总账"→"期末"→"转账生成"→"期间损益结转"。

步骤二 点击"全选"→"确定",如图 5-22 所示。

图 5-22 期间损益转账生成

步骤三 保存生成的机制凭证,如图 5-23 所示。

步骤四 由操作员"王山"重新注册,对新生成的凭证进行审核、记账。

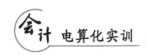

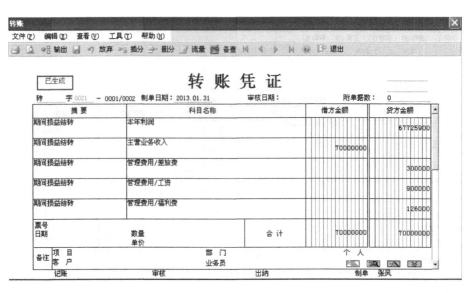

图 5-23 期间损益机制凭证

任务三 对账

步骤一 选择"总账"→"期末"→"对账"命令,点击"试算"按钮,系统会自动进行试算平衡;双击第一行的"是否对账",选取需要对账的月份,如图 5-24 所示。

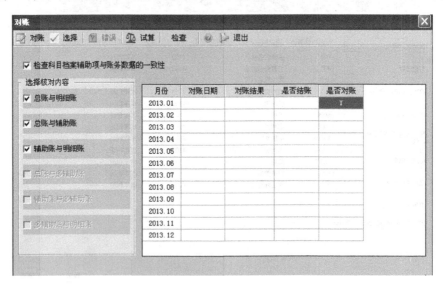

图 5-24 对账选择

步骤二 点击"对账"按钮,软件自动对账处理,包括主体账之间的核对、主体账与辅助账之间的核对,并将对账结果显示,如图 5-25 所示。

项目五 期末处理

图 5-25 对账结果

任务四 结账

步骤一 选择"总账"→"期末"→"对账"→"结账"命令,如图 5-26 所示。

图 5-26 结账

步骤二 选择结账月份,单击 2013 年 1 月,点击"下一步",系统先进行"对账"处理。对账正确后,点击"下一步",软件自动执行结账,如图 5-27 所示。结账后的凭证数据不能增加、修改和删除。

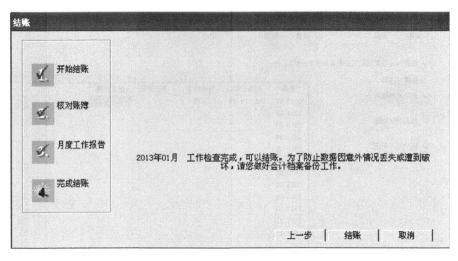

图 5-27 结账结果

任务五　反结账

步骤一　选择"总账"→"期末"→"结账"命令,打开"结账"界面。

步骤二　单击选定"2013年1月",按"Ctrl+Shift+F6"三个组合键,输入账套主管的操作密码,(非账套主管不能反结账),"确定"后即可取消结账标记。

提示:备份账套数据到 F:\100 账套\项目五文件夹中。

 任务结果

1. 设置了自定义转账、对应结转和期间损益结转业务内容。
2. 生成了四种类型的机制凭证共 7 张。
3. 对机制凭证进行了审核、记账。
4. 进行了期末余额试算平衡、对账。
5. 完成了期末结账处理,练习了反结账功能。

项目六 出纳管理

一、知识目标

1. 熟知出纳管理工作的重要性
2. 掌握日记账查询和输出方法
3. 掌握支票管理工作的要点
4. 掌握银行对账的技能和方法

二、能力目标

1. 能够快速实现日记账的查询和输出
2. 能够进行资金日报的查询和输出
3. 能够熟练完成支票管理工作
4. 能够熟练进行银行对账工作

 项目分析

一、项目概述

在本项目中,要求学生根据情景案例的模拟公司资料,进行日记账查询和输出、资金日报的查询和输出、支票管理、银行对账等上机操作练习。

二、情景案例设计

1. 系统操作员(表6-1)

表6-1 科迪电子有限责任公司用户及权限分配一览表

编号	姓名	口令	所属部门	角色	权限
001	学生本人	自行设定	财务科	账套主管	
002	王莉	自行设定	财务科	出纳	总账系统下的"出纳"所有权限,"出纳签字"、"查询凭证"和"账表—总账"查询权限
003	张萍	自行设定	财务科		拥有公用目录设置、总账系统的所有权限

— 97 —

2. 科迪电子有限责任公司建账信息(表 6-2)

表 6-2　科迪电子有限责任公司账套信息

项目	账套参数	
账套信息	账套号:666 启用会计期:2013 年 1 月	账套名称:科迪电子有限责任公司
单位信息	单位名称:科迪电子有限责任公司	单位简称:科迪公司
核算类型	本币代码:RMB 企业类型:工业 账套主管:学生本人	本币名称:人民币 行业性质:2007 新会计制度科目 按行业预置科目:预置
基础信息	存货分类核算 供应商分类核算	客户分类核算 无外币核算
编码方案	科目编码:4-2-2-2 客户分类编码:默认	部门编码:默认 供应商分类编码:默认
数据精度	默认	
系统启用	"总账系统"启用日期为 2013 年 1 月 1 日	

3. 基础档案

(1)账户及期初余额信息(表 6-3)。

表 6-3　科迪公司账户及期初余额表

账户名称及代码	辅助核算	期初余额
库存现金(1001)	日记账	2 800.00
银行存款(1002)	日记账、银行账	119 488.89
工行存款(100201)	日记账、银行账	119 488.89
实收资本(4001)		122 288.89

(2)指定出纳科目(表 6-4)。

表 6-4　出纳科目一览表

"指定科目"	"已选科目"
现金总账科目	库存现金
银行总账科目	银行存款

(3)结算方式(表 6-5)。

表 6-5　结算方式一览表

结算方式编码	结算方式名称	票据管理
1	支票	否
101	现金支票	是

续表 6-5

结算方式编码	结算方式名称	票据管理
102	转账支票	是
2	委托收款	否
3	银行汇票	否
4	其他	否

(4)凭证类别设置(表 6-6)。

表 6-6 凭证类别

类别字	类别名称	限制类型	限制科目
收	收款凭证	借方必有	1001,1002
付	付款凭证	贷方必有	1001,1002
转	转账凭证	凭证必无	1001,1002

4. 总账系统初始化(表 6-7)

表 6-7 总账系统初始化信息

选项卡	"选项"参数
凭证	制单控制:"支票控制";其他参数默认。
权限	权限控制:"出纳凭证必须经由出纳签字";其他参数默认。

5. 凭证处理

(1)填制记账凭证。

科迪公司发生以下经济业务,据此填制记账凭证。

1月3日,财务部王莉从工行提取现金10 000元。(现金支票号:20001252)
  借:现金 10 000
    贷:银行存款——工行存款 10 000

1月12日,收到世纪学校转来银行汇票99 600元,归还前欠货款。
  借:银行存款——工行存款 99 600
    贷:应收账款 99 600

1月19日,归还前欠材料款122 300元。(转账支票号:20015631)
  借:应付账款 122 300
    贷:银行存款——工行存款 122 300

1月20日,市场部支付业务招待费1 200元。(转账支票号:20013478)
  借:管理费用 1 200
    贷:银行存款——工行存款 1 200

1月22日,接银行通知,收到腾达公司汇来款项40 000元,归还前欠货款。
  借:银行存款——工行存款 40 000
    贷:应收账款 40 000

(2)更换操作员,进行出纳签字。

(3)更换操作员,审核凭证。

(4)记账。

6. 出纳管理

(1)查询、输出日记账。

①查询、输出科迪公司2013年1月份银行日记账;

②联查1月3日业务的记账凭证;

③联查银行存款总账;

④查询、输出科迪公司2013年1月份现金日记账。

(2)查询、输出资金日报。

(3)支票管理。

①登记2013年1月份领用的转账支票;

②查找1月1日至1月31日领用的转账支票;

③删除已报销支票。

(4)银行对账期初录入(表6-8)。

"单位日记账"的"调整前余额":119 488.89;"银行对账单"的"调整前余额":159 488.89。

表6-8 期初银行对账单未达账项

日期	结算方式	票号	借方金额	贷方金额
2012.12.30	其他		40 000	

(5)录入银行对账单(表6-9)。

表6-9 工商银行对账单

对账单期间:20130101 至 20130131			本页期初余额: 159 488.89		
日期	结算方式	票号	借方金额	贷方金额	余额
2013.1.03	现金支票	20001252		10 000	149 488.89
2013.1.06			59 600		209 088.89
2013.1.06			40 000		249 088.89
2013.1.21	转账支票	20015631		122 300	126 788.89
2013.1.29	委托收款	20017020		32 760	94 028.89

(6)创建电子银行对账单导入模板。

(7)银行对账。

银行对账分为自动对账、手工对账、反对账。

(8)编制银行存款余额调节表。

(9)核销已达账。

7. 结账

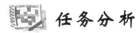任务分析

任务一　新建账套

➤子任务一　增加用户

步骤一　启用"系统管理"模块。

　　步骤二　"系统管理员（Admin）"注册登录。

　　步骤三　增加用户。执行"权限"→"用户",在弹出"用户管理"界面中,单击"▣"按钮,分别增加用户:学生本人、王莉、张萍。

➤子任务二　新建账套

在"系统管理"界面中,执行"账套"→"建立",完成建账工作,账套参数见表6-2。

➤子任务三　权限分配

　　步骤一　账套主管权限分配。增加用户时,已将学生姓名选择为角色"账套主管",该角色已拥有主管的相应权限,不需再分配权限。

　　步骤二　给操作员王莉授权。在"系统管理"界面中,执行"权限"→"权限",弹出"操作员权限"界面。在账套下拉列表框中选择666账套,点击操作员"王莉",单击"▱"按钮,将总账系统的"出纳"所有权限、"凭证"下的"出纳签字"、"查询凭证"和"账表"下的"总账"查询权限授予王莉,如图6-1所示。

　　步骤三　使用同样的方法将公用目录设置、总账系统的所有权限授予张萍。

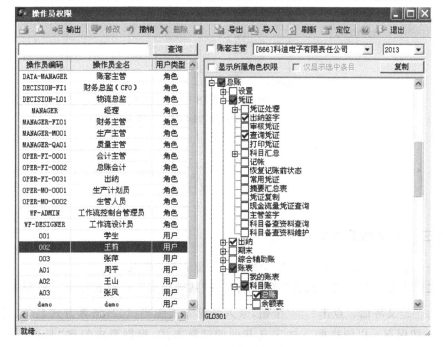

图6-1　权限分配界面

任务二 设置基础档案

➤子任务一 增加、修改会计科目

步骤一 启用"U8 企业应用平台"。执行"程序"→"企业应用平台"。

步骤二 学生本人登录666账套。操作员:001,账套:666,操作日期:2013-01-01。

步骤三 增加会计科目。执行"基础设置"→"基础档案"→"财务"→"会计科目",进入"会计科目"界面。例如,增加"工行存款(100201)"科目,选择"日记账"、"银行账"。

步骤四 修改会计科目。将"现金"科目修改为"库存现金",选择"日记账"。

➤子任务二 指定出纳科目

步骤一 启用"U8 企业应用平台",学生本人登录666账套。

步骤二 定义出纳科目。执行"基础设置"→"基础档案"→"财务"→"会计科目",进入"会计科目"界面。单击"编辑"→"指定科目",弹出"指定科目"窗口。选择"现金总账科目"单选项,单击" > "按钮,将"库存现金"由"待选科目"移入"已选科目",依同样方法定义银行总账科目,单击"确定"按钮保存。如图6-2所示。

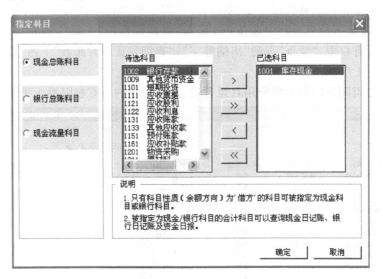

图6-2 "指定科目"界面

➤子任务三 定义结算方式

步骤一 启用"U8 企业应用平台",学生本人登录666账套。

步骤二 定义结算方式。执行"基础设置"→"基础档案"→"收付结算"→"结算方式",进入"结算方式"定义界面。点击" "按钮,录入结算方式编码:102,结算方式名称:转账支票。点击" "按钮保存。以同样的方法定义其他的结算方式,根据要求勾选"是否票据管理"标志,如图 6-3 所示。

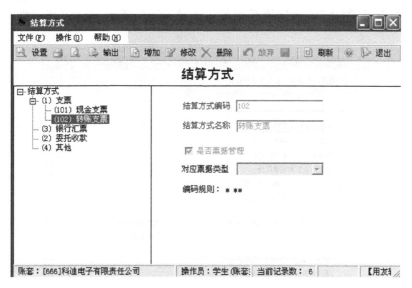

图 6-3 "结算方式"定义界面

➤子任务四 定义凭证类别

步骤一 启用"U8 企业应用平台",学生本人登录 666 账套。

步骤二 定义凭证类别。执行"基础设置"→"基础档案"→"财务"→"凭证类别",进入"凭证类别"界面。定义凭证类别,如图 6-4 所示。

图 6-4 "凭证类别"界面

任务三 总账系统初始化

➤子任务一 设置总账系统参数

步骤一 启用"U8 企业应用平台",学生本人登录 666 账套。

步骤二 设置总账系统参数。执行"业务工作"→"财务会计"→"总账"→"设置"→"选项",进入"选项"界面。选择"凭证"标签,单击"编辑"按钮,勾选"支票控制"。选择"权限"标签,单击"编辑"按钮,勾选"出纳凭证必须经由出纳签字",单击"确定"按钮保存,如图 6-5 所示。

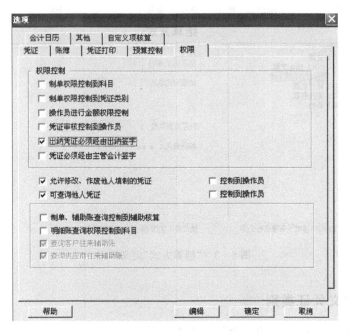

图 6-5 "选项"界面

▶子任务二 录入期初余额

步骤一 启用"U8 企业应用平台",学生本人登录 666 账套。

步骤二 录入期初余额。执行"业务工作"→"财务会计"→"总账"→"设置"→"期初余额",进入"期初余额录入"界面,录入期初余额。

步骤三 单击" 试算"按钮试算平衡。

任务四 凭证处理

▶子任务一 填制凭证

步骤一 学生本人登录 666 账套。

步骤二 填制凭证。执行"业务工作"→"财务会计"→"总账"→"凭证"→"填制凭证",进入"填制凭证"界面,点击" "按钮,分别录入记账凭证的相关信息。在"银行存款/工行存款"的辅助项中,分别录入"结算方式":101,"票号":20001252。单击"确定"按钮保存,如图 6-6 所示。点击" "按钮保存。

以同样的方法完成其余经济业务的处理。

项目六　出纳管理

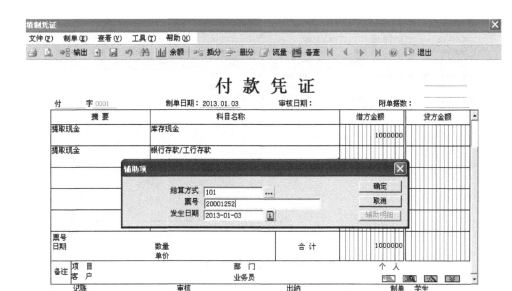

图6-6　"填制凭证"界面

▶子任务二　出纳签字

步骤一　更换操作员。在U8企业应用平台的"工作中心"窗口中,单击"重注册"按钮,出纳"王莉"登录666账套。

步骤二　出纳签字。执行"业务工作"→"财务会计"→"总账"→"凭证"→"出纳签字",进入"出纳签字"窗口,如图6-7所示。

图6-7　"出纳签字"窗口-1

默认所有的出纳凭证都需要出纳签字,单击"确定"按钮,进入下一个窗口,如图6-8所示。

浏览出纳凭证的相关信息,单击"确定"按钮,进入"出纳签字"界面。单击"签字"按钮完成出纳签字。执行"出纳"→"成批出纳签字",可一次完成所有凭证的出纳签字。单击" "按钮可取消出纳签字,如图6-9所示。

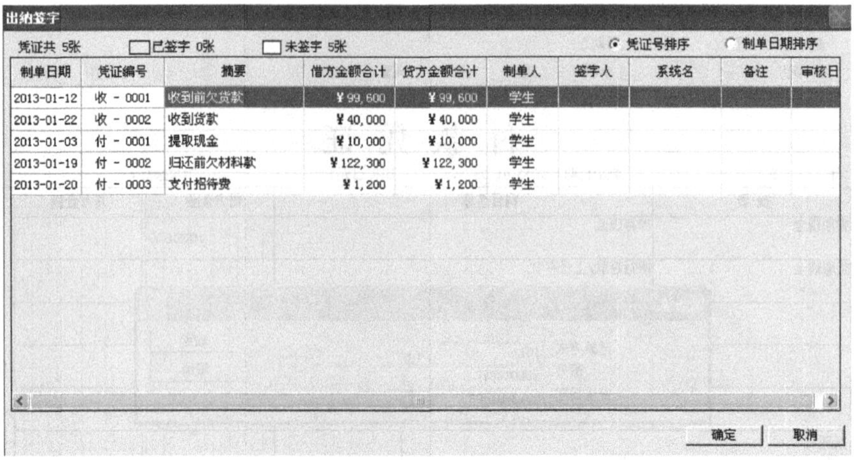

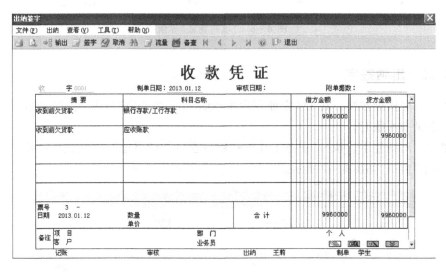

图6-8 "出纳签字"窗口-2

图6-9 "出纳签字"界面

➢子任务三 审核凭证

步骤一 更换操作员。在U8企业应用平台的"工作中心"窗口中,单击"重注册",用户"张萍"登录666账套。

步骤二 审核凭证。执行"业务工作"→"财务会计"→"总账"→"凭证"→"审核凭证",进入"凭证审核"对话框,单击"确定"按钮后审核凭证。

➢子任务四 记账

步骤一 用户"张萍"登录666账套。

步骤二 记账。执行"业务工作"→"财务会计"→"总账"→"凭证"→"记账",按照提示完成记账。

任务五　出纳管理

▶子任务一　查询、输出科迪公司2013年1月份日记账

步骤一　出纳登录666账套。执行"程序"→"U8企业应用平台",操作员"王莉"登录666账套。

步骤二　查询、输出科迪公司2013年1月份银行日记账。执行"业务工作"→"财务会计"→"总账"→"出纳"→"银行日记账",弹出"银行日记账查询条件"对话框,如图6-10所示。

图6-10　"银行日记账查询条件"对话框

勾选"包含未记账凭证"选项,单击"确定"按钮,进入"银行日记账"界面,可浏览当期银行日记账,如图6-11所示。

银行日记账

科目　1002 银行存款

2013年		凭证号数	摘要	结算号	对方科目	借方	贷方	方向	余额
月	日								
			上年结转					借	119,488.89
01	03	付-0001	提取现金_101_20001252_2013.01.03	现金支票-200012	1001		10,000.00	借	109,488.89
01	03		本日合计				10,000.00	借	109,488.89
01	12	收-0001	收回前欠货款_3_2013.01.12	银行汇票	1122	99,600.00		借	209,088.89
01	12		本日合计			99,600.00		借	209,088.89
01	19	付-0002	归还前欠材料款_102_20015631_2013.01.19	转账支票-200156	2202		122,300.00	借	86,788.89
01	19		本日合计				122,300.00	借	86,788.89
01	20	付-0003	支付招待费_102_20013478_2013.01.20	转账支票-200134	6602		1,200.00	借	85,588.89
01	20		本日合计				1,200.00	借	85,588.89
01	22	收-0002	收到货款_2013.01.22		1122	40,000.00		借	125,588.89
01	22		本日合计			40,000.00		借	125,588.89
01			当前合计			139,600.00	133,500.00	借	125,588.89
01			当前累计			139,600.00	133,500.00	借	125,588.89

图6-11　"银行日记账"界面

输出银行日记账。在账页格式下拉列表框中选择所需的账页格式。单击"🔍"按钮,可进行银行日记账打印预览,单击"🖨"按钮打印银行日记账。

联查1月3日业务的记账凭证。双击1月3日业务所在行,或将光标定在该行再单击"🔍 凭证"按钮,即可查看相应的凭证,如图6-12所示。

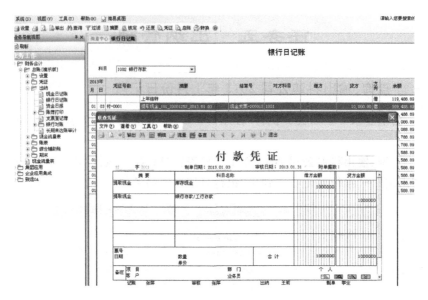

图 6-12 "联查凭证"界面

联查银行存款总账。双击某一行,或将光标定在某行再单击" 总账"按钮,即可查看"银行存款"总账。对于条件查询,单击" "按钮,弹出"日记账过滤条件"对话框,如图 6-13 所示。输入过滤的相关条件,可以缩小查询范围,快速查出需要的凭证。

图 6-13 "日记账过滤条件"对话框

步骤三 查询和输出现金日记账。参照银行日记账查询方法进行现金日记账的查询。

▶子任务二 资金日报查询和输出

步骤一 出纳登录 666 账套。执行"程序"→"U8 企业应用平台",操作员"王莉"登录 666 账套。

步骤二 资金日报查询。执行"业务工作"→"财务会计"→"总账"→"出纳"→"资金日报",弹出"资金日报表查询条件"对话框,如图 6-14 所示。

图6-14 "资金日报表查询条件"对话框

在日期文本框中输入查询日期,选择科目显示级次,勾选"包含未记账凭证"和"有余额无发生也显示",单击"确定"按钮,进入"资金日报表"界面,如图6-15所示。

资金日报表

科目编码	科目名称	币种	今日共借	今日共贷	方向	今日余额	借方笔数	贷方笔数
1001	库存现金		10,000.00		借	12,800.00	1	
1002	银行存款			10,000.00	借	109,488.89		1
100201	工行存款			10,000.00	借	109,488.89		1
合计			10,000.00	10,000.00		122,288.89	1	1

图6-15 "资金日报表"界面

选择某一行,再单击" 日报 "按钮,即可弹出"日报单"界面。单击" 打印 "按钮,可直接打印。

▶子任务三 支票管理

步骤一 出纳登录666账套。执行"程序"→"U8企业应用平台",操作员"王莉"登录666账套。

步骤二 支票管理。执行"业务工作"→"财务会计"→"总账"→"出纳"→"支票登记簿",弹出"银行科目选择"对话框,选择"工行存款"科目,单击"确定"按钮,进入"支票登记簿"界面,可浏览领用支票的相关信息。

登记2013年1月份领用的转账支票。点击" "按钮,输入支票的相关信息,单击"保存"按钮保存,如图6-16所示。

支票登记簿

科目:工行存款(100201) 支票张数:3只

领用日期	领用部门	领用人	支票号	预计金额	用途	收款人	对方科目	付款银行名称	银行账号	预计转账日期	报销日期
2013.01.03		王莉	20001252	10,000.00	提现备用						2013.01.03
2013.01.19			20015631	122,300.00	支付货款						2013.01.19
2013.01.20			20013478	1,200.00	业务招待费						2013.01.20
2013.01.31											

图6-16 "支票登记簿"界面

(1)查找某一支票。单击" 定位 "按钮,即可弹出"支票定位"界面,输入"领用日期"和"支票号",单击"确定"按钮,可快速查找某一支票的信息,如图 6-17 所示。

图 6-17 "支票定位"界面

查找 1 月 1 日至 1 月 31 日领用的转账支票。单击" "按钮,弹出"支票登记簿过滤"界面,如图 6-18 所示。输入过滤的相关条件,可以缩小查询范围,快速查出满足查询条件的支票信息。

图 6-18 "支票登记簿过滤"界面

(2) 支票报销。已登记的支票支出后,经办人持原始单据到财务部门报销,会计人员填制记账凭证后,点击"保存"按钮保存,系统会提示"此支票已登记过,是否报销"。单击"是",系统自动在支票登记簿中写上报销日期,该号支票即为已报销。

(3) 支票删除。单击" 批删"按钮,弹出"删除已报销支票"对话框,输入"起始日期"和截止日期,单击"确定",即可删除此期间内的已报销支票。

➢子任务四 银行对账期初录入

步骤一 出纳登录 666 账套。执行"程序"→"U8 企业应用平台",操作员"王莉"登录 666 账套。

步骤二 银行对账期初录入。执行"业务工作"→"财务会计"→"总账"→"出纳"→"银行对账"→"银行对账期初录入",弹出"银行科目选择"对话框,选择"工行存款"科目,单击"确定"按钮,进入"银行对账期初"界面。

在"单位日记账"的"调整前余额"中录入日记账期初余额:119 488.89,在"银行对账单"的"调整前余额"中录入对账单期初余额:159 488.89,如图 6-19 所示。

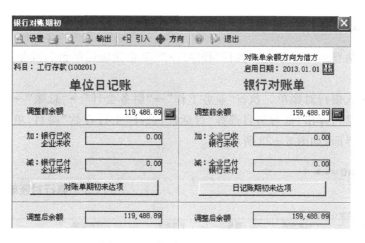

图 6-19 "银行对账期初"界面

单击" 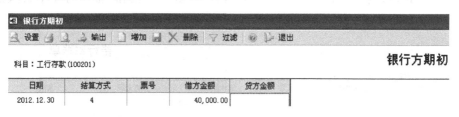 "按钮,进入"银行方期初"界面。单击" "按钮,输入期初未达账项的相关信息,如图 6-20 所示。

图 6-20 "银行方期初"界面

保存后,返回"银行对账期初"界面,单位日记账和银行对账单调整后余额相等,完成银行对账期初录入,如图 6-21 所示。

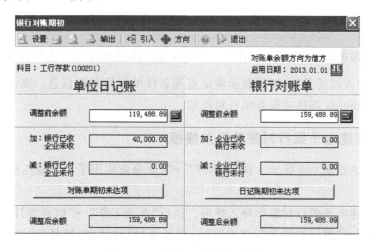

图 6-21 "银行对账期初"界面

➢子任务五　录入银行对账单

步骤一　出纳登录 666 账套。执行“程序”→“U8 企业应用平台”，操作员“王莉”登录 666 账套。

步骤二　录入银行对账单。执行“业务工作”→“财务会计”→“总账”→“出纳”→“银行对账”→“银行对账单”，弹出“银行科目选择”对话框，选择“工行存款”科目，单击“确定”按钮，进入“银行对账单”界面，如图 6-22 所示。

消息中心　银行对账单

银行对账单

科目：工行存款(100201)

日期	结算方式	票号	借方金额	贷方金额	余额
2012.12.30	4		40,000.00		159,488.89

图 6-22　“银行对账单”界面

点击“ ”按钮，输入银行对账单的相关信息，单击“ ”按钮，银行对账单录入成功，如图6-23 所示。

银行对账单

科目：工行存款(100201)

日期	结算方式	票号	借方金额	贷方金额	余额
2012.12.30	4		40,000.00		159,488.89
2013.01.03	101	20001252		10,000.00	149,488.89
2013.01.06			59,600.00		209,088.89
2013.01.06			40,000.00		249,088.89
2013.01.21	102	20015631		122,300.00	126,788.89
2013.01.29	2	20017020		32,760.00	94,028.89

图 6-23　“银行对账单”界面

选择银行对账单的一条记录，点击“×”按钮，可删除该记录。单击“ ”按钮，弹出“条件录入窗”界面。输入过滤条件，即可显示满足查询条件的银行对账信息。点击“输出”按钮，可以选择 mdb、dbf、xls 等格式保存银行对账单。

➢子任务六　创建电子银行对账单导入模板

步骤一　出纳登录 666 账套。执行“程序”→“U8 企业应用平台”，操作员“王莉”登录 666 账套。

步骤二　创建电子银行对账单导入模板。执行“业务工作”→“财务会计”→“总账”→“出纳”→“银行对账”→“银行对账单”，弹出“银行科目选择”对话框，选择“工行存款”科目，单击“确定”按钮，进入“银行对账单”界面。

点击“引入”按钮，打开“银行对账单引入接口管理”对话框，如图 6-24 所示。

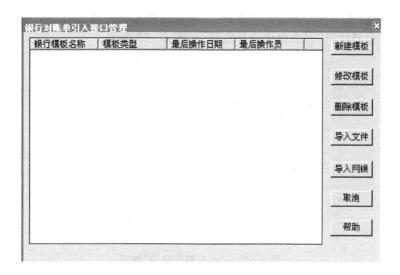

图6-24 "银行对账单引入接口管理"对话框

单击"新建模板"按钮,弹出"选择文件中包含的字段"对话框,如图6-25所示。

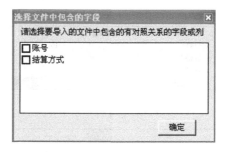

图6-25 "选择文件中包含的字段"对话框

单击"确定"按钮,弹出"模板制作向导"界面。输入模板名称,选择相关选项,如图6-26所示。

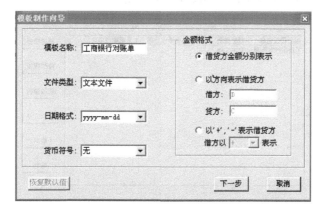

图6-26 "模板制作向导"界面

单击"下一步",在出现的向导框中选择"文本文件格式"和"描述行"单选框,并在"字符型补位符"和"数字型补位符"列表框中选择位数,如图 6-27 所示。

图 6-27 "模板制作向导"界面

单击"下一步",在出现的向导框中设置文件格式,如图 6-28 所示。

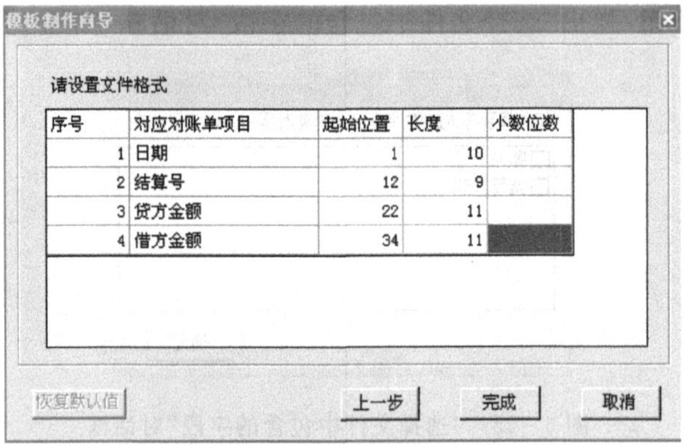

图 6-28 "模板制作向导"界面

单击"完成"按钮,模板设置成功,如图 6-29 所示。

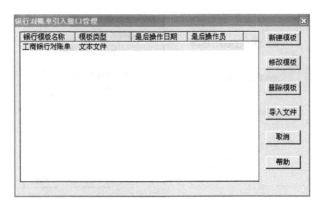

图 6-29 "银行对账单引入接口管理"界面

双击所选的模板或单击"导入文件"按钮,可导入银行提供的电子对账单。

▶子任务七 银行对账

步骤一 出纳登录 666 账套。执行"程序"→"U8 企业应用平台",操作员"王莉"登录 666 账套。

步骤二 银行对账。执行"业务工作"→"财务会计"→"总账"→"出纳"→"银行对账"→"银行对账",弹出"银行科目选择"对话框,如图 6-30 所示。

图 6-30 "银行科目选择"对话框

选择"工行存款"科目,单击"确定"按钮,进入"银行对账"界面,如图 6-31 所示。

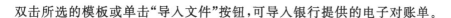

图 6-31 "银行对账"界面

步骤三 自动对账。单击"对账"按钮,弹出"自动对账"对话框,如图 6-32 所示。

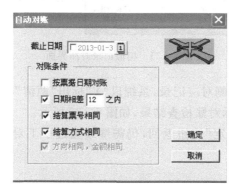

图 6-32 "银行对账"对话框

输入“截止日期”，选择对账条件，单击“确定”按钮，系统自动完成对账，并以“○”标出“两清”标记，如图 6－33 所示。

科目：100201（工行存款）

单位日记账

票据日期	结算方式	票号	方向	金额	两清	凭证号数	摘要
2013.01.03	101	20001252	贷	10,000.00	○	付-0001	提取现金
2013.01.12	3		借	99,600.00		收-0001	收到前欠货款
2013.01.19	102	20015631	贷	122,300.00	○	付-0002	归还前欠材料款
2013.01.20	102	20013478	贷	1,200.00		付-0003	支付招待费
2013.01.22			借	40,000.00		收-0002	收到货款

银行对账单

日期	结算方式	票号	方向	金额	两清
2012.12.30	4		借	40,000.00	
2013.01.03	101	20001252	贷	10,000.00	○
2013.01.06			借	59,600.00	
2013.01.06			借	40,000.00	
2013.01.21	102	20015631	贷	122,300.00	○
2013.01.29	2	20017020	贷	32,760.00	

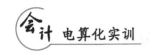

图 6－33　自动对账界面

取消银行对账（反对账）。单击“取消”按钮，弹出“银行反对账范围”界面，如图 6－34 所示。单击“一直反对账到”和“数据”的下拉列表框进行选择，单击“确定”按钮，根据需要取消自动勾对、手工勾对或全部数据。

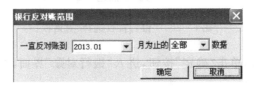

图 6－34　“银行反对账范围”界面

步骤四　手工对账。在“银行对账”界面中，单击“单位日记账”中要勾对的记录所在行，单击“对照”按钮，系统显示出金额和方向与单位日记账中当前记录相似的银行对账单，如图 6－35所示。

科目：100201（工行存款）

单位日记账

票据日期	结算方式	票号	方向	金额	两清	凭证号数	摘要
2013.01.03	101	20001252	贷	10,000.00	○	付-0001	提取现金
2013.01.12	3		借	99,600.00		收-0001	收到前欠货款
2013.01.19	102	20015631	贷	122,300.00	○	付-0002	归还前欠材料款
2013.01.20	102	20013478	贷	1,200.00		付-0003	支付招待费
2013.01.22			借	40,000.00		收-0002	收到货款

银行对账单

日期	结算方式	票号	方向	金额	两清
2012.12.30	4		借	40,000.00	
2013.01.06			借	40,000.00	

图 6－35　相似记录对照界面

在“两清”栏双击左右两侧对应记录，系统以“Y”标出“两清”标记。单击“检查”按钮，弹出“对账平衡检查”界面，显示对账检查结果，如图 6－36 所示。

若显示不平衡，单击“确定”按钮返回，仍需继续通过手工对账功能进行调整，直到平衡为止。

项目六 出纳管理

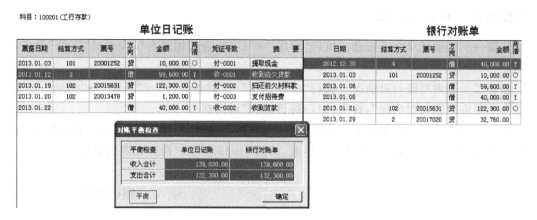

图 6-36 "对账平衡检查"界面

➤子任务八 编制余额调节表

步骤一 出纳登录 666 账套。执行"程序"→"U8 企业应用平台",操作员"王莉"登录 666 账套。

步骤二 编制余额调节表。执行"业务工作"→"财务会计"→"总账"→"出纳"→"银行对账"→"余额调节表查询",进入"银行存款余额调节表"界面,如图 6-37 所示。

银行存款余额调节表

银行科目(账户)	对账截止日期	单位账面余额	对账单账面余额	调整后存款余额
工行存款(100201)		125,588.89	94,028.89	92,828.89

图 6-37 "银行存款余额调节表"界面

步骤三 单击"查看"按钮,可查看详细的银行存款余额调节表,如图 6-38 所示。单击"🖨"按钮打印,退出即可。

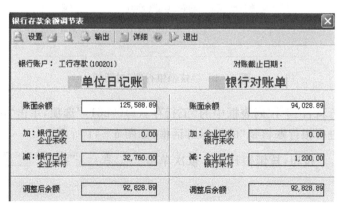

图 6-38 银行存款余额调节表

▶子任务九 核销已达账

步骤一 出纳登录 666 账套。执行"程序"→"U8 企业应用平台",操作员"王莉"登录 666 账套。

步骤二 查询对账勾对情况。执行"业务工作"→"财务会计"→"总账"→"出纳"→"银行对账"→"查询对账勾对情况",弹出"银行科目选择"对话框。

选择"科目"下拉列表框中的"工行存款(100201)"选项,单击"全部显示"单选按钮,单击"确定"按钮,进入"查询银行勾对情况"界面,如图 6-39 所示。检查无误后退出。

银行对账单

日期	结算方式	票号	借方金额	贷方金额	两清标志
2012.12.30	4		40,000.00		Y
2013.01.03	101	20001252		10,000.00	O
2013.01.06			59,600.00		Y
2013.01.06			40,000.00		Y
2013.01.21	102	20015631		122,300.00	O
2013.01.29	2	20017020		32,760.00	
合计			139,600.00	165,060.00	

图 6-39 "查询银行勾对情况"界面

步骤三 核销银行账。执行"业务"→"财务会计"→"总账"→"出纳"→"银行对账"→"核销银行账",弹出"核销银行账"对话框,如图 6-40 所示。

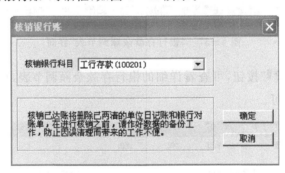

图 6-40 "核销银行账"对话框

选择"核销银行科目"下拉列表框中的"工行存款(100201)"选项,单击"确定"按钮,系统弹出"您是否确实要进行银行账核销"的提示对话框,如图 6-41 所示。

单击"是"按钮,核销银行账。依次单击"否"按钮、"取消"按钮,暂不核销银行账。

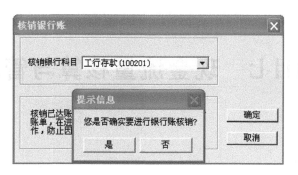

图 6-41 "核销银行账"的提示对话框

任务六 结账

步骤一 登录 666 账套。执行"程序"→"U8 企业应用平台",操作员"张萍"登录 666 账套。

步骤二 结账。执行"业务工作"→"财务会计"→"总账"→"期末"→"结账",按照提示完成结账工作。

提示:备份账套数据到 F:\100 账套\项目六文件夹中。

 任务结果

1. 在系统中建立了"666 科迪电子有限责任公司"的一个电子账套。
2. 增加了三个操作员并且分配了相应的工作权限。
3. 设置科迪公司电子账套的基础档案。
4. 完成了总账系统的初始化工作。
5. 完成了凭证处理工作。
6. 开展出纳工作,完成以下任务:
(1)查询和输出现金日记账、银行存款日记账;
(2)查询和输出资金日报;
(3)登记、查询、报销支票;
(4)录入期初未达账项;
(5)录入银行对账单;
(6)创建了电子银行对账单导入模板;
(7)完成银行对账;
(8)编制银行存款余额调节表;
(9)核销已达账。
7. 结账。

项目七 现金流量核算与管理

 学习目标

➤ 一、知识目标

  1. 理解现金流量核算与管理的作用
  2. 掌握现金流量核算的内容和方法
  3. 掌握现金流量表的管理方法

➤ 二、能力目标

  1. 能够熟练指定现金流量科目
  2. 能够快速定义现金流量项目
  3. 能够熟练处理现金流量凭证
  4. 能够进行现金流量账表的管理工作

 项目分析

➤ 一、项目概述

在本项目中,要求学生根据情景案例的模拟公司资料,进行现金流量科目的指定、现金流量项目的定义、现金流量凭证的处理、现金流量账表的管理等上机操作练习。

➤ 二、情景案例设计

实训准备:引入 F:\100 账套\项目六的备份数据。

1. 登录

本项目情景案例资料与项目六有关。登录 666 账套,处理科迪电子有限责任公司 2 月份发生的经济业务。

2. 指定现金流量科目(表 7-1)

表 7-1 现金流量科目一览表

"指定科目"	"已选科目"(新增明细科目)
现金流量科目	库存现金(1001)、工行存款(100201)、外埠存款(101201)、银行本票(101202)、银行汇票(101203)、信用卡(101204)、存出投资款(101206)

3. 定义现金流量项目

(1)现金流量项目分类定义。

①增加现金流量项目类别。

②修改现金流量项目类别。将"01 经营活动"修改为"01 经营活动产生的现金流量"。

(2)现金流量项目目录维护。增加现金流量项目,见表 7-2,软件已预置。

表 7-2 现金流量项目

编号	项目名称	所属分类码	方向
01	销售商品、提供劳务收到的现金	0101	流入
02	收到的税费返还	0101	流入
03	收到的其他与经营活动的现金	0101	流入
04	购买商品、接受劳务支付的现金	0102	流出
05	支付给职工以及为职工支付的现金	0102	流出
06	支付的各项税费	0102	流出
07	支付的与其他经营活动有关的现金	0102	流出
08	收回投资所收到的现金	0201	流入
09	取得投资收益所收到的现金	0201	流入
10	处置固定资产、无形资产和其他长期资产所收回的现金净额	0201	流入
11	处置子公司及其他营业单位收到的现金净额	0201	流入
12	收到的其他与投资活动有关的现金	0201	流入
13	购建固定资产、无形资产和其他长期资产所支付的现金	0202	流出
14	投资所支付的现金	0202	流出
15	取得子公司及其他营业单位支付的现金净额	0202	流出
16	支付的其他与投资活动有关的现金	0202	流出
17	吸收投资所收到的现金	0301	流入
18	借款所收到的现金	0301	流入
19	收到的其他与筹资活动有关的现金	0301	流入
20	偿还债务所支付的现金	0302	流出
21	分配股利、利润或偿还利息所支付的现金	0302	流出
22	支付的其他与筹资活动有关的现金	0302	流出
23	汇率变动对现金的影响	0401	流入
24	现金及现金等价物净增加额	0501	流入

4. 总账系统初始化

总账系统初始化信息见表 7-3。

表7-3 总账系统初始化信息

选项卡	"选项"参数
凭证	凭证控制:"现金流量科目必录现金流量项目"; 其他参数默认。

5. 现金流量凭证处理

(1)现金流量凭证填制。科迪电子有限责任公司发生以下经济业务,据此填制记账凭证。

①2月2日,向长城公司销售产品,增值税专用发票注明价款80 000元,增值税额13 600元,收到长城公司银行汇票一张,已办妥收款手续。

借:银行存款——工行存款(现金流量:销售商品、提供劳务收到的现金)　93 600
　　贷:主营业务收入　　　　　　　　　　　　　　　　　　　　　　　80 000
　　　　应交税费——应交增值税(销项税额)　　　　　　　　　　　　 13 600

②2月9日,购入材料一批,增值税专用发票注明价款60 000元,增值税额10 200元,货款已汇出。

借:原材料　　　　　　　　　　　　　　　　　　　60 000
　　应交税费——应交增值税(进项税额)　　　　　10 200
　　贷:银行存款——工行存款(现金流量:购买商品、接受劳务支付的现金)
　　　　　　　　　　　　　　　　　　　　　　　　70 200

③2月15日,收到方圆公司转账支票一张,归还前欠货款75 000元。(转账支票号:20016533)

借:银行存款——工行存款(现金流量:销售商品、提供劳务收到的现金)　75 000
　　贷:应收账款　　　　　　　　　　　　　　　　　　　　　　　　　75 000

④2月20日,向银行借入款项45 000元,期限6个月。

借:银行存款——工行存款(现金流量:取得借款收到的现金)　45 000
　　贷:短期借款　　　　　　　　　　　　　　　　　　　　　45 000

⑤2月23日,购入一台生产用设备,发票价格50 000元,增值税额8 500元,款已付,设备已交付使用。

借:固定资产　　　　　　　　　　　　　　　　　　50 000
　　应交税费——应交增值税(进项税额)　　　　　8 500
　　贷:银行存款——工行存款(现金流量:购建固定资产、无形资产和其他长期资产支付的现金)　　58 500

(2)更换操作员,进行出纳签字。
(3)更换操作员,审核凭证。
(4)记账。
(5)现金流量凭证查询。查询满足下列条件的全部现金流量凭证,月份为"2013.02",科目编码为"100201",方向为"借方",项目编号为"01"。

6. 现金流量账表管理

(1)现金流量明细表管理。

①条件查询。查询 2013 年 2 月销售商品、提供劳务收到的现金明细表;查询 2013 年 2 月 15 日的现金流量明细表。

②快速定位查询。查找 2013 年 2 月借款收到现金的记录。

(2)现金流量统计表管理。

①查询 2013 年 2 月全部现金流量信息。

②查询"销售商品、提供劳务收到的现金"的明细信息。

任务分析

任务一　指定现金流量科目

步骤一　启用"U8 企业应用平台"。执行"程序"→"U8 企业应用平台"。

步骤二　学生本人登录 666 账套。操作员:001,账套:666,操作日期:2013 - 02 - 01。

步骤三　指定现金流量科目。执行"基础设置"→"基础档案"→"财务"→"会计科目",进入"会计科目"界面。单击"编辑"→"指定科目",弹出"指定科目"窗口。选择"现金流量科目"单选项,单击"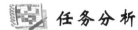"按钮,依次将科目"库存现金(1001)"、"工行存款(100201)"、"外埠存款(101201)"、"银行本票(101202)"、"银行汇票(101203)"、"信用卡(101204)"、"存出投资款(101206)"由"待选科目"移入"已选科目",单击"确定"按钮保存,如图 7-1 所示。

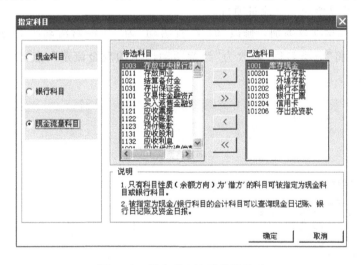

图 7-1　指定现金流量科目界面

任务二　定义现金流量项目

▶**子任务一**　现金流量项目分类定义

步骤一　启用"U8 企业应用平台"。执行"程序"→"U8 企业应用平台"。

步骤二　学生本人登录 666 账套。操作员:001,账套:666,操作日期:2013 - 02 - 01。

步骤三 定义现金流量项目类别。执行"基础设置"→"基础档案"→"财务"→"项目目录",进入"项目档案"界面,点击"项目分类定义"标签,如图7-2所示。

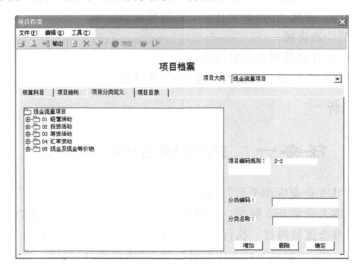

图7-2 "项目档案"界面

(1)增加现金流量项目类别。单击" 增加 "按钮,录入"分类编码"和"分类名称",点击" 确定 "按钮,可以增加现金流量项目。

(2)修改现金流量项目类别。修改"01 经营活动"为"01 经营活动产生的现金流量"。点击"01 经营活动",将"分类名称"修改为"经营活动产生的现金流量",点击" 确定 "按钮保存,如图7-3所示。

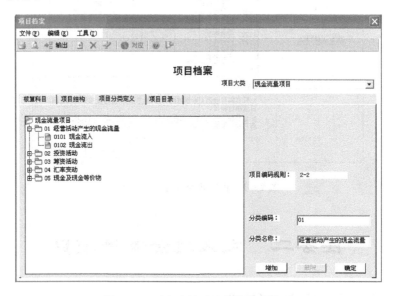

图7-3 现金流量项目分类定义界面

子任务二　现金流量项目目录维护

步骤一　启用"U8企业应用平台"。执行"程序"→"U8企业应用平台"。
步骤二　学生本人登录666账套。操作员：001，账套：666，操作日期：2013-02-01。
步骤三　现金流量项目目录维护。执行"设置"→"基础档案"→"财务"→"项目目录"，进入"项目档案"界面，点击"项目目录"标签，单击"___维护___"按钮，进入"项目目录维护"界面，如图7-4所示。

项目编号	项目名称	是否结算	所属分类码	方向
01	销售商品、提供劳务收到的现金		0101	流入
02	收到的税费返还		0101	流入
03	收到的其他与经营活动的现金		0101	流入
04	购买商品、接受劳务支付的现金		0102	流出
05	支付给职工以及为职工支付的现金		0102	流出
06	支付的各项税费		0102	流出
07	支付的与其他经营活动有关的现金		0102	流出
08	收回投资所收到的现金		0201	流入
09	取得投资收益所收到的现金		0201	流入
10	处置固定资产、无形资产和其他长期资产所收回的…		0201	流入
11	处置子公司及其他营业单位收到的现金净额		0201	流入
12	收到的其他与投资活动有关的现金		0201	流入
13	购建固定资产、无形资产和其他长期资产所支付的…		0202	流出
14	投资所支付的现金		0202	流出
15	取得子公司及其他营业单位支付的现金净额		0202	流出
16	支付的其他与投资活动有关的现金		0202	流出
17	吸收投资所收到的现金		0301	流入
18	借款所收到的现金		0301	流入
19	收到的其他与筹资活动有关的现金		0301	流入
20	偿还债务所支付的现金		0302	流出
21	分配股利、利润或偿还利息所支付的现金		0302	流出
22	支付的其他与筹资活动有关的现金		0302	流出
23	汇率变动对现金的影响		0401	流入
24	现金及现金等价物净增加额		0501	流入

图7-4　"项目目录维护"界面

单击"增加"按钮，在新增行中录入相关信息。
①删除现金流量项目。选中要删除的现金流量项，单击"✗"按钮，即可删除。
②修改现金流量项目。双击某一现金流量项目，直接修改。

任务三　设置总账系统参数

步骤一　启用"U8企业应用平台"。执行"程序"→"U8企业应用平台"。
步骤二　学生本人登录666账套。操作员：001，账套：666，操作日期：2013-02-01。
步骤三　设置总账系统参数。执行"业务工作"→"财务会计"→"总账"→"设置"→"选项",进入"选项"界面。选择"凭证"标签,单击"编辑"按钮,勾选"现金流量科目必录现金流量项目",单击"确定"按钮保存,如图 7-5 所示。

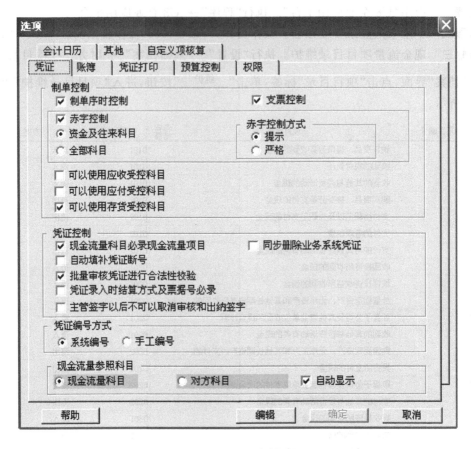

图 7-5 "选项"界面

任务四 现金流量凭证处理

▶子任务一 现金流量凭证填制

步骤一 学生本人登录 666 账套。

步骤二 填制凭证。执行"业务工作"→"财务会计"→"总账"→"凭证"→"填制凭证",进入"填制凭证"界面。单击"➕"按钮,选择凭证类型:"收"字,修改制单日期:2013.02.02,输入摘要,录入科目名称:100201,在"银行存款/工行存款"的辅助项中,分别录入"结算方式":银行汇票,单击"确定"按钮保存。输入借方金额"93600",回车,弹出"现金流量表"界面,如图 7-6 所示。

(1)点击"…"按钮,弹出"参照"界面,如图 7-7 所示。

(2)双击"项目编号":01,返回"现金流量表"界面,点击"项目名称"后,项目名称为"销售商品、提供劳务收到的现金",如图 7-8 所示。

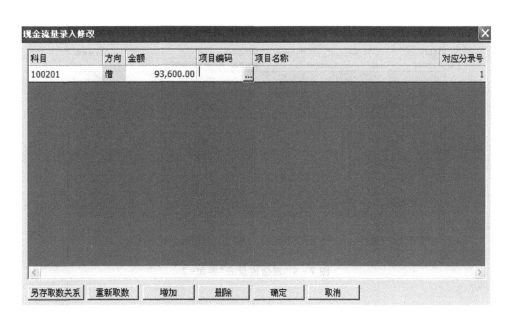

图7-6 "现金流量表"界面-1

图7-7 "参照"界面

(3)单击"确定"按钮,返回"填制凭证"界面。继续录入凭证的其他信息,完成凭证填制,点击" "按钮保存。

(4)填制完成其他四张记账凭证。

(5)修改记账凭证的现金流量信息。在"填制凭证"界面中,选中现金流量科目(如工行存款100201),单击"流量"按钮,弹出"现金流量表"界面,显示该科目的现金流量信息。单击"删除"、"增加"按钮,可以重新定义现金流量项目。如图7-9所示。

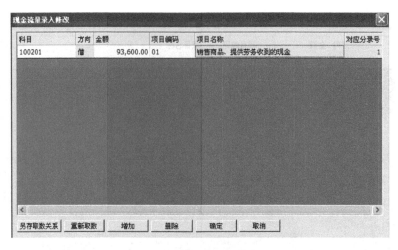

图7-8 "现金流量表"界面-2

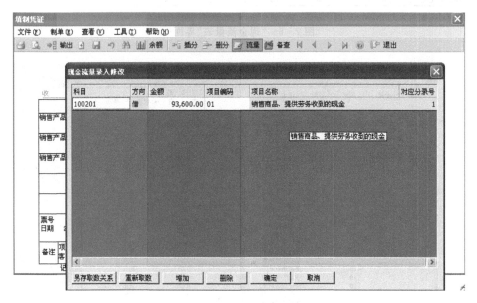

图7-9 "现金流量表"界面-3

➢子任务二 出纳签字

步骤一 更换操作员。在U8企业应用平台的"工作中心"窗口中,单击"重注册"按钮,出纳"王莉"登录666账套。

步骤二 出纳签字。执行"业务工作"→"财务会计"→"总账"→"凭证"→"出纳签字",完成出纳签字。

➢子任务三 审核凭证

步骤一 更换操作员。在U8企业应用平台的"工作中心"窗口中,单击"重注册"按钮,用户"张萍"登录666账套。

步骤二 审核凭证。执行"业务工作"→"财务会计"→"总账"→"凭证"→"审核凭证",进入"凭证审核"对话框,单击"确定"按钮后审核凭证。

➢子任务四 记账

步骤一 用户"张萍"登录666账套。

步骤二 记账。执行"业务工作"→"财务会计"→"总账"→"凭证"→"记账",依提示完成记账。

➢子任务五 现金流量凭证查询

步骤一 用户"张萍"登录666账套。

步骤二 现金流量凭证查询。执行"业务工作"→"财务会计"→"总账"→"现金流量表凭证"→"现金流量凭证查询",弹出"现金流量凭证查询"界面。在"月份"下拉列表框中选择:2013.02,录入"科目编码":100201;在"方向"下拉列表框中选择:借方;录入项目编号:01。如图7-10所示。

图7-10 "现金流量凭证查询"界面

(1)单击" 确定 "按钮,弹出"现金流量查询及修改"界面,显示符合条件的凭证列表。左边显示现金流量凭证表,右边显示与左边凭证对应的现金流量项目。如图7-11所示。

图7-11 "现金流量查询及修改"界面

(2)修改现金流量。在左边的现金流量凭证表中选择要修改的现金流量凭证,点击"修改"按钮,显示现金流量表修改窗口,在窗口提示中修改。

使用过滤功能查询现金流量凭证。

任务五 现金流量账表管理

➢子任务一 现金流量明细表管理

步骤一 用户"张萍"登录666账套。

步骤二 现金流量明细表管理。执行"业务工作"→"财务会计"→"总账"→"现金流量表"→"现金流量明细表",弹出"现金流量表_明细表"界面,如图7-12所示。

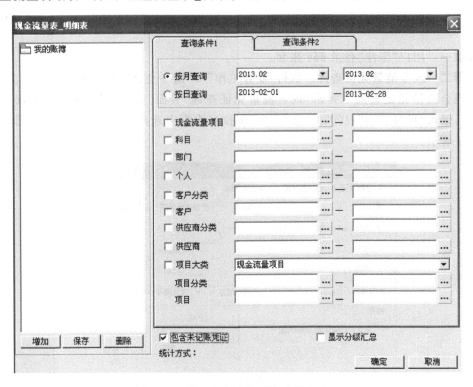

图7-12 "现金流量表_明细表"界面-1

(1)查询现金流量明细表。勾选"包含未记账凭证",单击" 确定 "按钮,弹出"现金流量明细表"界面,显示科迪公司2013年2月份现金流量明细表,如图7-13所示。

(2)查询2013年2月销售商品、提供劳务收到的现金明细表。在图7-13中,单击" "按钮,弹出"现金流量表_明细表"界面。在"查询条件1"下选择"现金流量项目":"01销售商品、提供劳务收到的现金",勾选"包含未记账凭证",如图7-14所示。

(3)单击" 确定 "按钮,弹出"现金流量明细表"界面,显示科迪公司2013年2月份销售商品、提供劳务收到的现金明细表。

(4)查找2013年2月借款收到现金的记录。在图7-13所示的"现金流量明细表"界面,单击" 定位"按钮,弹出"定位"窗口,单击"..."按钮,选择"借款收到现金",如图7-15所示。

(5)单击" 确定 "按钮,弹出"现金流量明细表"界面,快速查询并定位到第一条符合条

现金流量明细表

2013年		凭证号	现金流量项目	摘要	方向	金额
月	日					
2	2	收-0001	销售商品、提供劳务收到的现金(01)	销售产品	流入	93,600.00
2	15	收-0002	销售商品、提供劳务收到的现金(01)	收到货款	流入	75,000.00
			销售商品、提供劳务收到的现金(01)	小计	流入	168,600.00
2	9	付-0001	购买商品、接受劳务支付的现金(04)	采购材料	流出	70,200.00
			购买商品、接受劳务支付的现金(04)	小计	流出	70,200.00
2	23	付-0002	购建固定资产、无形资产和其他长期资产所支付的	购入设备一台	流出	58,500.00
			购建固定资产、无形资产和其他长期资产所支付的	小计	流出	58,500.00
2	20	收-0003	借款所收到的现金(18)	银行借款	流入	45,000.00
			借款所收到的现金(18)	小计	流入	45,000.00

图7-13 "现金流量明细表"界面-1

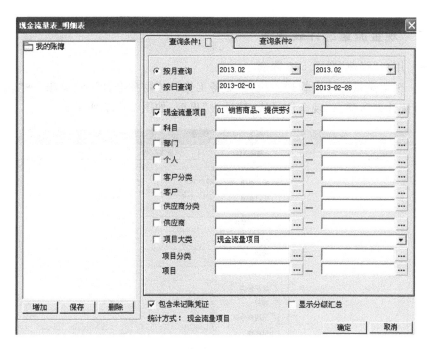

图7-14 "现金流量表_明细表"界面-2

图7-15 "定位"窗口

件(借款收到现金)的记录,如图7-16所示。

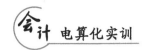

	现金流量明细表				
2013年 月 日	凭证号	现金流量项目	摘要	方向	金额
2 2	收-0001	销售商品、提供劳务收到的现金(01)	销售产品	流入	93,600.00
2 15	收-0002	销售商品、提供劳务收到的现金(01)	收到货款	流入	75,000.00
		销售商品、提供劳务收到的现金(01)	小计	流入	168,600.00
2 9	付-0001	购买商品、接受劳务支付的现金(04)	采购材料	流出	70,200.00
		购买商品、接受劳务支付的现金(04)	小计	流出	70,200.00
2 23	付-0002	购建固定资产、无形资产和其他长期资产所支付的	购入设备一台	流出	58,500.00
		购建固定资产、无形资产和其他长期资产所支付的	小计	流出	58,500.00
2 20	收-0003	借款所收到的现金(18)	银行借款	流入	45,000.00
		借款所收到的现金(18)	小计	流入	45,000.00

图 7-16 "现金流量明细表"界面-2

➢子任务二　现金流量统计表管理

步骤一　用户"张萍"登录 666 账套。

步骤二　现金流量统计表管理。执行"业务工作"→"财务会计"→"总账"→"现金流量表"→"现金流量统计表",弹出"现金流量表_统计表"界面,如图 7-17 所示。

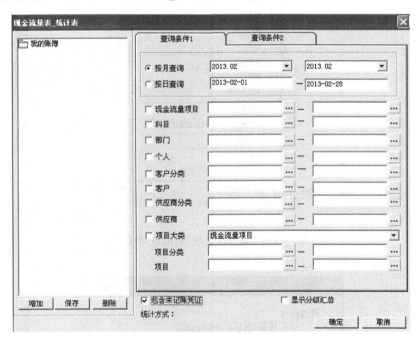

图 7-17 "现金流量表_统计表"界面

(1)勾选"包含未记账凭证",项目分类为空,单击" 确定 "按钮,弹出"现金流量统计表"界面,按项目大类显示科迪公司 2013 年 2 月份现金流入、流出和净流入情况,如图 7-18 所示。

(2)查询"销售商品、提供劳务收到的现金"的明细信息。在"现金流量统计表"界面中,选

项目七 现金流量核算与管理

现金流量统计表

现金流量项目	方向	金额
销售商品、提供劳务收到的现金(01)	流入	168,600.00
现金流入(0101)(分类小计)	净流入	168,600.00
购买商品、接受劳务支付的现金(04)	流出	70,200.00
现金流出(0102)(分类小计)	净流出	70,200.00
经营活动产生的现金流量(01)(分类小计)	净流入	98,400.00
购建固定资产、无形资产和其他长期资产所支付的现金	流出	58,500.00
现金流出(0202)(分类小计)	净流出	58,500.00
投资活动(02)(分类小计)	净流出	58,500.00
借款所收到的现金(18)	流入	45,000.00
现金流入(0301)(分类小计)	净流入	45,000.00
筹资活动(03)(分类小计)	净流入	45,000.00

图7-18 "现金流量统计表"界面

择"流入,金额168 600",单击" 明细 "按钮,可浏览"销售商品、提供劳务收到的现金"的明细信息。选择某一现金流量信息行,单击" 凭证 "按钮,可查询该笔业务的凭证信息。

提示:备份账套数据到F:\100账套\项目七文件夹中。

 任务结果

1.在666账套中指定了现金流量科目。
2.定义了现金流量项目。
3.根据现金流量核算和管理的要求,进行了相关的总账系统初始化工作。
4.完成了现金流量凭证处理的相关工作。
5.完成了现金流量账表管理的相关工作。

项目八 往来辅助核算与管理

学习目标

一、知识目标

1. 理解往来辅助核算的意义和作用
2. 掌握客户往来核算的内容和方法
3. 掌握客户往来账龄分析的相关问题
4. 掌握供应商往来核算的内容和方法
5. 掌握个人往来核算的内容和方法

二、能力目标

1. 能够建立和修改客商信息
2. 能够处理往来辅助核算的期初数据及日常业务
3. 能够进行往来辅助核算账表的管理
4. 能够进行往来账龄分析及两清处理

项目分析

一、项目概述

在本项目中,要求学生根据情景案例的模拟公司资料,进行客商信息的建立及修改、往来辅助核算期初余额的录入、往来业务凭证的处理、客户往来管理、供应商往来管理、个人往来管理等上机操作练习。

二、情景案例设计

1. 系统操作员

用户情况及权限分配见表8-1。

表8-1 秦都印务有限责任公司用户及权限分配一览表

编号	姓名	口令	所属部门	角色	权限
011	王博明	自行设定	财务科	账套主管	
012	李娜	自行设定	财务科	出纳	
013	张力	自行设定	财务科		拥有公用目录设置、总账系统的所有权限

2. 秦都印务有限责任公司建账信息

建账信息见表8-2。

表8-2 秦都印务有限责任公司建账信息

项目	账套参数	
账套信息	账套号:988 启用会计期:2013年1月	账套名称:秦都印务有限责任公司
单位信息	单位名称:秦都印务有限责任公司	
核算类型	本币代码:RMB 企业类型:工业 账套主管:王博明	本币名称:人民币 行业性质:2007新会计制度科目 按行业预置科目:预置
基础信息	存货分类核算 供应商分类核算	客户分类核算 无外币核算
编码方案	科目编码:4-2-2-2 客户分类编码:2-3-3	部门编码:默认 供应商分类编码:2-3-3
数据精度	默认	
系统启用	启用日期:2013年1月1日	启用系统:"总账"

3. 基础档案

(1)客商信息。客商信息见表8-3至表8-7。

表8-3 秦都印务有限责任公司客户分类

分类编码	分类名称
01	西北地区
01001	陕西省
01002	其他省区
02	华北地区

表8-4 秦都印务有限责任公司客户级别

客户级别编码	客户级别名称
1	VIP客户
2	重要客户
3	普通客户

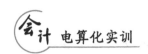

表8-5 秦都印务有限责任公司客户档案

客户编码	客户名称	客户简称	客户级别	所属分类	税号
001	陕西世纪学校	世纪学校	重要客户	01001	6101131023452
002	北方出版社	北方出版社	VIP客户	01001	6101002035684

表8-6 秦都印务有限责任公司供应商分类

分类编码	分类名称
01	优先供应商
02	一般供应商
03	考察供应商

表8-7 秦都印务有限责任公司供应商档案

供应商编码	供应商名称	供应商简称	所属分类	税号
001	四海文化用品有限公司	四海公司	优先供应商	1101631023572
002	海达厚德实业有限公司	海达公司	考察供应商	5011131023261
003	江津默尔工贸有限公司	默尔工贸	一般供应商	2001131023459

(2)机构人员信息。部门档案和人员信息见表8-8和表8-9。

表8-8 秦都印务有限责任公司部门档案

部门编码	部门名称	部门属性
1	销售部	市场营销
2	综合部	管理部门
201	总经理办公室	综合管理

表8-9 秦都印务有限责任公司人员档案

人员编码	姓名	所在部门	人员类别
001	李娜	销售部	在职人员
002	何霖	总经理办公室	在职人员

(3)往来辅助核算账户。往来辅助核算账户信息见表8-10。

表8-10 秦都印务有限责任公司往来辅助核算账户信息

账户名称	方向	辅助核算
应收账款	借	客户往来
应付账款	贷	供应商往来
其他应收款	借	个人往来

(4)凭证类别设置。凭证类别:记账凭证。

4. 期初余额信息

各账款的账户期初余额见表 8-11 至表 8-13。

表 8-11 秦都印务有限责任公司"应收账款"账户期初余额表

日期	凭证号	客户	摘要	方向	金额	业务员
2012-10-09	记-23	陕西世纪学校	销售商品	借	17 550	贺林
2012-06-18	记-35	北方出版社	销售商品	借	78 390	郝泓
2012-02-25	记-51	北方出版社	销售商品	借	35 100	郝泓

表 8-12 秦都印务有限责任公司"应付账款"账户期初余额表

日期	凭证号	供应商	摘要	方向	金额	业务员
2012-11-03	记-11	四海文化用品有限公司	购买材料	贷	58 500	何栋
2012-09-20	记-38	江津默尔工贸有限公司	购买材料	贷	23 400	刘敏

表 8-13 秦都印务有限责任公司"其他应收款"账户期初余额表

日期	凭证号	部门	个人	摘要	方向	金额
2012-12-19	记-15	销售部	李娜	出差借款	借	2 100
2012-12-23	记-33	总经理办公室	何霖	出差借款	借	1 900

5. 选项设置

可以使用应收、应付系统受控科目。

6. 往来业务处理

秦都印务有限责任公司 2013 年 1 月发生以下部分经济业务,据此填制记账凭证。

(1)1 月 5 日,收到北方出版社前欠货款 78 390 元。

借:银行存款　　　　　　　78 390
　　贷:应收账款　　　　　　　　　78 390

(2)1 月 8 日,从四海文化用品有限公司购买纸张 100 800 元,增值税税率 17%,款未付。

借:材料采购　　　　　100 800
　　应交税费　　　　　 17 136
　　贷:应付账款　　　　　　　　 117 936

(3)1 月 13 日,向北方出版社交付印刷的书籍,价款 89 100 元,增值税税率 13%,款未收。

借:应收账款　　　　　100 683
　　贷:主营业务收入　　　　　　　89 100
　　　　应交税费　　　　　　　　 11 583

(4)1 月 20 日,从江津默尔工贸有限公司购买油墨 69 600 元,增值税税率 17%,款未付。

借：材料采购　　　　　　　　69 600
　　应交税费　　　　　　　　11 832
　　贷：应付账款　　　　　　　　　81 432

7. 客户往来余额管理

(1)查询2013年1月"应收账款"所有客户的发生额和余额情况。
(2)查询客户"北方出版社"所有科目下的发生额和余额情况。
(3)查询该公司陕西省客户的发生额和余额情况。

8. 客户往来明细账管理

(1)查询2013年1月"应收账款"下各往来客户的明细账情况。
(2)查询客户"陕西世纪学校"所有科目下的明细账情况。

9. 分析截至2013年1月31日所有客户往来账龄情况

10. 客户往来催款管理

11. 客户往来两清管理

12. 供应商往来管理

(1)查询2013年1月"应付账款"所有供应商的发生额和余额情况。
(2)查询供应商"江津默尔工贸有限公司"所有科目下的发生额和余额情况。
(3)查询2013年1月"应付账款"下各供应商的明细账情况。
(4)查询供应商"四海文化用品有限公司"所有科目下的明细账情况。

13. 个人往来管理

(1)查询2013年1月"其他应收账款"所有个人的发生额和余额情况。
(2)查询"何霖"往来款项的明细账情况。
(3)个人往来两清管理。
(4)个人往来催款管理。
(5)分析截至2013年1月31日所有个人往来账龄情况。

任务分析

任务一　任务准备

▶子任务一　增加用户

步骤一　启用"系统管理"模块。

步骤二　"系统管理员(Admin)"注册登录"系统管理"窗口。

步骤三　增加用户。执行"权限"→"用户"，在弹出"用户管理"界面中，单击" 增加"按钮，弹出"增加用户"窗口，输入"编号"：011，"姓名"：王博明，选择"所属角色"：账套主管，点击" "增加下一个用户，如图8-1所示。用同样的方法增加用户：李娜、张力。

项目八 往来辅助核算与管理

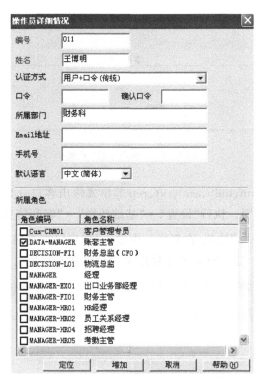

图 8-1 "增加用户"界面

➤子任务二 新建账套

在"系统管理"界面中,执行"账套"→"建立",完成建账工作,账套参数见表 8-2。

➤子任务三 权限分配

在"系统管理"界面中,执行"权限"→"权限",弹出"操作员权限"界面。在账套下拉列表框中选择 988 账套,点击操作员"张力",单击" "按钮,选择"公用目录设置"、"总账",单击"确定"按钮,将"公用目录设置"及"总账系统"的所有权限授予张力。

任务二 设置基础档案

➤子任务一 建立客户信息

步骤一 启用"U8 企业应用平台",王博明登录 988 账套。

步骤二 客户分类。执行"基础设置"→"基础档案"→"客商信息"→"客户分类",进入"客户分类"界面。点击" "按钮,输入分类编码:01,分类名称:西北地区,点击" "按钮保存。以同样的方法定义客户分类的其他内容,如图 8-2 所示。

步骤三 客户分类信息的处理。选择某一客户分类信息,点击" "按钮,可以修改客户分类名称,点击" "按钮,可以删除客户分类信息。点击" "按钮,刷新客户分类信息。点

— 139 —

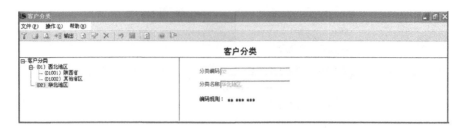

图 8-2 "客户分类"界面

击"输出"按钮,以 xls、htm、mdb、asc、txt、rep 等格式输出客户分类信息。

步骤四 定义客户级别。执行"设置"→"基础档案"→"客商信息"→"客户级别",进入"客户级别分类"界面。点击"➕"按钮,在新增行中输入"客户级别编码":1,"客户级别名称":VIP客户,点击"💾"按钮保存。运用同样的方法定义客户级别的其他内容,如图 8-3 所示。

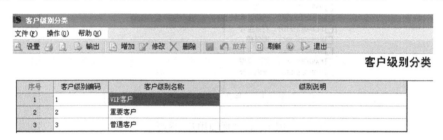

图 8-3 "客户级别分类"界面

步骤五 建立客户档案。执行"设置"→"基础档案"→"客商信息"→"客户档案",进入"客户档案"界面。点击左列的客户分类"01001(陕西省)",单击"➕"按钮,弹出"增加客户档案"窗口,输入以下信息:"客户编码":001;"客户名称":陕西世纪学校;"客户简称":世纪学校;"税号":6101131023452。点击"🔍"按钮,选择"客户级别":重要客户。点击"其他"标签,修改"发展日期"。点击"💾"按钮保存。如图 8-4 所示。

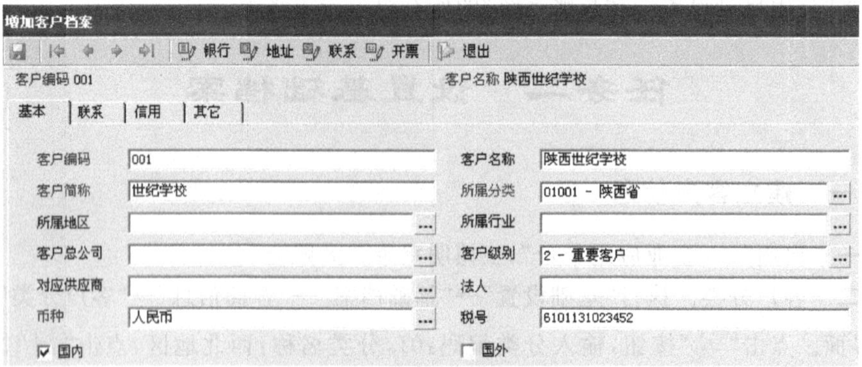

图 8-4 "增加客户档案"窗口

项目八　注来辅助核算与管理

步骤六　然后输入客户"北方出版社"的档案信息,结果如图 8-5 所示。

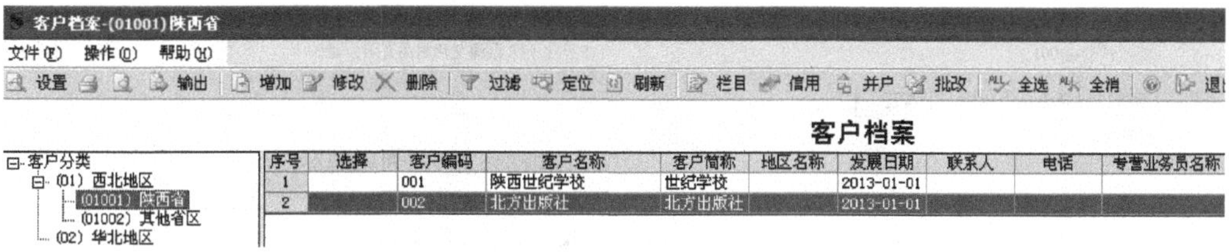

图 8-5　客户档案信息

步骤七　客户档案信息的处理。选择客户,点击" "按钮,在弹出的"修改客户档案"窗口中修改客户档案。选择客户,点击" "按钮,删除客户档案。点击" "按钮,在弹出的"客户档案"窗口中输入过滤条件,可以实现对客户有条件查询。点击" 定位"按钮,在弹出的"定位"窗口中输入查找内容,选择查找范围和匹配条件,可以快速查找并定位某客户信息。

▶子任务二　建立供应商信息

步骤一　启用"U8 企业应用平台",王博明登录 988 账套。

步骤二　供应商分类。执行"基础设置"→"基础档案"→"客商信息"→"供应商分类",进入"供应商分类"界面。点击" "按钮,输入分类编码:01,分类名称:优先供应商,点击" "按钮保存。以同样的方法定义供应商分类的其他内容,如图 8-6 所示。

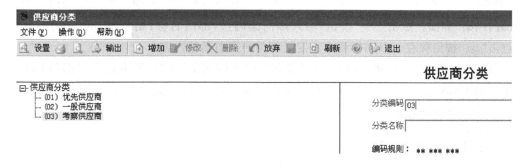

图 8-6　"供应商分类"界面

供应商分类信息的修改与删除方法参照客户分类信息的处理。

步骤三　建立供应商档案。执行"基础设置"→"基础档案"→"客商信息"→"供应商档案",进入"供应商档案"界面。点击左列的供应商分类"01(优先供应商)",单击" "按钮,弹出"增加供应商档案"窗口,输入以下信息:"供应商编码":001;"供应商名称":四海文化用品有限公司;"供应商简称":四海公司;"税号":1101631023572。点击" "按钮,选择"供应商级别":(01)优先供应商。点击"其他"标签,修改"发展日期"。点击" "按钮保存。运用同样方法增加其他供应商档案。如图 8-7 所示。

供应商档案信息处理可以参照客户档案信息处理方法。

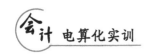

图8-7 "增加供应商档案"界面

➢子任务三 建立机构人员信息

步骤一 启用"U8企业应用平台",王博明登录988账套。

步骤二 建立部门档案。执行"基础设置"→"基础档案"→"机构人员"→"部门档案",进入"部门档案"界面。点击" "按钮,输入部门编码:1,部门名称:销售部,部门属性:市场营销,点击" "按钮保存。以同样的方法定义部门分类的其他内容。

步骤三 建立人员档案。执行"基础设置"→"基础档案"→"机构人员"→"部门档案",进入"人员列表"窗口,点击" "按钮,进入"人员档案"界面。输入相关信息,勾选"是否业务员"选项,点击" "按钮保存。

➢子任务四 修改会计科目

步骤一 启用"U8企业应用平台",王博明登录988账套。

步骤二 修改会计科目。执行"基础设置"→"基础档案"→"财务"→"会计科目",进入"会计科目"界面。双击"应收账款"科目,选择"客户往来"辅助核算。修改"应付账款"科目,在其辅助核算中选择"供应商往来"。修改"其他应收账款"科目,在其辅助核算中选择"个人往来"。

➢子任务五 定义凭证类别

步骤一 启用"U8企业应用平台",王博明登录988账套。

步骤二 定义凭证类别。执行"基础设置"→"基础档案"→"财务"→"凭证类别",进入"凭证类别"界面。定义凭证类别为记账凭证。

任务三 录入辅助核算账户期初余额

▷子任务一 录入"应收账款"账户期初余额

步骤一 启用"U8 企业应用平台",王博明登录 988 账套。

步骤二 录入期初余额。执行"业务工作"→"财务会计"→"总账"→"设置"→"期初余额",进入"期初余额录入"界面,双击"应收账款"科目,进入"客户往来期初"窗口,单击" "按钮,在新增行中:修改日期;双击"凭证号"栏后,点击" "按钮,参照输入凭证号"记-23";双击"客户"栏后,点击" "按钮,参照输入客户"陕西世纪学校";输入摘要、金额和业务员信息。如图 8-8 所示。

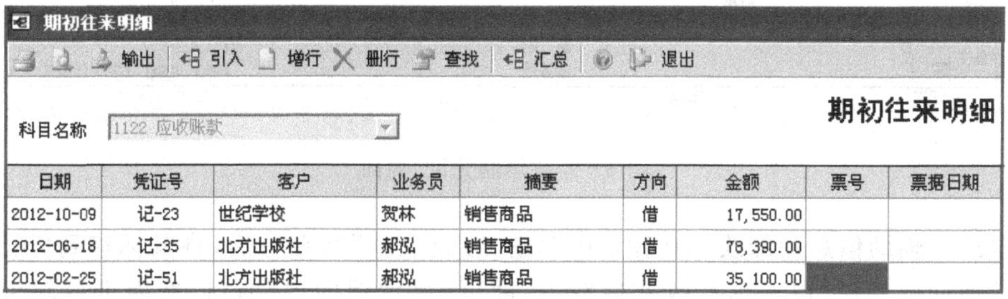

日期	凭证号	客户	业务员	摘要	方向	金额	票号	票据日期
2012-10-09	记-23	世纪学校	贺林	销售商品	借	17,550.00		
2012-06-18	记-35	北方出版社	郝泓	销售商品	借	78,390.00		
2012-02-25	记-51	北方出版社	郝泓	销售商品	借	35,100.00		

图 8-8 "客户往来期初"窗口

步骤三 信息修改与查询。输入过程中出现错误,按[ESC]键取消当前项输入,将光标移到需要修改的编辑项上,直接输入正确的数据即可。若要放弃整行增加数据,在取消当前输入后,再按[ESC]键即可。点击" "按钮,可以输入有关条件查询客户往来期初数据。

▷子任务二 录入"应付账款"账户期初余额

相关步骤参照录入"应收账款"账户期初余额。

▷子任务三 录入"其他应收款"账户期初余额

相关步骤参照录入"应收账款"账户期初余额。

任务四 往来业务处理

步骤一 启用"U8 企业应用平台",张力登录 988 账套。

步骤二 填制凭证。执行"业务工作"→"财务会计"→"总账"→"凭证"→"填制凭证",进入"填制凭证"界面,点击" "按钮,分别录入记账凭证的相关信息。在"应收账款"的"辅助项"中,点击" "按钮,参照输入客户"北方出版社",单击"确定"按钮保存,如图 8-9 所示。以同样的方法完成其余经济业务的处理。

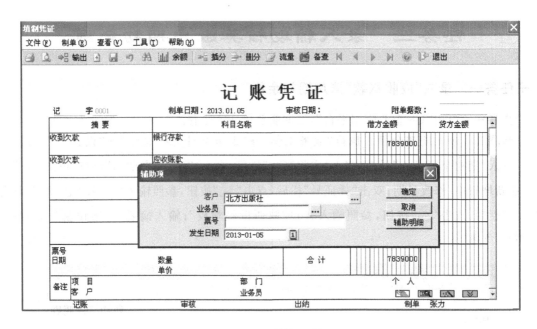

图8-9 "填制凭证"界面

步骤三 辅助信息的修改。在凭证中单击"应收账款"所在行后,将鼠标移到凭证左下方的"备注"辅助信息栏,鼠标形状改变后双击,即可弹出"辅助项"窗口,然后进行辅助信息的修改。

任务五 客户往来管理

➢子任务一 客户往来余额管理

➢一、查询所有客户的发生额和余额情况

步骤一 启用"U8企业应用平台",张力登录988账套。

步骤二 查询所有客户的发生额和余额情况。执行"业务工作"→"财务会计"→"总账"→"账表"→"客户往来辅助账"→"客户往来余额表"→"客户往来科目余额",进入"客户科目余额表"界面,选择科目"应收账款",勾选"含未记账凭证",如图8-10所示。

图8-10 "客户科目余额表"界面

单击"确定"按钮,进入"科目余额表"界面,显示所有客户的发生额和余额信息,如图8-11所示。

项目八 注来辅助核算与管理

	科目余额表							金额式
科目 全部						月份：2013.01-2013.01		
科目		客户		方向	期初余额	借方	贷方	方向	期末余额
编码	名称	编号	名称		本币	本币	本币		本币
1131	应收账款	001	世纪学校	借	17,550.00			借	17,550.00
1131	应收账款	002	北方出版社	借	113,490.00	100,683.00	78,390.00	借	135,783.00
合计：				借	131,040.00	100,683.00	78,390.00	借	153,333.00

图 8-11 "科目余额表"界面

点击"明细"按钮，可以联查到当前科目、当前月份范围的明细账。点击"详细"按钮，可以查看明细客户往来的数据。再次点击该按钮，隐去明细信息。点击"累计"按钮，可以查看年初至今的累计信息。再次点击该按钮，隐去累计信息。

➤ 二、查询客户"北方出版社"所有科目下的发生额和余额情况

步骤一 启用"U8 企业应用平台"，张力登录 988 账套。

步骤二 查询客户"北方出版社"所有科目下的发生额和余额情况。执行"业务工作"→"财务会计"→"总账"→"账表"→"客户往来辅助账"→"客户往来余额表"→"客户余额表"，弹出"客户余额表"窗口，点击" "按钮，参照输入客户"北方出版社"，勾选"含未记账凭证"，单击"确定"按钮，进入"客户余额表"界面。可以浏览客户"北方出版社"所有科目下的发生额和余额情况，如图 8-12 所示。

	客户明细账							金额式
客户 002 北方出版社						月份：2013.01-2013.01		
2011年	凭证号	客户		科目		摘要	借方	贷方	方向	余额
月 日		编号	名称	编号	名称		本币	本币		本币
		002	北方出版社	1131	应收账款	上年结转			借	113,490.00
01 05	记-0001	002	北方出版社	1131	应收账款	收到前欠货款_2011.0		78,390.00	借	35,100.00
01 13	记-0003	002	北方出版社	1131	应收账款	销售产品_2011.01.13	100,683.00		借	135,783.00
		002	北方出版社	1131	应收账款	小计	100,683.00	78,390.00	借	135,783.00
						合计：	100,683.00	78,390.00	借	135,783.00

图 8-12 客户余额表

➤ 三、查询该公司陕西省客户的发生额和余额情况

步骤一 启用"U8 企业应用平台"，张力登录 988 账套。

步骤二 查询该公司陕西省客户的发生额和余额情况。执行"业务工作"→"财务会计"→"总账"→"账表"→"客户往来辅助账"→"客户往来余额表"→"客户分类余额表"，弹出"客户分类余额表"窗口，点击" "按钮，参照输入分类"陕西省"；在"明细对象"下拉列表框中选择"客户"；勾选"含未记账凭证"，单击"确定"按钮，进入"客户分类余额表"界面。可以浏览该公司陕西省客户的发生额和余额情况，如图 8-13 所示。

图 8-13 客户分类余额表

▶子任务二 客户往来明细账管理

▶ 一、查询 2013 年 1 月"应收账款"下各往来客户的明细账情况

步骤一 启用"U8 企业应用平台",张力登录 988 账套。

步骤二 查询 2013 年 1 月"应收账款"下各往来客户的明细账情况。执行"业务"→"财务会计"→"总账"→"账表"→"客户往来辅助账"→"客户往来明细账"→"客户科目明细账",进入"客户科目明细账"界面,选择科目"应收账款",勾选"含未记账凭证",单击"确定"按钮,进入"科目明细账"界面,显示"应收账款"下各往来客户的明细账情况。

▶二、查询客户"陕西世纪学校"所有科目下的明细账情况

步骤一 启用"U8 企业应用平台",张力登录 988 账套。

步骤二 查询客户"陕西世纪学校"所有科目下的明细账情况。执行"业务"→"财务会计"→"总账"→"账表"→"客户往来辅助账"→"客户往来明细账"→"客户明细账",弹出"客户明细账"窗口,点击"确定"按钮,参照输入客户"陕西世纪学校",勾选"含未记账凭证",单击"确定"按钮,进入"客户明细账"界面。可以浏览客户"陕西世纪学校"所有科目下的明细账情况。

▶子任务三 客户往来账龄分析

步骤一 启用"U8 企业应用平台",张力登录 988 账套。

步骤二 客户往来账龄分析。执行"业务工作"→"财务会计"→"总账"→"账表"→"客户往来辅助账"→"客户往来账龄分析",进入"客户往来账龄"界面,如图 8-14 所示。

勾选"包含未记账凭证",单击"确定"按钮,进入"客户往来账龄"界面,显示对全部客户账龄分析的结果,如图 8-15 所示。

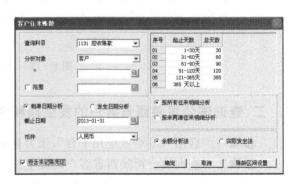

图 8-14 "客户往来账龄"界面

图 8-15 "往来账龄分析"界面

➤子任务四 客户往来催款管理

步骤一 启用"U8 企业应用平台",张力登录 988 账套。

步骤二 客户往来催款管理。执行"业务工作"→"财务会计"→"总账"→"账表"→"客户往来辅助账"→"客户往来催款单",进入"客户往来催款"界面,如图 8-16 所示。

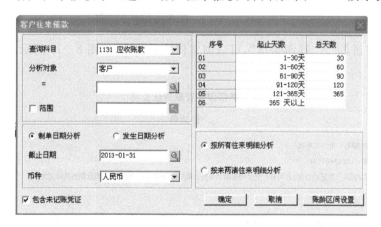

图 8-16 "客户往来催款"界面

勾选"包含未记账凭证",单击"确定"按钮,进入"客户往来催款单"界面,显示所有客户的欠款情况,如图 8-17 所示。

日期	客户编号	客户名称	凭证号	摘要	借方本币	贷方本币	两清	账龄区间
2013.10.09	001	陕西世纪学校	记-0023	销售商品_世纪学校_1899.12.	17,550.00			91-120天
2013.02.25	002	北方出版社	记-0051	销售商品_北方出版社_1899.1	35,100.00			121-365天
2013.06.18	002	北方出版社	记-0035	销售商品_北方出版社_1899.1	78,390.00			121-365天
2013.01.05	002	北方出版社	记-0001	收到前欠货款_北方出版社_20		78,390.00		1-30天
2013.01.13	002	北方出版社	记-0003	销售产品_北方出版社_2011.0	100,683.00			1-30天
				总计	231,723.00	78,390.00		
				余额	153,333.00			

图 8-17 "客户往来催款单"界面

点击"▽"按钮,进入"客户催款单设置"窗口,输入函证信息和收款信息,如图8-18所示。单击"确定"按钮完成设置。

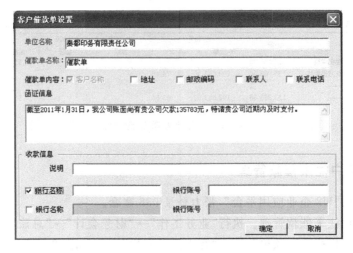

图8-18　"客户催款单设置"界面

点击"🔍"按钮,进入"打印预览",可以浏览催款单信息,如图8-19所示。

图8-19　"客户催款单"信息

➤子任务五　客户往来两清管理

步骤一　启用"U8企业应用平台",张力登录988账套。

步骤二　客户往来两清管理。执行"业务工作"→"财务会计"→"总账"→"账表"→"客户往来辅助账"→"客户往来两清",进入"客户往来两清"界面,如图8-20所示。

点击"🔍"按钮,参照输入客户"北方出版社",勾选"显示已两清",单击"确定"按钮,进入"客户往来两清"界面。点击"📝 自动"按钮,系统自动进行客户往来账项勾对处理,完成

客户往来两清
查询条件
科目
1131 应收账款
客户
北方出版社
截止月份
2013.01
日期
部门
项目
业务员
按部门相同两清
按项目相同两清
按票号相同两清
专认勾对
逐笔勾对
全额勾对
显示已
全部
两清
确定
取消

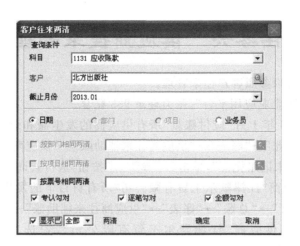

图 8－20　“客户往来两清”界面

后显示出来结果，如图 8－21 所示。

客户往来勾对结果
科目
客户
专认勾对
逐笔勾对
全额勾对
部门勾对
项目勾对
票号勾对
1131(应收账款)
北方出版社
2
*：表示该科目在被其他用户使用，此次不能进行自动两清。
确定

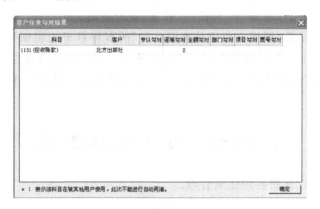

图 8－21　“客户往来勾对结果”界面

单击“确定”按钮，返回“客户往来两清”界面，并以符号“○”表示客户往来两清，如图 8－22 所示。

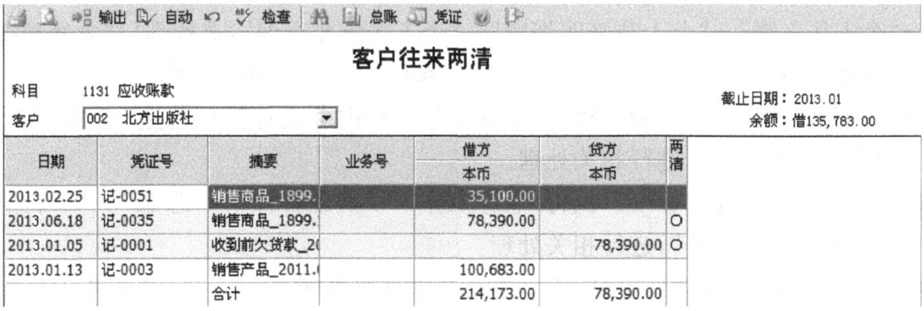

输出
自动
检查
总账
凭证
客户往来两清
科目　1131 应收账款
客户　002　北方出版社
截止日期：2013.01
余额：借135,783.00
日期　凭证号　摘要　业务号　借方 本币　贷方 本币　两清
2013.02.25　记-0051　销售商品_1899.　35,100.00
2013.06.18　记-0035　销售商品_1899.　78,390.00　○
2013.01.05　记-0001　收到前欠货款_2(　78,390.00　○
2013.01.13　记-0003　销售产品_2011.(　100,683.00
合计　214,173.00　78,390.00

图 8－22　“客户往来两清”处理结果界面

点击“ ”按钮，取消两清。点击“检查”按钮，对两清处理进行平衡检查。

任务六 供应商往来管理

供应商往来管理可以参照客户往来管理。

步骤一 启用"U8企业应用平台",张力登录988账套。

步骤二 查询2013年1月"应付账款"所有供应商的发生额和余额情况。执行"业务工作"→"财务会计"→"总账"→"账表"→"供应商往来辅助账"→"供应商往来余额表"→"供应商科目余额表",勾选"含未记账凭证",单击"确定"按钮,进行查询。

步骤三 查询供应商"江津默尔工贸有限公司"所有科目下的发生额和余额情况。执行"业务工作"→"财务会计"→"总账"→"账表"→"供应商往来辅助账"→"供应商往来余额表"→"供应商余额表",选择供应商"江津默尔工贸有限公司",勾选"含未记账凭证",单击"确定"按钮,进行查询。

步骤四 查询2013年1月"应付账款"下各供应商的明细账情况。执行"业务工作"→"财务会计"→"总账"→"账表"→"供应商往来辅助账"→"供应商往来明细账"→"供应商科目明细账",勾选"含未记账凭证",单击"确定"按钮,进行查询。

步骤五 查询供应商"四海文化用品有限公司"所有科目下的明细账情况。执行"业务工作"→"财务会计"→"总账"→"账表"→"供应商往来辅助账"→"供应商往来明细账"→"供应商明细账",选择供应商"四海文化用品有限公司",勾选"含未记账凭证",单击"确定"按钮,进行查询。

任务七 个人往来管理

个人往来管理可以参照客户往来管理。

步骤一 启用"U8企业应用平台",张力登录988账套。

步骤二 查询2013年1月"其他应收账款"所有个人的发生额和余额情况。执行"业务工作"→"财务会计"→"总账"→"账表"→"个人往来账"→"个人往来余额表"→"个人科目余额表",勾选"含未记账凭证",单击"确定"按钮,进行查询。

步骤三 查询"何霖"往来款项的明细账情况。执行"业务工作"→"财务会计"→"总账"→"账表"→"个人往来账"→"个人往来明细账"→"个人明细账查询",选择部门"总经理办公室",选择个人"何霖",勾选"含未记账凭证",单击"确定"按钮,进行查询。

步骤四 个人往来两清管理。执行"业务工作"→"财务会计"→"总账"→"账表"→"个人往来账"→"个人往来两清",进行相关处理。

步骤五 个人往来催款管理。执行"业务工作"→"财务会计"→"总账"→"账表"→"个人往来账"→"个人往来催款单",进行相关处理。

步骤六 分析截至2013年1月31日所有个人往来账龄情况。执行"业务工作"→"财务会计"→"总账"→"账表"→"个人往来账"→"个人往来账龄分析",进行相关处理。

提示:备份账套数据到F:\100账套\项目八文件夹中。

任务结果

1. 在系统中建立了"988 秦都印务有限责任公司"的一个电子账套。
2. 增加了三个操作员并且分配了相应的工作权限。
3. 设置秦都印务有限责任公司的客商信息等基础档案。
4. 录入了往来辅助核算的期初余额。
5. 完成了凭证处理工作。
6. 完成了客户往来余额管理。
7. 完成了客户往来明细账管理。
8. 分析截至 2013 年 1 月 31 日所有客户往来账龄情况。
9. 完成了客户往来催款管理。
10. 完成了客户往来两清管理。
11. 完成了供应商往来管理。
12. 完成了个人往来管理。

项目九 部门辅助核算与管理

 学习目标

> 一、知识目标

1. 理解部门辅助核算的意义和作用
2. 掌握部门辅助核算的内容和方法
3. 掌握部门总账和部门明细账管理
4. 掌握部门收支分析方法

> 二、能力目标

1. 能够建立和修改部门档案
2. 能够增加和修改部门辅助核算科目
3. 能够处理部门辅助核算的期初数据及日常业务
4. 能够进行部门辅助核算账表的管理
5. 能够进行部门收支分析

 项目分析

> 一、项目概述

在本项目中,要求学生根据情景案例的模拟公司资料,进行建立部门档案、增加部门辅助核算账户、处理部门辅助核算业务凭证、部门总账管理、部门明细账管理、部门收支分析等上机操作练习。

> 二、情景案例设计

1. 登录

本项目情景案例资料与项目八有关。登录988账套,处理秦都印务有限责任公司与部门辅助核算、管理相关的经济业务。

2. 基础档案

(1)部门档案(表9-1)。

表 9-1 秦都印务有限责任公司部门档案

部门编码	部门名称	部门属性
1	销售部	市场营销
2	综合部	管理部门
201	总经理办公室	综合管理
3	财务部	管理部门
4	生产部	生产
401	胶印车间	生产
402	胶轮车间	生产
403	装订车间	生产

(2)部门辅助核算账户(表 9-2)。

表 9-2 秦都印务有限责任公司部门辅助核算账户信息

科目代码	账户名称	方向	辅助核算
410101	基本生产成本	借	
41010101	直接材料	借	部门核算
41010102	直接人工	借	部门核算
41010103	制造费用	借	部门核算
4105	制造费用	借	
410501	人工费	借	部门核算
410502	办公费	借	部门核算
410503	折旧费	借	部门核算
410506	其他费用	借	部门核算

3.部门核算业务处理

秦都印务有限责任公司 2013 年 1 月发生以下部分经济业务,据此填制记账凭证。

(1)1 月 20 日,车间领用材料。
借:生产成本——基本生产成本——直接材料　(胶印车间)　63 910
　　生产成本——基本生产成本——直接材料　(胶轮车间)　31 840
　　生产成本——基本生产成本——直接材料　(装订车间)　8 530
　　制造费用——其他费用　(胶印车间)　2 500
　　　贷:原材料　106 780

(2)1 月 31 日,计算本月职工工资并计提福利费。
借:生产成本——基本生产成本——直接人工　(胶印车间)　30 432.98
　　生产成本——基本生产成本——直接人工　(胶轮车间)　26 112.24

生产成本——基本生产成本——直接人工	（装订车间）		8 900.58
制造费用——人工费	（胶印车间）		5 304.18
制造费用——人工费	（胶轮车间）		4 200
制造费用——人工费	（装订车间）		2 800.32
管理费用			12 000.02
贷：应付职工薪酬			89 750.32

(3) 1 月 31 日，计提固定资产折旧。

借：制造费用——折旧费	（胶印车间）		34 127
制造费用——折旧费	（胶轮车间）		48 340
制造费用——折旧费	（装订车间）		21 890
管理费用			30 910
贷：累计折旧			135 267

4．部门总账管理

(1) 查询"制造费用/折旧费"科目下各部门的发生额及余额情况。

(2) 查询装订车间费用发生情况。

(3) 查询生产部直接人工费用的发生额及余额情况。

5．部门明细账管理

(1) 查询"生产成本/基本生产成本/直接材料"科目下各部门的明细账。

(2) 查询胶印车间费用明细账。

6．分析胶轮车间和装订车间的收支情况

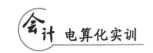任务分析

任务一　设置基础档案

▶子任务一　建立部门档案

步骤一　启用"U8 企业应用平台"，王博明登录 988 账套。

步骤二　建立部门档案。执行"设置"→"基础档案"→"机构人员"→"部门档案"，进入"部门档案"界面。点击" "按钮，输入部门编码：1，部门名称：销售部，部门属性：市场营销，点击" "按钮保存。以同样的方法定义部门分类的其他内容。

▶子任务二　增加会计科目

步骤一　启用"U8 企业应用平台"，王博明登录 988 账套。

步骤二　增加会计科目。执行"设置"→"基础档案"→"财务"→"会计科目"，进入"会计科目"界面。点击" "按钮，弹出"新增会计科目"窗口，输入"科目编码"：41010101，"科目名称"：直接材料，在"辅助核算"选项中选择"部门核算"，单击" 确定 "按钮保存。以同样方法增加其余会计科目。

任务二 部门辅助核算业务处理

▶子任务一 填制凭证

步骤一 启用"U8企业应用平台",张力登录988账套。

步骤二 填制凭证。执行"业务"→"财务会计"→"总账"→"凭证"→"填制凭证",进入"填制凭证"界面,点击" "按钮,分别录入记账凭证的相关信息。在"生产成本/基本生产成本/直接材料"的"辅助项"中,点击" "按钮,参照输入部门"胶印车间",单击"确定"按钮保存,如图9-1所示。以同样的方法完成其余经济业务的处理。

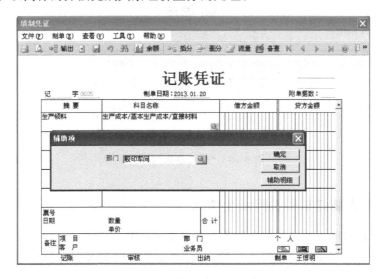

图9-1 "填制凭证"界面

任务三 部门总账管理

▶子任务一 查询"制造费用/折旧费"科目下各部门的发生额及余额情况

步骤一 启用"U8企业应用平台",张力登录988账套。

步骤二 查询"制造费用/折旧费"科目下各部门的发生额及余额情况。执行"业务"→"财务会计"→"总账"→"账表"→"部门辅助账"→"部门总账"→"部门科目总账",进入"部门科目总账条件"界面。在科目下拉列表框中选择"410503 折旧费"科目,勾选"包含未记账凭证",如图9-2所示。

单击" 确定 "按钮,进入"部门总账"界面,显示所有部门折旧费的发生额和余额信息。如图9-3所示。

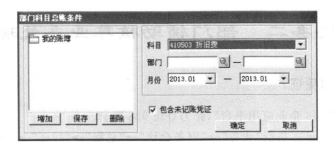

部门科目总账条件
我的账簿
科目
410503 折旧费
部门
月份
2013.01
2013.01
包含未记账凭证
增加
保存
删除
确定
取消

图 9-2 “部门科目总账条件”界面

输出
定位
还原
明细
累计
金额式
部门总账
科目
410503 折旧费
部门: -
月份：2013.01-2013.01

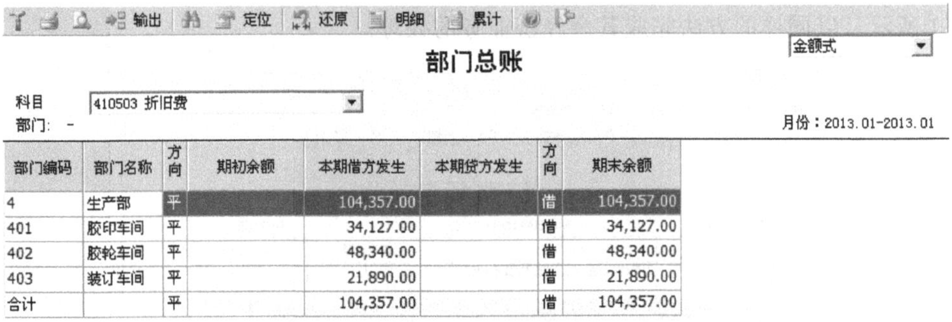

部门编码	部门名称	方向	期初余额	本期借方发生	本期贷方发生	方向	期末余额
4	生产部	平		104,357.00		借	104,357.00
401	胶印车间	平		34,127.00		借	34,127.00
402	胶轮车间	平		48,340.00		借	48,340.00
403	装订车间	平		21,890.00		借	21,890.00
合计		平		104,357.00		借	104,357.00

图 9-3 “部门总账”界面-1

➢子任务二 查询装订车间费用发生情况

步骤一 启用“U8 企业应用平台”，张力登录 988 账套。

步骤二 查询装订车间费用发生情况。执行“业务”→“财务会计”→“总账”→“账表”→“部门辅助账”→“部门总账”→“部门总账”，进入“部门总账条件”界面。点击“ ”按钮，参照输入部门“装订车间”，勾选“包含未记账凭证”，如图 9-4 所示。

部门总账条件
我的账簿
部门
装订车间
月份
2013.01
2013.01
包含未记账凭证
增加
保存
删除
确定
取消

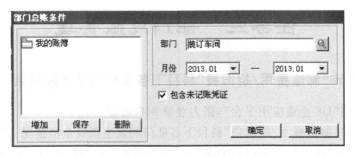

图 9-4 “部门总账条件”界面

单击“ 确定 ”按钮，进入“部门总账”界面，显示装订车间各项费用发生额及余额信息，如图 9-5 所示。

图9-5 "部门总账"界面-2

▶子任务三 查询生产部直接人工费用的发生额及余额情况

步骤一 启用"U8 企业应用平台",张力登录 988 账套。

步骤二 查询生产部直接人工费用的发生额及余额情况。执行"业务"→"财务会计"→"总账"→"账表"→"部门辅助账"→"部门总账"→"部门三栏总账",进入"部门三栏总账条件"界面。在科目下拉列表框中选择"41010102 直接人工"科目,点击" "按钮,参照输入部门"生产部",勾选"包含未记账凭证",如图 9-6 所示。

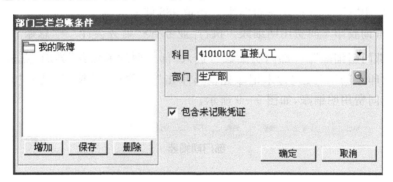

图 9-6 "部门三栏总账条件"界面

单击"确定"按钮,进入"部门总账"界面,显示生产部直接人工费用的发生额及余额情况,如图 9-7 所示。

图 9-7 "部门总账"界面-3

任务四 部门明细账管理

▶子任务一 查询"生产成本/基本生产成本/直接材料"科目下各部门的明细账

步骤一 启用"U8企业应用平台",张力登录988账套。

步骤二 查询"生产成本/基本生产成本/直接材料"科目下各部门的明细账。执行"业务"→"财务会计"→"总账"→"账表"→"部门辅助账"→"部门明细账"→"部门科目明细账",进入"部门科目明细账条件"界面,选择科目"生产成本/基本生产成本/直接材料",勾选"含未记账凭证",如图9-8所示。

单击"确定"按钮,进入"部门明细账"界面,显示"生产成本/基本生产成本/直接材料"科目下所有部门的明细账情况。

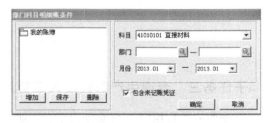

图9-8 "部门科目明细账条件"界面

▶子任务二 查询胶印车间费用明细账

步骤一 启用"U8企业应用平台",张力登录988账套。

步骤二 查询胶印车间费用明细账。执行"业务"→"财务会计"→"总账"→"账表"→"部门辅助账"→"部门明细账"→"部门明细账",进入"部门明细账条件"界面,点击"🔍"按钮,参照输入部门"胶印车间",勾选"含未记账凭证",单击"确定"按钮,进入"部门明细账"界面,显示胶印车间费用明细账,如图9-9所示。

2013年 月 日	凭证号数	科目编号	科目名称	摘要	借方	贷方
01 20	记-0005	41010101	直接材料	*生产领料	63,910.00	
01				当前合计	63,910.00	
01				当前累计	63,910.00	
01 31	记-0006	41010102	直接人工	*计算工资、计提福利费	30,432.98	
01				当前合计	30,432.98	
01				当前累计	30,432.98	
01 31	记-0006	410501	人工费	*计算工资、计提福利费	5,304.18	
01				当前合计	5,304.18	
01				当前累计	5,304.18	
01 31	记-0007	410503	折旧费	*计提固定资产折旧	34,127.00	
01				当前合计	34,127.00	
01				当前累计	34,127.00	
01 20	记-0005	410506	其他费用	*生产领料	2,500.00	
01				当前合计	2,500.00	
01				当前累计	2,500.00	

图9-9 "部门明细账"界面

任务五 部门收支分析

▶子任务一 分析胶轮车间和装订车间的收支情况

步骤一 启用"U8 企业应用平台",张力登录 988 账套。

步骤二 分析胶轮车间和装订车间的收支情况。执行"业务"→"财务会计"→"总账"→"账表"→"部门辅助账"→"部门收支分析",进入"部门收支分析条件"界面,选择分析科目,如图 9-10 所示。

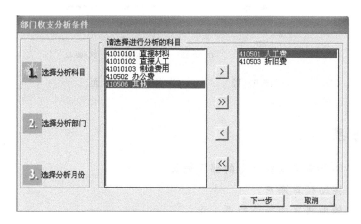

图 9-10 "部门收支分析条件"界面 1

单击"下一步"按钮,选择分析部门:胶轮车间和装订车间,如图 9-11 所示。

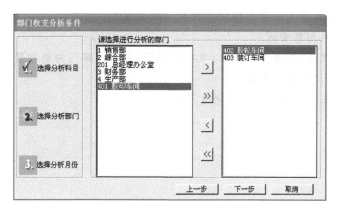

图 9-11 "部门收支分析条件"界面 2

单击"下一步"按钮,选择分析月份,单击"完成"按钮,进入"部门收支分析表"界面,显示胶轮车间和装订车间的收支情况,如图 9-12 所示。

提示:备份账套数据到 F:\100 账套\项目九文件夹中。

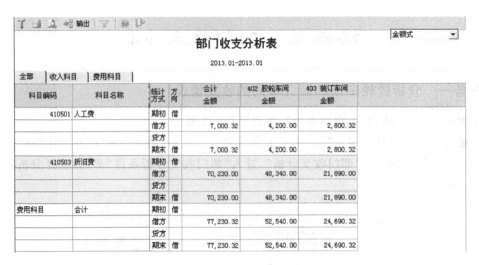

图9-12 "部门收支分析表"界面

任务结果

1. 建立了秦都印务有限责任公司的部门档案。
2. 增加了部门辅助核算账户。
3. 完成了部门辅助核算的凭证处理工作。
4. 完成了部门总账管理：
(1)查询"制造费用/折旧费"科目下各部门的发生额及余额情况。
(2)查询装订车间费用发生情况。
(3)查询生产部直接人工费用的发生额及余额情况。
5. 完成了部门明细账管理：
(1)查询"生产成本/基本生产成本/直接材料"科目下各部门的明细账。
(2)查询胶印车间费用明细账。
6. 分析了胶轮车间和装订车间的收支情况。

项目十 项目辅助核算与管理

学习目标

一、知识目标

1. 理解项目辅助核算的意义和作用
2. 掌握项目辅助核算的内容和方法
3. 掌握项目总账和项目明细账管理
4. 掌握项目统计分析方法

二、能力目标

1. 能够建立和修改项目档案
2. 能够增加和修改项目辅助核算科目
3. 能够处理项目辅助核算的期初数据及日常业务
4. 能够进行项目辅助核算账表的管理
5. 能够进行项目统计分析

项目分析

一、项目概述

在本项目中,要求学生根据情景案例的模拟公司资料,进行建立项目档案、增加项目辅助核算账户、处理项目辅助核算业务凭证、项目总账管理、项目明细账管理、项目统计分析等上机操作练习。

二、情景案例设计

1. 系统操作员

用户情况及权限分配见表10-1。

表10-1 华特有限责任公司用户及权限分配一览表

编号	姓名	口令	所属部门	权限
01	张芳	自行设定	财务科	账套主管
02	李文	自行设定	财务科	拥有公用目录设置、总账系统的所有权限

2. 华特有限责任公司建账信息

建账信息见表10-2。

表10-2 华特有限责任公司账套信息

项目	账套参数	
账套信息	账套号:010 账套名称:华特有限责任公司	账套路径:F:\自己文件夹 启用会计期:2013年1月
单位信息	单位名称:华特有限责任公司	单位简称:华特公司
核算类型	本币代码:RMB 企业类型:工业 账套主管:张芳	本币名称:人民币 行业性质:工业企业 按行业预置科目:不预置
编码方案	科目编码:4-2-2-2	
数据精度	默认	
系统启用	"总账系统"启用日期为2013年1月1日	

注意:本表中没有提及的参数都为默认设置。

其他初始数据:凭证类别选择为"记账凭证"。

3. 项目初始设置资料

(1)部分会计科目及期初余额(表10-3)。

表10-3 华特有限责任公司账户信息

科目代码	科目名称	科目类型	账页格式	辅助核算	方向	年初余额
1403	原材料	资产	金额式		借	3 000.00
140301	辅助材料	资产	金额式		借	3 000.00
1405	库存商品	资产	金额式		借	12 000.00
140501	受托加工产品	资产	金额式		借	12 000.00
1601	固定资产	资产	金额式		借	820 000.00
1604	在建工程	资产	金额式		借	92 000.00
160401	材料费用	资产	金额式	项目	借	50 000.00
160402	人工费用	资产	金额式	项目	借	14 000.00
160403	其他费用	资产	金额式	项目	借	28 000.00
1605	工程物资	资产	金额式		借	10 000.00
2211	应付职工薪酬	负债	金额式		贷	
4001	实收资本	权益	金额式		贷	1 028 700.00
5001	生产成本	成本	金额式		借	86 000.00
500101	受托加工产品	成本	金额式		借	86 000.00
50010101	辅助材料	成本	金额式	项目	借	6 000.00
50010102	人工费用	成本	金额式	项目	借	70 000.00
50010103	其他费用	成本	金额式	项目	借	10 000.00
5101	制造费用	成本	金额式		借	5 700.00
6602	管理费用	损益	金额式		支出	

(2)项目档案(表10-4)。

表10-4 华特有限责任公司项目档案

项目大类	项目级次	核算科目	项目结构	项目分类	项目编号	项目名称	所属分类
工程项目	一级:2位	160401 160402 160403	工程项目	01:车间	0101	三车间	01
				02:其他	0201	办公楼	02
加工项目	一级:2位	50010101 50010102 50010103	加工项目	01:小产品	0101	A产品	01
				02:大产品	0201	B产品	02

(3)项目初始累计发生额(表10-5)。

表10-5 华特有限责任公司项目初始数据

核算科目	项目目录及余额			
	三车间	办公楼	A产品	B产品
160401	20 000.00	30 000.00		
160402	6 000.00	8 000.00		
160403	12 000.00	16 000.00		
50010101			3 200.00	2 800.00
50010102			34 000.00	36 000.00
50010103			4 500.00	5 500.00
合计	工程项目合计:92 000.00		加工项目合计:86 000.00	

4.项目核算业务处理

华特有限责任公司2013年1月发生以下部分经济业务,据此填制记账凭证。

(1)1月10日,工程领用材料。

借:在建工程——材料费用(三车间) 2 000
  　　　　　　　　　　　(办公楼) 3 000
　贷:工程物资 5 000

(2)1月20日,加工领用材料。

借:生产成本——受托加工产品——辅助材料(A产品) 320
  　　　　　　　　　　　　　　　　　　　(B产品) 280
　贷:原材料——辅助材料 600

(3)1月25日,计算本月职工工资。

借:生产成本——受托加工产品——人工费用(A产品) 3 400
  　　　　　　　　　　　　　　　　　　　(B产品) 3 600
　 在建工程——人工费用(三车间) 600

	人工费用(办公楼)	800
	管理费用	1 200
	贷:应付职工薪酬	9 600

(4)1月26日,分配制造费用。
　　借:生产成本——受托加工产品——制造费用(A产品)　1 500
　　　　　　　　　　　　　　　　　　　　　　　　(B产品)　2 000
　　　　在建工程——其他费用(三车间)　　　　　　　　　　1 000
　　　　　　　　　　　　　　　　　(办公楼)　　　　　　　1 200
　　　　　贷:制造费用　　　　　　　　　　　　　　　　　　5 700

(5)1月28日,三车间交付使用。
　　借:固定资产　　　　　　　　　　　　　　　　　　　　41 600
　　　　贷:在建工程——材料费用(三车间)　　　　　　　　22 000
　　　　　　在建工程——人工费用(三车间)　　　　　　　　 6 600
　　　　　　在建工程——其他费用(三车间)　　　　　　　　13 000

(6)1月31日,A产品完工入库。
　　借:库存商品——受托加工产品　　　　　　　　　　　　46 920
　　　　贷:生产成本——受托加工产品——辅助材料(A产品)　3 520
　　　　　　生产成本——受托加工产品——人工费用(A产品)　37 400
　　　　　　生产成本——受托加工产品——制造费用(A产品)　 6 000

5. 项目总账管理

(1)查询工程项目中"在建工程——材料费用"科目下各项目的发生额及余额情况。
(2)查询A产品费用发生情况。
(3)查询办公楼项目其他费用的发生额及余额情况。

6. 项目明细账管理

(1)查询"生产成本——受托加工产品——辅助材料"科目下各项目的明细账。
(2)查询B产品费用明细账。

7. 查询加工项目中A产品和B产品的项目统计表

任务分析

任务一　任务准备

▶子任务一　任务准备

步骤一　Admin登录"U8系统管理台"。

步骤二　建立用户。执行"权限"→"用户",进入"用户管理"界面。点击" "按钮,输入用户编号、姓名、口令、确认口令、所属部门,点击" "按钮保存。

▶子任务二　新建账套

步骤一　Admin登录"U8系统管理台"。

步骤二 新建账套。执行"账套"→"建立",进入"创建账套"界面。根据建账信息依次选择或录入,建立账套并启用账套。

▶子任务三 财务分工

步骤一 执行"权限"→"权限",进入"操作员权限"界面。

步骤二 选中"李文",再选中"010"账套,点击""按钮进入"增加和调整权限"界面,进行分工授权,单击"确定"按钮保存。

▶子任务四 凭证类别

步骤一 执行"基础档案"→"财务"→"凭证类别",选择"分类方式"为记账凭证。

任务二 项目辅助核算初始设置

▶子任务一 建立分项目核算的会计科目

步骤一 启用"U8 企业应用平台",李文登录010账套。

步骤二 执行"基础档案"→"财务"→"会计科目",选择"不预置"进入"会计科目"界面,点击""按钮,弹出"新增会计科目"窗口,输入"科目编码":160401,"科目名称":材料费用,在"辅助核算"选项中选择"项目核算",单击"确定"按钮保存,如图10-1所示。以同样方法增加其余会计科目。

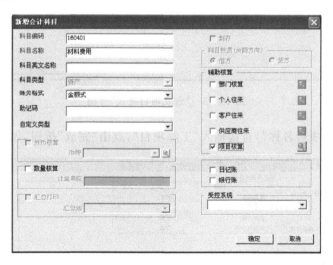

图10-1 "新增科目"界面

▶子任务二 建立项目档案

步骤一 执行"基础档案"→"财务"→"项目目录",进入"项目档案"界面。

步骤二 点击""按钮,弹出"项目大类定义—增加"界面,输入"新项目大类名称",选择

"普通项目",点击"下一步"按钮,如图10-2所示。

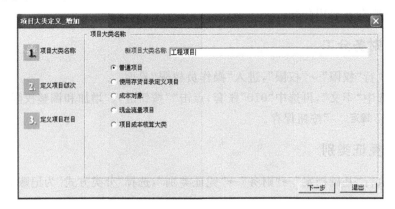

图10-2 "项目大类定义-增加-项目大类名称"界面

步骤三 通过向上箭头选择项目的第一级的位数为"2",点击"下一步"按钮,如图10-3所示。

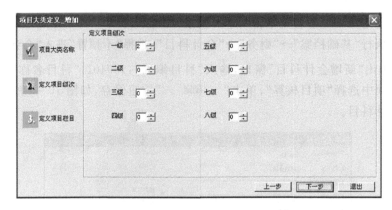

图10-3 "定义项目级次"界面

步骤四 双击"项目名称",直接输入"工程项目",点击"完成"按钮,如图10-4所示。

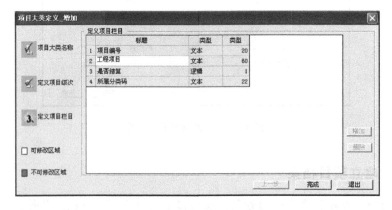

图10-4 "定义项目栏目"界面

步骤五 在"项目档案"界面中,选择"项目大类":工程项目,选择"核算科目"选项卡,将待选的160401、160402、160403通过双击,或">"选择到已选科目中,点击"确定"按钮,如图10-5所示。

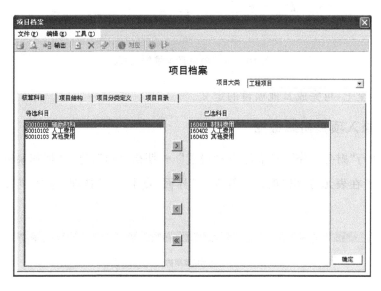

图10-5 "选择核算科目"界面

步骤六 选择"项目结构"选项卡,如果需要修改可点击"修改"按钮进行。选择"分类定义"选项卡,点击"增加"按钮,输入"分类编码"及"分类名称",点击"确定"按钮,即可增加项目分类信息,如图10-6所示。

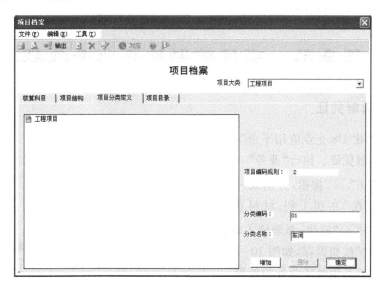

图10-6 "项目分类定义"界面

步骤七 选择"项目目录"选项卡,点击"维护"按钮,进入"项目目录维护"界面,输入项目编号、项目名称及所属分类码,即可退出,如图10-7所示。

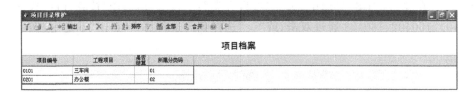

图 10-7 "项目目录维护"界面

重复步骤一至七,可完成其他项目的定义。

▶子任务三 录入项目初始数据

步骤一 执行"财务工作"→"总账"→"设置"→"期初余额",进入"期初余额录入"界面,双击 160401 金额所在表元,弹出"项目核算期初"界面,点击"➕"按钮,选择项目,输入金额,如图 10-8 所示。

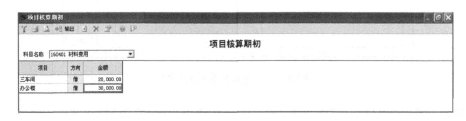

图 10-8 "项目核算期初"录入界面

步骤二 录入所有科目数据后试算平衡。

任务三 项目辅助核算业务处理

▶子任务一 填制凭证

步骤一 启用"U8 企业应用平台",李文登录 010 账套。
步骤二 填制凭证。执行"业务"→"财务会计"→"总账"→"凭证"→"填制凭证",进入"填制凭证"界面,点击"➕"按钮,分别录入记账凭证的相关信息。在"在建工程/材料费用"的"辅助项"中,点击"🔍"按钮,参照输入项目"三车间",单击"确定"按钮保存,如图 10-9 所示。以同样的方法完成其他经济业务的处理。

▶子任务二 审核、记账

步骤一 重注册,切换操作员为"张芳",登录 010 账套。

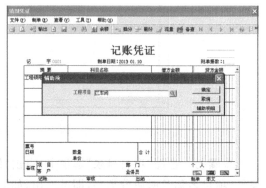

图 10-9 "填制凭证"界面

步骤二 审核凭证。执行"业务"→"财务会计"→"总账"→"凭证"→"审核凭证",点击"确定"进入"凭证审核列表"界面,点击"确定"进入"审核凭证"界面,对全部凭证进行审核签字。

步骤三 记账。执行"业务"→"财务会计"→"总账"→"凭证"→"记账",进入"记账向导"界面,对全部凭证进行记账。

任务四 项目总账管理

➤子任务一 查询工程项目"在建工程/材料费用"科目下各项目的发生额及余额情况

步骤一 启用"U8企业应用平台",张芳登录010账套。

步骤二 查询"在建工程/材料费用"科目下各项目的发生额及余额情况。执行"业务"→"财务会计"→"总账"→"账表"→"项目辅助账"→"项目总账"→"项目科目总账",进入"项目科目总账条件"界面。在项目大类列表框中选择"工程项目",在科目下拉列表框中选择"160401 材料费用"科目,勾选"包含未记账凭证",如图10-10所示。

图10-10 "项目科目总账条件"界面

单击"确定"按钮,进入"项目总账"界面,显示所有工程项目中所有项目材料费用的发生额和余额信息,如图10-11所示。

编码	工程项目	方向	期初余额	本期借方发生	本期贷方发生	方向	期末余额
0101	三车间	借	20,000.00	2,000.00	22,000.00	平	
0201	办公楼	借	30,000.00	3,000.00		借	33,000.00
	合计	借	50,000.00	5,000.00	22,000.00	借	33,000.00

科目:160401 材料费用　　　月份:2013.01-2013.01

图10-11 "项目科目总账"界面

➢子任务二　查询 A 产品费用发生情况

步骤一　启用“U8 企业应用平台”，张芳登录 010 账套。

步骤二　查询 A 产品费用发生情况。执行“业务”→“财务会计”→“总账”→“账表”→“项目辅助账”→“项目总账”→“项目总账”，进入“项目总账条件”界面。在项目大类列表框中选择“加工项目”，点击“”按钮，参照输入项目“A 产品”，如图 10－12 所示。

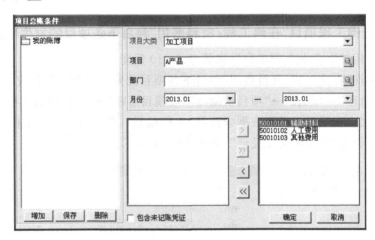

图 10－12　“项目总账条件”界面

单击“确定”按钮，进入“项目总账”界面，显示 A 产品各项费用发生额及余额信息，如图 10－13 所示。

科目编码	科目名称	方向	期初余额	本期借方发生	本期贷方发生	方向	期末余额
50010101	辅助材料	借	3,200.00	320.00	3,520.00	平	
50010102	人工费用	借	34,000.00	3,400.00	37,400.00	平	
50010103	其他费用	借	4,500.00	1,500.00	6,000.00	平	
合计		借	41,700.00	5,220.00	46,920.00	平	

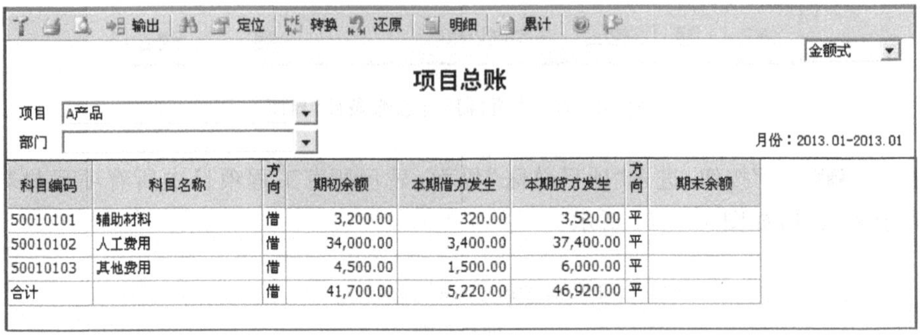

图 10－13　“项目总账”界面

➢子任务三　查询办公楼项目其他费用的发生额及余额情况

步骤一　启用“U8 企业应用平台”，张芳登录 010 账套。

步骤二　查询办公楼项目其他费用的发生额及余额情况。执行“业务”→“财务会计”→“总账”→“账表”→“项目辅助账”→“项目总账”→“项目三栏总账”，进入“项目三栏总账条件”界面。在项目大类列表框中选择“工程项目”，在科目下拉列表框中选择“160403 其他费用”科目，点击“”按钮，参照输入项目“办公楼”，如图 10－14 所示。

项目十 项目辅助核算与管理

图 10－14 "项目三栏总账条件"界面

单击"确定"按钮,进入"项目总账"界面,显示办公楼项目其他费用的发生额及余额情况,如图 10－15 所示。

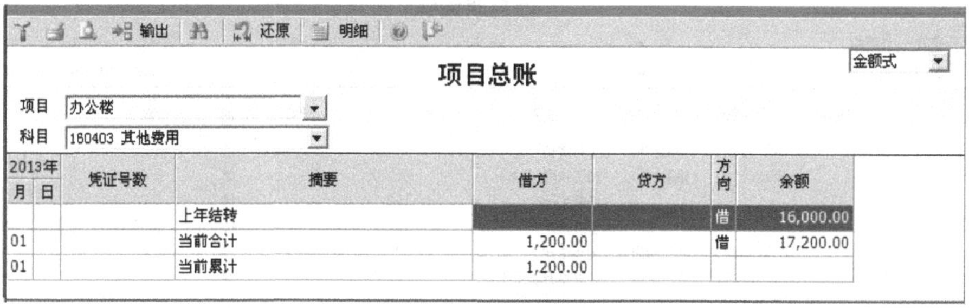

图 10－15 "项目总账"界面—其他费用

任务五　项目明细账管理

➤子任务一　查询"生产成本/受托加工产品/辅助材料"科目下各项目的明细账

步骤一　启用"U8 企业应用平台",张芳登录 010 账套。

步骤二　查询"生产成本/受托加工产品/辅助材料"科目下各项目的明细账。执行"业务"→"财务会计"→"总账"→"账表"→"项目辅助账"→"项目明细账"→"项目科目明细账",进入"项目科目明细账条件"界面,选择项目大类为"加工项目",选择科目"生产成本/受托加工产品/辅助材料",如图 10－16 所示。

图 10－16 "项目科目明细账条件"界面

单击"确定"按钮,进入"项目明细账"界面,显示"生产成本/受托加工产品/辅助材料"科目下所有项目的明细账情况。

➢子任务二 查询B产品项目费用明细账

步骤一 启用"U8企业应用平台",张芳登录010账套。

步骤二 查询B产品费用明细账。执行"业务"→"财务会计"→"总账"→"账表"→"项目辅助账"→"项目明细账"→"项目明细账",进入"项目明细账条件"界面,选择项目大类为"加工项目",点击"🔍"按钮,参照输入项目"B产品",单击"确定"按钮,进入"项目明细账"界面,显示B产品费用明细账,如图10-17所示。

图10-17 "项目明细账"界面

任务六 项目统计分析

➢子任务一 分析加工项目中各项目的统计情况

步骤一 启用"U8企业应用平台",张芳登录010账套。

步骤二 分析加工项目情况。执行"业务"→"财务会计"→"总账"→"账表"→"项目辅助账"→"项目统计分析",进入"项目统计条件"界面,选择项目大类为"加工项目",如图10-18所示。

单击"下一步"按钮,选择统计科目:全部科目,如图10-19所示。

单击"下一步"按钮,选择分析月份,单击"完成"按钮,进入"项目统计表"界面,显示A产品和B产品的统计情况,如图10-20所示。

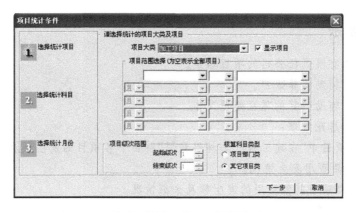

图 10-18 "项目统计条件—选择统计项目"界面

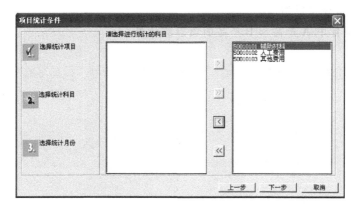

图 10-19 "项目统计条件—选择统计科目"界面

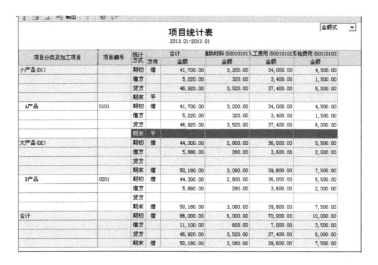

图 10-20 "项目统计表"界面

任务结果

1. 建立了华特有限责任公司的项目档案。
2. 增加了项目辅助核算账户。
3. 完成了项目辅助核算的凭证处理工作。
4. 完成了项目总账管理:
(1) 查询工程项目中"在建工程——材料费用"科目下各项目的发生额及余额情况。
(2) 查询 A 产品费用发生情况。
(3) 查询办公楼项目其他费用的发生额及余额情况。
5. 项目明细账管理:
(1) 查询"生产成本——受托加工产品——辅助材料"科目下各项目的明细账。
(2) 查询 B 产品费用明细账。
6. 查询加工项目中 A 产品和 B 产品的项目统计表。

项目十一　UFO 报表系统初始设置

学习目标

一、知识目标

1. 熟悉报表管理系统初始设置的具体内容及操作方法
2. 掌握报表管理格式设计与公式定义的具体内容及操作方法
3. 理解报表管理子系统的数据状态与格式状态的区别

二、能力目标

1. 能够新建报表文件
2. 能够自定义报表格式
3. 能够取模板定义报表格式
4. 能够定义各报表单元公式

项目分析

一、项目概述

在本项目中,要求学生根据情景案例的公司资料,进行报表文件管理、自定义报表格式、套用报表模板、设置关键字、定义单元计算公式和单元审核公式等上机操作练习。

二、情景案例设计

实验准备:引入"项目五"的数据结果,以账套主管的身份进入企业应用平台。

1. 新建报表

(1)新建资产负债表。

(2)新建利润表。

(3)新建现金流量表。

2. 保存报表

(1)保存路径为"F:\自己文件夹",文件名为新建报表名。

(2)更改自己的报表存储路径到桌面。

3. 删除报表

删除桌面上保存的所有报表文件。

4.设置文件口令

(1)给资产负债表、利润表、现金流量表设置口令;打开口令为1,保护口令为2。

(2)修改所有打开口令和保护口令,口令自行设置。

5.自定义利润表

(1)打开利润表。

(2)利润表格式(表11-1)。

表 11-1 利润表

编制单位:　　　　年　月　　　　　　　　　　　　　　　　　　会企 02 表
　　　　　　　　　　　　　　　　　　　　　　　　　　　　　　　单位:元

项　　目	本期金额	上期金额
一、营业收入		
减:营业成本		
营业税金及附加		
销售费用		
管理费用		
财务费用		
资产减值损失		
加:公允价值变动收益(损失以"－"号填列)		
投资收益		
其中:对联营企业和合营企业的投资收益		
二、营业利润		
加:营业外收入		
减:营业外支出		
其中:非流动资产处置损失		
三、利润总额(亏损总额以"－"号填列)		
减:所得税费用		
四、净利润(净亏损以"－"号填列)		
五、每股收益		
(一)基本每股收益		
(二)稀释每股收益		

(3)格式设计内容:确定表尺寸→设置行高和列宽→组合单元→画表格线→输入固定不变的文字内容→设置单元属性。

6.套用报表模板

(1)打开资产负债表、现金流量表。

(2)套用模板,使用工业企业模板。

(3)修改套用模板后生的报表格式。

(4)资产负债表格式(表11-2)。

表 11-2 资产负债表

会企 01 表

编制单位：　　　　　　　　　　年　月　日　　　　　　　　　　单位：元

资产	期末余额	年初余额	负债及所有者权益（或股东权益）	期末余额	年初余额
流动资产：			流动负债：		
货币资金			短期借款		
交易性金融资产			交易性金融负债		
应收票据			应付票据		
应收账款			应付账款		
预付账款			预收账款		
应收利息			应付职工薪酬		
应收股利			应交税费		
其他应收款			应付利息		
存货			应付股利		
一年内到期的非流动资产			其他应付款		
其他流动资产			一年内到期的非流动负债		
流动资产合计			其他流动负债		
非流动资产：			流动负债合计		
可供出售金融资产			非流动负债：		
持有至到期投资			长期借款		
长期应收款			应付债券		
长期股权投资			长期应付款		
投资性房地产			专项应付款		
固定资产			预计负债		
在建工程			递延所得税负债		
工程物资			其他非流动负债		
固定资产清理			非流动负债合计		
生产性生物资产			负债合计		
油气资产			所有者权益（或股东权益）		
无形资产			实收资本（或股本）		
开发支出			资本公积		
商誉			减：库存股		
长期待摊费用			盈余公积		
递延所得税资产			未分配利润		
其他非流动资产			所有者权益（或股东权益）合计		
非流动资产合计					
资产总计			负债和所有者权益（或股东权益）总计		

(5)现金流量表格式(表11-3)。

表11-3 现金流量表

会企03表

编制单位：　　　　　　　　　年　月　　　　　　　　　　　单位：元

项目	本期金额	上期金额
一、经营活动产生的现金流量		
销售商品、提供劳务收到的现金		
收到的税费返还		
收到其他与经营活动有关的现金		
经营活动现金流入小计		
购买商品、接受劳务支付的现金		
支付给职工以及为职工支付的现金		
支付的各项税费		
支付其他与经营活动有关的现金		
经营活动现金流出小计		
经营活动产生的现金流量净额		
二、投资活动产生的现金流量		
收回投资收到的现金		
取得投资收益收到的现金		
处置固定资产、无形资产和其他长期资产收回的现金净额		
处置子公司及其他营业单位收到的现金净额		
收到其他与投资活动有关的现金		
投资活动现金流入小计		
购建固定资产、无形资产和其他长期资产支付的现金		
投资支付的现金		
取得子公司及其他营业单位支付的现金净额		
支付其他与投资活动有关的现金		
投资活动现金流出小计		
投资活动产生的现金流量净额		
三、筹资活动产生的现金流量		
吸收投资收到的现金		
取得借款收到的现金		
收到其他与筹资活动有关的现金		
筹资活动现金流入小计		
偿还债务支付的现金		

续表 11-3

项目	本期金额	上期金额
分配股利、利润或偿付利息支付的现金		
支付其他与筹资活动有关的现金		
筹资活动现金流出小计		
筹资活动产生的现金流量净额		
四、汇率变动对现金及现金等价物的影响		
五、现金及现金等价物净增加额		
加：期初现金及现金等价物余额		
六、期末现金及现金等价物余额		

7. 设置关键字

(1)设置资产负债表关键字：单位名称、年、月、日。

(2)设置利润表关键字：单位名称、年、月。

(3)设置现金流量表关键字：单位名称、年、月。

8. 定义单元计算公式

(1)定义资产负债表公式（根据实验 提供的实验数据），主要应用账务取数函数中的期初、期末余额函数和本表取数函数来实函数来实现，如表 11-4 所示。

表 11-4　资产负债表单元取数公式

项目	计算公式
货币资金期末余额	B6＝QM("1001",月,,,,,,,,,)＋QM("1002",月,,,,,,,,,)＋QM("1012",月,,,,,,,,,)
货币资金年初余额	C6＝QC("1001",全年,,,,,,,,,)＋QC("1002",全年,,,,,,,,,)＋QC("1012",全年,,,,,,,,,)
交易性金融资产期末余额	B7＝QM("1101",月,,,,,,,,)
交易性金融资产年初余额	C7＝QC("1101",全年,,,,,,,,)
应收票据期末余额	B8＝QM("1121",月,,,,,,,,)
应收票据年初余额	C8＝QC("1121",全年,,,,,,,,)
应收账款期末余额	B9＝QM("1122",月,"借",,,"",,,,,)－QM("123101",月,,,,,,,,,)＋QM("2203",月,"借",,,"",,,,,)
应收账款年初余额	C9＝QC("1122",全年,"借",,,"",,,,,)－QC("123101",全年,,,,,,,,,)＋QC("2203",全年,"借",,,"",,,,,)
预付账款期末余额	B10＝QM("1123",月,"借",,,"",,,,,)＋QM("2202",月,"借",,,"",,,,,)
预付账款年初余额	C10＝QC("1123",全年,"借",,,"",,,,,)＋QC("2202",全年,"借",,,"",,,,,)
其他应收款期末余额	B13＝QM("1221",月,,,,,,,,,)－QM("123102",月,,,,,,,,,)
其他应收款年初余额	C13＝QC("1221",全年,,,,,,,,,)－QC("123102",全年,,,,,,,,,)

续表 11-4

项目	计算公式
存货期末余额	B14＝QM("1401",月,,,,,,,,,)＋QM("1403",月,,,,,,,,,)＋QM("1405",月,,,,,,,,,)＋QM("5001",月,,,,,,,,,)＋QM("5101",月,,,,,,,,,)
存货年初余额	C14＝QC("1401",全年,,,,,,,,,)＋QC("1403",全年,,,,,,,,,)＋QC("1405",全年,,,,,,,,,)＋QC("5001",全年,,,,,,,,,)＋QC("5101",全年,,,,,,,,,)
流动资产期末余额合计	B17＝PTOTAL（B6:B16）
流动资产年初余额合计	C17＝PTOTAL（C6:C16）
固定资产期末余额	B24＝QM("1601",月,,,,,,,,,)－QM("1602",月,,,,,,,,,)
固定资产年初余额	C24＝QC("1601",全年,,,,,,,,,)－QC("1602",全年,,,,,,,,,)
其他非流动资产期末余额	B35＝QM("1901",月,,,,,,,,,)
其他非流动资产年初余额	C35＝QC("1901",全年,,,,,,,,,)
非流动资产期末合计	B36＝PTOTAL（B19:B35）
非流动资产年初合计	C36＝PTOTAL（C19:C35）
资产期末总计	B37＝B17＋B36
资产年初总计	C37＝C17＋C36
短期借款期末余额	E6＝QM("2001",月,,,,,,,,,)
短期借款年初余额	F6＝QC("2001",月,,,,,,,,,)
应付票据期末余额	E8＝QM("2201",月,,,,,,,,,)
应付票据年初余额	F8＝QC("2201",全年,,,,,,,,,)
应付账款期末余额	E9＝QM("2202",月,"贷",,,"",,,,,)＋QM("1123",月,"贷",,,"",,,,,)
应付账款年初余额	F9＝QC("2202",全年,"贷",,,"",,,,,)＋QC("1123",全年,"贷",,,"",,,,,)
预收账款期末余额	E10＝QM("2203",月,"贷",,,"",,,,,)＋QM("1122",月,"贷",,,"",,,,,)
预收账款年初余额	F10＝QC("2203",全年,"贷",,,"",,,,,)＋QC("1122",全年,"贷",,,"",,,,,)
应付职工薪酬期末余额	E11＝QM("2211",月,,,,,,,,,)
应付职工薪酬年初余额	F11＝QC("2211",全年,,,,,,,,,)
应交税费期末余额	E12＝QM("2221",月,,,,,,,,,)
应交税费年初余额	F12＝QC("2221",全年,,,,,,,,,)
应付利息期末余额	E13＝QM("2231",月,,,,,,,,,)
应付利息年初余额	F13＝QC("2231",全年,,,,,,,,,)
其他应付款期末余额	E15＝QM("2241",月,,,,,,,,,)
其他应付款年初余额	F15＝QC("2241",全年,,,,,,,,,)
流动负债期末合计	E18＝PTOTAL（E6:E17）
流动负债年初合计	F18＝PTOTAL（F6:F17）

续表 11-4

项目	计算公式
非流动负债期末合计	E27＝PTOTAL（E20:E26）
非流动负债年初合计	F27＝PTOTAL（F20:F26）
负债期末余额合计	E28＝E18＋E27
负债年初余额合计	F28＝F18＋F27
实收资本（或股本）期末余额	E30＝QM("4001",月,,,,,,,,)
实收资本（或股本）年初余额	F30＝QC("4001",全年,,,,,,,,)
资本公积期末余额	E31＝QM("4002",月,,,,,,,,)
资本公积年初余额	F31＝QC("4002",全年,,,,,,,,)
盈余公积期末余额	E33＝QM("4101",月,,,,,,,,)
盈余公积年初余额	F33＝QC("4101",全年,,,,,,,,)
未分配利润期末余额	E34＝QM("4104",月,,,,,,,,)＋QM("4103",月,,,,,,,,)
未分配利润年初余额	F34＝QC("4104",全年,,,,,,,,)＋QC("4103",全年,,,,,,,,)
所有者权益（或股东权益）期末余额合计	E35＝E30＋E31－E32＋E33＋E34
所有者权益（或股东权益）年初余额合计	F35＝F30＋F31－F32＋F33＋F34
负债和所有者权益（或股东权益）期末余额合总计	E37＝E28＋E35
负债和所有者权益（或股东权益）年初余额总计	F37＝F28＋F35

(2) 定义利润表公式（根据实验提供的实验数据），主要应用账务取数函数中的发生额、条件发生额函数和本表取数函数来实现。本期金额计算公式如表 11-5 所示。

表 11-5 利润表单元取数公式

项目	计算公式
营业收入	B5＝FS("6001",月,"贷",,,"",,)
营业成本	B6＝FS("6401",月,"借",,,"",,)
营业税金及附加	B7＝FS("6403",月,"借",,,"",,)
销售费用	B8＝FS("6601",月,"借",,,"",,)
管理费用	B9＝FS("6602",月,"借",,,"",,)
财务费用	B10＝FS("6603",月,"借",,,"",,)
营业利润	B15＝B5－PTOTAL(B6:B13)
营业外支出	B17＝FS("6701",月,"借",,,"",,)
利润总额（亏损总额以"－"号填列）	B19＝B15＋B16－B17
净利润（净亏损以"－"号填列）	B21＝B19－B20

上期金额计算公式:

在数据状态下,在命令窗中输入:

LET c="利润表"->b RELATION 年 WITH "利润表"->年,月 WITH "利润表"->月+1

(3)定义现金流量表公式(根据实验提供的实验数据)主要应用账务取数函数中的现金流量取数函数和本表取数函数来实现。本期金额计算公式如表11-6所示。

表11-6 现金流量表单元取数公式

项目	计算公式
销售商品、提供劳务收到的现金	B6=XJLL(,,"借","01",,,,月)
收到的税费返还	B7=XJLL(,,"借","02",,,,月)
收到其他与经营活动有关的现金	B8=XJLL(,,"借","03",,,,月)
经营活动现金流入小计	B9= PTOTAL (B6:B8)
购买商品、接受劳务支付的现金	B10=XJLL(,,"贷","04",,,,月)
支付给职工以及为职工支付的现金	B11=XJLL(,,"贷","05",,,,月)
支付的各项税费	B12=XJLL(,,"贷","06",,,,月)
支付其他与经营活动有关的现金	B13=XJLL(,,"贷","07",,,,月)
经营活动现金流出小计	B14= PTOTAL (B10:B13)
经营活动产生的现金流量净额	B15=B9-B14
收回投资收到的现金	B17=XJLL(,,"借","08",,,,月)
取得投资收益收到的现金	B18=XJLL(,,"借","09",,,,月)
处置固定资产、无形资产和其他长期资产收回的现金净额	B19 = XJLL(,,"借","10",,,,月) - XJLL(,,"贷","10",,,,月)
处置子公司及其他营业单位收到的现金净额	B20 = XJLL(,,"借","24",,,,月) - XJLL(,,"贷","24",,,,月)
收到其他与投资活动有关的现金	B21=XJLL(,,"借","11",,,,月)
投资活动现金流入小计	B22= PTOTAL (B17:B21)
购建固定资产、无形资产和其他长期资产支付的现金	B23=XJLL(,,"贷","12",,,,月)
投资支付的现金	B24=XJLL(,,"贷","13",,,,月)
取得子公司及其他营业单位支付的现金净额	B25 = XJLL(,,"贷","25",,,,月) - XJLL(,,"借","25",,,,月)
支付其他与投资活动有关的现金	B26=XJLL(,,"贷","14",,,,月)
投资活动现金流出小计	B27= PTOTAL (B23:B26)
投资活动产生的现金流量净额	B28=B22-B27
吸收投资收到的现金	B30=XJLL(,,"借","15",,,,月)
取得借款收到的现金	B31=XJLL(,,"借","16",,,,月)
收到其他与筹资活动有关的现金	B32=XJLL(,,"借","17",,,,月)

续表 11－6

项目	计算公式
筹资活动现金流入小计	B33＝PTOTAL（B30：B32）
偿还债务支付的现金	B34＝XJLL(,,"贷","18",,,,月)
分配股利、利润或偿付利息支付的现金	B35＝XJLL(,,"贷","19",,,,月)
支付其他与筹资活动有关的现金	B36＝XJLL(,,"贷","20",,,,月)
筹资活动现金流出小计	B37＝PTOTAL（B34：B36）
筹资活动产生的现金流量净额	B38＝B33－B37
汇率变动对现金及现金等价物的影响	B39＝XJLL(,,"借","21",,,,月)
现金及现金等价物净增加额	B40＝B15＋B28＋B38＋B39
期初现金及现金等价物余额	B41＝C40
期末现金及现金等价物余额	B42＝B40＋B41

上期金额计算公式：
LET c＝"现金流量表1"－＞b RELATION 年 WITH "现金流量表1"－＞年，月 WITH "现金流量表1"－＞月＋1

9．**计算单元审核公式**

定义资产负债表的审核公式：资产＝负债＋所有者权益。

任务分析

任务一　启动 UFO 报表

步骤一　从"开始"菜单程序组中选择"用友 ERP-U8"级联菜单中的"企业应用平台"。

步骤二　以账套主管 A01 的身份作为操作员，选择 100 账套和操作日期为 2013 年 1 月 31 日，选取财务会计中的 UFO 报表，如图 11－1 所示窗口。

图 11－1　业务工作窗口

任务二　新建报表

步骤一　在 UFO 主窗口中,单击文件→新建,或新建按钮,如图 11-2 所示。

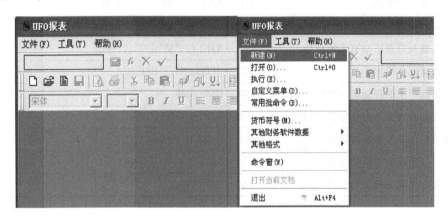

图 11-2　新建报表

步骤二　系统即可建立一张空白报表,在 UFO 主窗口中单击"文件"→"保存"。

步骤三　在弹出的窗口中选择保存路径,在保存在旁边的下拉按钮中选择要存放的路径如 F 盘新建文件夹中,在文件名中输入要新建报表的名称如资产负债表,单击另存为就可创建一个新的会计报表文件。

重复步骤二和步骤三操作即可完成新报表的生成。

步骤四　要更改报表的存储路径的操作方法与执行保存非常相似,只需单击"文件"→"另存为"即可将所有新建报表的路径都改为桌面。

任务三　删除报表

要删除报表,只需在保存报表的位置找到已存储的报表如桌面资产负债表,右击鼠标选"删除"即可。

任务四　设置文件口令

步骤一　在 UFO 主窗口中单击"文件"→"文件口令"后出现如图 11-3 所示窗口,在设置口令窗口中输入新口令,并输入确认新口令后单击"确定"即可。

步骤二　单击"格式"菜单→"保护"→"格式加锁",在弹出的窗口中输入格式保护口令,如图 11-4 所示。

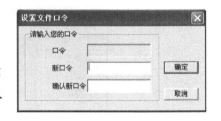

图 11-3　设置文件口令

项目十一　UFO报表系统初始设置

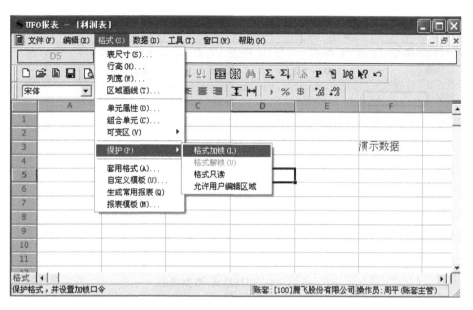

图 11-4　格式保护口令

任务五　自定义报表格式

步骤一　打开新建的利润表。单击"文件"菜单,选择"打开",弹出相应的打开对话框。在对话框内选择存储报表的路径,选择利润表,然后单击打开后即可,具体如图 11-5 所示。

图 11-5　打开报表

步骤二　单击报表底部左下角的"格式/数据"按钮,使当前状态变为"格式"状态。如图 11-6 所示。

步骤三　设置表尺寸。单击"编辑"菜单下"表尺寸"子菜单,确定利润表的行数(24 行)和列数(3 列),单击"确认按钮,即可出现设定尺寸的空表。如果设定的表尺寸不能满足用户的要求,也可以重新设置表尺寸,或者也可以通过"编辑"菜单下的"插入"或"删除"功能来增加或删除相应的行或列。

图 11-6 切换格式/数据状态

步骤四 设置行高或列宽。选中需要调整和单元所在的行,单击"格式"菜单下的"行高"或"列宽"子菜单,在弹出的对话框中输入相应的行高数字或列宽数字,单击"确定"即可。也可以通过在报表界面中拉宽和拉高行和列的标识(两行或两列的交接处,一直按住鼠标左键,直到鼠标形状发生变化后,可上下或左右移动来实现)直接调整。

步骤五 设置组合单元。选中需要组合的区域(如利润表中的 A1:C3),单击"格式"菜单下"组合单元"子菜单,出现如图 11-7 所示的画面。在图 11-7 上选择按行或整体方式组合单元(可选择按行组合),所选区域即可出现组合后的单元(三行一列的表元)。如果不想组合单元的话,也可选择取消组合来取消已组合的单元。

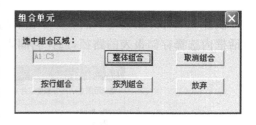

图 11-7 组合表元

步骤六 画表格线。选中报表中需要画线的区域(如利润表的 A4:C24),单击"格式"菜单下"区域画线"子菜单,即可出现如图 11-8 所示画面。在图 11-8 上选择画线的类型和样式,单击"确认"后,就会出现画线后的表格。

步骤七 输入报表项目(即固定单元数据,多为字符型数据)。选中需要输入内容的表元或组合表元,在该表元或组合表元中输入相应的文字内容。

步骤八 设置单元属性。选中要设置单元属性的区域(如利润表中的 A1:C1),单击"格式"菜单下(或右击鼠标选择)"单元属性"子菜单,弹出如图 11-9 所

图 11-8 画表格线

示的对话框。共有四个选项卡,即单元类型、字体图案、对齐、边框,可对整个表格进行格式化(如对利润表中的 A1:C1 区域进行字号增大,选取居中的对齐方式来实现)。

注意：在设置字体颜色时，尽量不要设置成红色，以便和关键字进行区别。

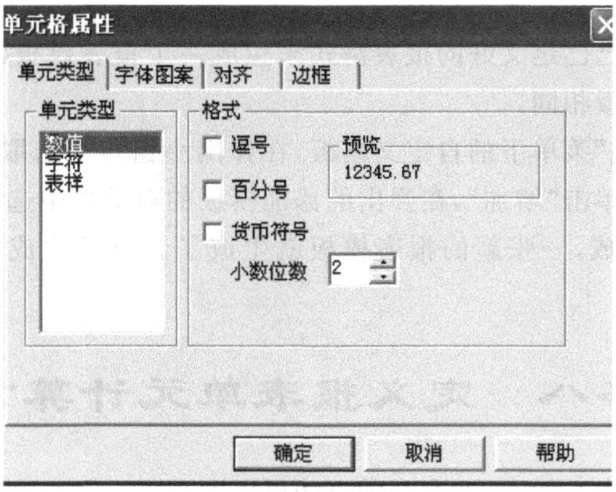

图 11－9　设置单元属性

任务六　设置关键字

步骤一　选择要设置关键字的区域（如利润表中的 A3），单击"数据"菜单下"关键字"子菜单，在弹出的级联菜单中选择"设置"子菜单。选择或自定义一个关键字名称，单击"确定"，所选单元中就会出现红颜色的关键字名称。

注意：一种关键字在一张报表中只能定义一次，如果多次定义的话，只会在最后一次定义的位置出现相应的关键字，以前位置的关键字会自动取消。

步骤二　对于设置好的关键字不能通过单元属性来调整，只能通过关键字偏移来实现。单击"数据菜单"下的"关键字"子菜单，选取"偏移"子菜单，可移动关键字在表格中的位置，负数表示向左偏移，正数表示向右偏移。

步骤三　对于不想使用的关键字，可以通过"数据菜单"下的"关键字"子菜单中的取消来实现，一次可取消设置好的多个关键字。

任务七　套用报表模板

▶子任务一　套用系统预置的模板

步骤一　打开已经建立的空的资产负债表和现金流量表，选取"格式"状态，单击"格式"菜单下的"报表模板"子菜单，就会出现如图 11－10 所示的小窗口。选择要使用的报表的"行业"和"报表名称"。

步骤二　由于新生成的报表大多与现行会计制度下的报表格式有差异，可通过修改格式来生成用户需要的报表格式。

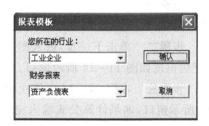

图 11－10　报表模板

▶**子任务二　生成报表模板**

步骤一　可以把自己已定义好的报表格式来生成一个报表模板,方便以后套用。套用方法和套用系统预置的模板相同。

步骤二　单击"格式"菜单下的自定义模板,在弹出小窗口中选取相应的行业后,单击"下一步",在出现的小窗口单击"增加",在弹出的添加模板的对话框中选择已定义的报表单击"添加"就可以返回,单击完成,一张新的报表模板就生成了。自己生成的报表格式大多不需要修改。

任务八　定义报表单元计算公式

进入报表计算公式定义状态:共有三种方法可以实现:
(1)第一种是在需要定义的单元直接按"="键;
(2)第二种是先单击需要定义的单元,然后单击工具栏中的 fx;
(3)第三种是先单击需要定义的单元,然后单击"数据"菜单下的"编辑公式"子菜单,选取其中的"单元公式"级联菜单。

不管使用哪种方法,都会出现如图 11-11 所示的小窗口。

图 11-11　定义单元计算公式

▶**子任务一　直接输入公式**

在图 11-11 中按取数公式的格式输入计算公式来定义单元公式,这种方法要求用户熟悉计算公式中所涉及的函数的格式,所以容易出错。

▶**子任务二　引导输入公式**

步骤一　在图 11-11 中单击"函数向导",就会弹出如图 11-12 所示窗口。选择函数分类(外部报表大多使用用友账务函数),选择需要使用的函数名。

步骤二　单击下一步,进入图 11-13 所示窗口。可以直接输入函数格式,也可以单击"参照"后出现如图 11-14 所示窗口。

步骤三　在图 11-14 中依次确认函数每个参数的具体取值,"确定"后即可返回到图 11-13 所示窗口,如果计算公式输入完成,单击"完成"即可实现,如果没有即可重复单击函数向导继续输入公式。

项目十一　UFO报表系统初始设置

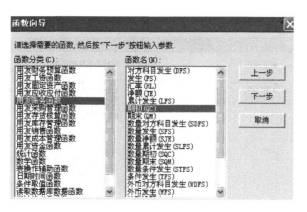

图 11-12　函数向导(1)

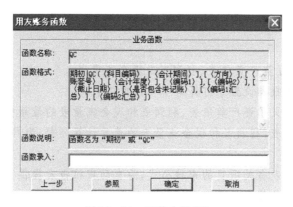

图 11-13　函数向导(2)

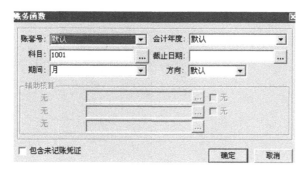

图 1-14　函数向导(3)

任务九　定义报表审核公式

步骤一　单击"数据"菜单下"编辑公式"子菜单下的"审核公式"子菜单,弹出图 11-15 所示窗口。

步骤二　在图 11-15 中输入审核公式和不满足审核关系的提示信息,单击"确定"后即可完成报表审核公式的定义。

图11-15 定义审核公式

任务结果

1. 在UFO中新建了资产负债表、利润表及现金流量表。
2. 为系统中新建的报表设置了打开口令和保护口令。
3. 在报表系统中定义了资产负债表、利润表和现金流量表的最新格式。
4. 定义了资产负债表、利润表和现金流量表的单元计算公式,为自动编制报表提供了必要的条件。
5. 定义了资产负债表有关项目的审核公式,为自动审核报表提供了必要的条件。
6. 完全保存了三个外部会计报表的结构和公式。

项目十二　UFO报表系统数据处理与输出

学习目标

一、知识目标

1. 掌握报表管理系统数据处理与输出的具体内容及操作方法
2. 理解并熟悉报表管理子系统的不同表页的概念
3. 理解报表汇总、分析、舍位平衡的功能

二、能力目标

1. 能够编制和审核会计报表
2. 能够输出会计报表
3. 能够进行简单报表分析、报表汇总
4. 能够进行报表舍位平衡

项目分析

一、项目概述

在本项目中,要求学生根据情景案例的模拟公司资料,进行报表编制、报表审核、报表分析、报表汇总、报表舍位平衡等上机操作练习。

二、情景案例设计

实验准备:引入"项目五"的数据结果,以账套主管的身份进入"企业应用平台"。

1. 编制和查询100账套及实验定义好的2013年1月份的会计报表

(1)资产负债表。

(2)利润表(通过追加表页,录入2月份关键字,编制2月份的利润表,来生成上期数)。

(3)现金流量表(通过追加表页,录入2月份关键字,编制2月份的现金流量表,来生成上期数)。

2. 审核资产负债表

3. 报表汇总

(1)在报表管理系统中,新建财务部职工工资表并定义报表的格式和单元计算公式,如表12-1。

表 12-1 工资表

姓名	基本工资	岗位工资	工资合计
刘强	=1 000.00	=300.00	=PTOTAL（B3:C3）
王芳	=1 100.00	=200.00	=PTOTAL（B4:C4）
黄民	=900.00	=300.00	=PTOTAL（B5:C5）
张婷	=1 200.00	=500.00	=PTOTAL（B6:C6）
合计	=PTOTAL（B3:B6）	=PTOTAL（C3:C6）	=PTOTAL（D3:D6）

(2)编制第一页工资表。
(3)按照"物理位置"汇总所有工资表的表页。
①第一次、第二次汇总到本表的最后一张表页。
②第三次汇总到新的报表:报表名称为第一季度工资汇总表(保存路径与原工资表相同)。

4.报表透视分析
分析工资表中的基本工资

5.报表图形分析
(1)分析资产负债表的第一页。
(2)分析资产负债表的所有者权益部分(D30:F35)。
(3)确定数据组:行,操作范围:当前表页。
(4)图表格式:立体成组直方图。
(5)图表名称:所有者权益分析表。
(6)图表标题:权益构成。
(7)X 轴:项目,Y 轴:金额。

6.舍位平衡
(1)在报表管理系统中,新建项目统计表。
(2)格式与单元公式如表 12-2 所示。

表 12-2 项目统计表

月份:01—06

项目	材料费	人工费	合计
会计信息系统设计与实施	=1 234.71	=7 546.35	=PTOTAL(B4:C4)
改建 1 号食堂	=7 865.42	=4 287.38	=PTOTAL(B5:C5)
购建 2 个新的计算机实训室	=3 462.52	=8 755.46	=PTOTAL(B6:C6)
合计	=PTOTAL(B4:B6)	=PTOTAL(C4:C6)	=PTOTAL(D4:D6)

(3)舍位平衡设置。
①舍位平衡表名:项目统计舍位平衡表。
②舍位范围:B4:D7

③舍位位数：2位

④舍位公式：B7＝B4＋B5＋B6　　　C7＝C4＋C5＋C6　　　D4＝D4＋D5＋D6

7．报表排序

(1)打开现金流量表。

(2)对现金流量表进行按月递减进行排序。

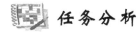任务分析

任务一　新增表页

步骤一　将工作状态切换成数据状态，单击"编辑"菜单下"追加"子菜单选择"表页"子菜单，或者选择其中的插入表页子菜单，就会出现如图12-1所示的窗口。

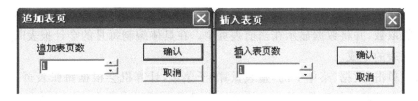

图12-1　增加表页

步骤二　在窗口中输入要追加或插入的表页页数即可。追加的表页的页码是在当前表页页码的基础上加1，插入的表页的页码是在当前表页页码的基础上减1。

步骤三　选择表页。对于生成的不同表页可进行切换，可通过单击页码旁边的左右按钮来实现，具体如图12-2所示。

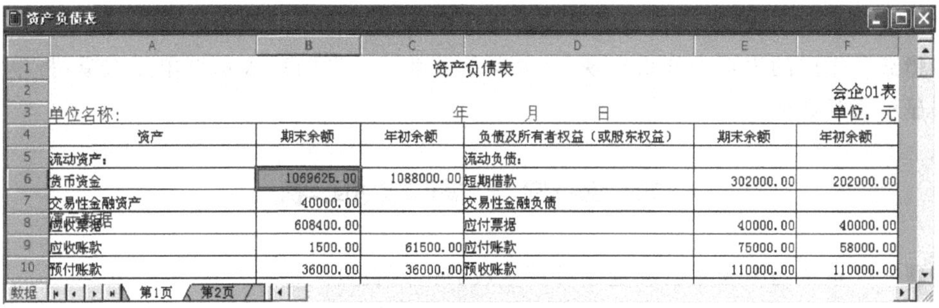

图12-2　切换表页

任务二　录入关键字

步骤一　在数据状态下，选择要编制报表的表页页码，使之成为当前表页。

步骤二　单击数据菜单下的"关键字"子菜单选取其中的"录入"子菜单，就会出现"录入关键字"，如图12-3所示的小窗口。

步骤三 在图 12-3 中录入具体的要编制报表的关键字,其中年月日关键字已生成进行系统时间,如果系统时间与编制报表的时间不同,也可直接在图 12-3 中直接修改。其他关键字可按需要直接录入。

步骤四 只能录入定义的关键字,尚未定义的关键字不能录入。

步骤五 录入完成后单击确认后,系统就会询问用户是否要重算当前页。选择是则计算机会自动计算当前日期的数据,选择否计算机则不进行数据的处理。

图 12-3　录入关键字

任务三　生成报表数据

步骤一 在数据状态下,单击"数据"菜单下的"表页重算"子菜单,计算机会自动根据录入的关键字计算取数,并将数据显示在当前表页中。在具体编制每月的会计报表时,都会采取此功能来实现报表的生成。

步骤二 单击"数据"菜单下的"整表重算"子菜单,计算机会根据每张表页上的关键字值对每张表页进行重新计算取数,并将计算的结果显示在每张表页上。当本表涉及表间取数公式时,应采用此功能来实现报表的生成。

步骤三 单击"数据"菜单下的"计算时提示选择账套"子菜单,计算机在自动计算取数之前,提示用户要选择账套。如果没有选择此功能,那么系统将按照进入报表时选择的账套(或者单元公式中定义的账套)计算取数。

步骤四 如果对于已生成报表不再进行重新计算时,可通过"数据"菜单下的表页不计算功能来实现。单击过"数据"菜单下的"表页不计算"子菜单,则当前表页被锁定,不管执行上述的哪种生成报表的形式,都不会再对当前表页中的数据进行再处理。

步骤五 生成的表页中如果出现"＃＃＃＃＃＃＃＃"字符,表示该单元太窄,将单元拉宽后即可显示正常数据。

任务四　审核报表

步骤一 审核的报表是已经通过计算生成数据的表页。

步骤二 在数据状态下,单击"数据"菜单下的"审核"子菜单,计算机就会自动按照已定义好的审核公式审核表内的数据关系是否正确。如果当报表数据不符合审核公式时,将出现错误信息来提示用户哪里出错。如果审核时不出现任何提示信息,表示当明报表各项内容正确,审核成功。

步骤三 如果出现错误信息的话,应修改相应的计算公式或数据后,再重新生成报表进行审核直到审核成功。

步骤四 如果审核功能不能使用,则表示本表尚未定义审核公式。

任务五 报表汇总

步骤一 汇总表页的条件。汇总的表页也是已经通过计算生成数据的表页。

步骤二 选择汇总表页的位置。打开已定义编制好的工资表,在数据状态下,单击"数据"菜单下的"汇总"子菜单中的"表页"子菜单,会弹出报表汇总的小窗口,如图12-4所示。

步骤三 在图12-4中选择将汇总数据保存在本表最后一张表页。如果要汇总到新的报表,则需要汇总后的新报表名,如第一季度工资汇总表,具体如图12-5所示。

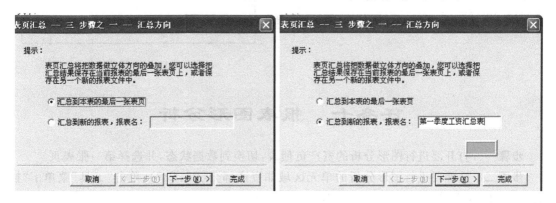

图12-4 选定汇总表位置　　　　　图12-5 汇总报表生成新的报表

步骤四 确定汇总表条件。则单击"下一步"进入下一步骤,会弹出如图12-6所示的小窗口,如果对所有表页进行汇总,则不用确认汇总条件,如果只对部分表页进行汇总,则要输入汇总条件。

步骤五 选择汇总区域。可以选择按物理位置汇总,也可选择按可变区内的关键字进行汇总,具体如图12-7所示。

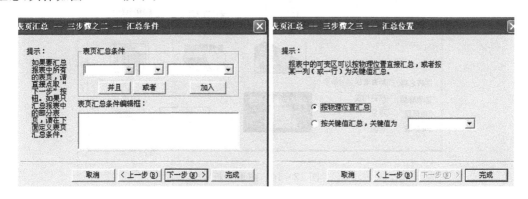

图12-6 确定汇总条件　　　　　　图12-7 选择汇总区域

任务六 报表透视分析

步骤一 打开需要透视的工资表,将其切换到数据状态,选择第一张表页。

步骤二 单击"数据"菜单下"透视"子菜单,会弹出选择透视区域如图12-8所示的小窗口。在图12-8中输入透视区域及列标说明。

步骤三 在图12-8中单击确认后可生成透视后的报表结果如图12-9所示。生成的透视结果可保存,也可不保存。如需要保存,单击"保存"后选择保存路径及输入报表名后即可。

图12-8 确认透视区域　　　　　　　　图12-9 透视表

任务七　报表图形分析

步骤一 打开要进行图形分析的资产负债表,切换到数据状态,并选择第一张表页。

步骤二 选择要进行图形分析的单元区域如资产部分(B6:C37),单击"工具"菜单下"插入图表对象"子菜单,会出现如图12-10所示的小窗口。

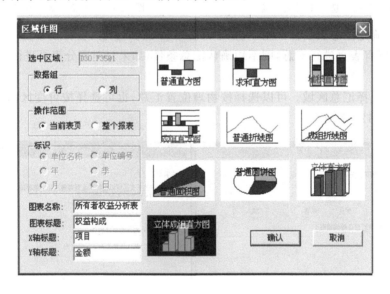

图12-10 图形分析

步骤三 在图12-10中选择并输入所在内容后单击确认即可出现要分析的图形,如图12-11所示,也可通过右击鼠标对生成的图形作出修改。

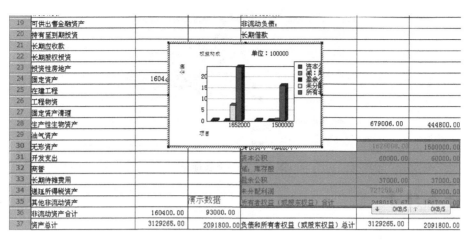

图 12-11 分析图表

任务八 舍位平衡

步骤一 打开要定义舍位平衡的项目统计表,并切换到格式状态。

步骤二 单击"数据"菜单下"编辑公式"子菜单下"舍位公式"子菜单,会出现如图 12-12 所示小窗口。在图 12-12 中输入相应的内容后单击完成即可。

图 12-12 定义舍位平衡公式

步骤三 切换到数据状态,选择第一张表页,使其成为当前页。单击"数据"菜单下"舍位平衡"子菜单,计算机就会按已定义好的公式进行自动舍位,并进行相应的数据调整,最后将生成舍位后的报表。

步骤四 舍位后的报表保存在系统默认的位置,打开后即可看到舍位后的报表。

任务九 报表排序

步骤一 打开现金流量表,并将其切换到数据状态。

步骤二 单击"数据"菜单下"排序"子菜单中的"表页"子菜单,会弹出如图 12-13 所示的小窗口。在窗口确认排序信息即可。

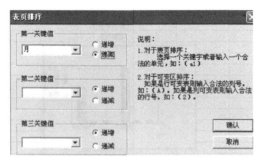

图 12-13 报表排序

1. 资产负债表（表 12-3）

表 12-3　资产负债表

会企 01 表

编制单位：腾飞有限公司　　　　2013 年 1 月 31 日　　　　　　　　　　单位：元

资产	期末余额	年初余额	负债及所有者权益（或股东权益）	期末余额	年初余额
流动资产：			流动负债：		
货币资金	1 069 625	1 088 000	短期借款	302 000	202 000
交易性金融资产	40 000		交易性金融负债		
应收票据	608 400		应付票据	40 000	40 000
应收账款	1 500	61 500	应付账款	75 000	58 000
预付账款	36 000	36 000	预收账款	110 000	110 000
应收利息			应付职工薪酬	43 000	15 000
应收股利			应交税费	104 400	16 000
其他应收款	-1 700	-1 700	应付利息	806	
存货	1 215 040	815 000	应付股利		
一年内到期的非流动资产			其他应付款	3 800	3 800
其他流动资产			一年内到期的非流动负债		
流动资产合计	2 968 865	1 998 800	其他流动负债		
非流动资产：			流动负债合计	679 006	444 800
可供出售金融资产			非流动负债：		
持有至到期投资			长期借款		
长期应收款			应付债券		
长期股权投资			长期应付款		
投资性房地产			专项应付款		
固定资产	160 400	93 000	预计负债		
在建工程			递延所得税负债		
工程物资			其他非流动负债		
固定资产清理			非流动负债合计		
生产性生物资产			负债合计	679 006	444 800

续表 12-3

资产	期末余额	年初余额	负债及所有者权益（或股东权益）	期末余额	年初余额
油气资产			所有者权益（或股东权益）		
无形资产			实收资本（或股本）	1 626 000	1 500 000
开发支出			资本公积	60 000	60 000
商誉			减：库存股		
长期待摊费用			盈余公积	37 000	37 000
递延所得税资产			未分配利润	727 259	50 000
其他非流动资产			所有者权益（或股东权益）合计	2 450 259	1 647 000
非流动资产合计	160 400	93 000			
资产总计	3 129 265	2 091 800	负债和所有者权益（或股东权益）总计	3 129 265	2 091 800

2. 利润表（表 12-4）

表 12-4 利润表

会企 02 表

编制单位：腾飞有限公司　　　　　2013 年 1 月　　　　　单位：元

项目	本期金额	上期金额
一、营业收入	700 000	
减：营业成本		
营业税金及附加		
销售费用		
管理费用	14 460	
财务费用	7 681	
资产减值损失		
加：公允价值变动收益（损失以"－"号填列		
投资收益		
其中：对联营企业和合营企业的投资收益		
二、营业利润	677 859	
加：营业外收入		
减：营业外支出	600	
其中：非流动资产处置损失		
三、利润总额（亏损总额以"－"号填列）	677 259	
减：所得税费用		
四、净利润（净亏损以"－"号填列）	677 259	
五、每股收益		
（一）基本每股收益		
（二）稀释每股收益		

3. 现金流量表(表 12-5)

表 12-5　现金流量表

会企 03 表

编制单位:腾飞有限公司　　　　2013 年 1 月　　　　　　　　　　　　单位:元

项目	本期金额	上期金额
一、经营活动产生的现金流量		
销售商品、提供劳务收到的现金	270 600	
收到的税费返还		
收到其他与经营活动有关的现金	500	
经营活动现金流入小计	271 100	
购买商品、接受劳务支付的现金	193 600	
支付给职工以及为职工支付的现金	200 000	
支付的各项税费		
支付其他与经营活动有关的现金	7 000	
经营活动现金流出小计	400 600	
经营活动产生的现金流量净额	－129 500	
二、投资活动产生的现金流量		
收回投资收到的现金		
取得投资收益收到的现金		
处置固定资产、无形资产和其他长期资产收回的现金净额		
处置子公司及其他营业单位收到的现金净额		
收到其他与投资活动有关的现金		
投资活动现金流入小计		
购建固定资产、无形资产和其他长期资产支付的现金	68 000	
投资支付的现金	40 000	
取得子公司及其他营业单位支付的现金净额		
支付其他与投资活动有关的现金		
投资活动现金流出小计	108 000	
投资活动产生的现金流量净额	－108 000	
三、筹资活动产生的现金流量		
吸收投资收到的现金	126 000	
取得借款收到的现金	100 000	
收到其他与筹资活动有关的现金		
筹资活动现金流入小计	226 000	
偿还债务支付的现金		

续表 12-5

项目	本期金额	上期金额
分配股利、利润或偿付利息支付的现金	3 875	
支付其他与筹资活动有关的现金		
筹资活动现金流出小计	3 875	
筹资活动产生的现金流量净额	222 125	
四、汇率变动对现金及现金等价物的影响	−3 000	
五、现金及现金等价物净增加额	−18 375	
加:期初现金及现金等价物余额	1 088 000	
六、期末现金及现金等价物余额	1069625	

4.第一季度工资汇总表(表12-6)

表 12-6 第一季度工资汇总表 单位:元

姓名	基本工资	岗位工资	工资合计
刘强	4 000.00	1 200.00	5 200.00
王芳	4 400.00	800.00	5 200.00
黄民	3 600.00	1 200.00	4 800.00
张婷	4 800.00	2 000.00	6 800.00
合计	16 800.00	5 200.00	22 000.00

5.透视分析表(表12-7)

表 12-7 透视分析表 单位:万元

基本工资	B3	B4	B5	B6
基本工资	1 000.00	1 100.00	900.00	1 200.00
基本工资	1 000.00	1 100.00	900.00	1 200.00
基本工资	2 000.00	2 200.00	1 800.00	2 400.00

6.舍位平衡表(表12-8)

表 12-8 舍位平衡表 单位:万元

项目	材料费	人工费	合计
会计信息系统设计与实施	12.35	75.46	87.81
改建1号食堂	78.65	42.87	121.53
购建2个新的计算机实训室	34.63	87.56	122.18
合计	125.63	205.89	331.52

项目十三　薪资管理

学习目标

一、知识目标

1. 掌握建立工资账套及初始设置
2. 了解工资账套与企业账套的区别
3. 掌握工资项目设置及公式设置
4. 掌握扣缴所得税设置
5. 掌握工资数据计算
6. 掌握工资分摊设置并生成转账凭证
7. 掌握月末处理的操作

二、能力目标

1. 会自己设置计算公式
2. 掌握转账凭证生成的顺序
3. 掌握如何删除已生成的错误的转账凭证

项目分析

一、项目概述

在本项目中，要求学生根据情景案例的模拟公司资料，进行建立工资账套、初始设置、建立工资类别、工资项目设置、公式设置、录入工资数据、扣缴所得税、工资分摊并生成转账凭证、月末处理等上机操作练习。

二、情景案例设计

1. 引入数据

引入"项目三 总账初始化"的备份数据，以系统管理员"A01 周平"的身份注册进入企业应用平台，操作日期是 2013 年 1 月 1 日。启用"薪资管理"系统，启用日期为"2013 年 1 月 1 日"。

2. 建立工资账套

工资账套参数如下：
(1) 工资类别个数：2 个；核算币种：人民币；不核算计件工资。
(2) 代扣个人所得税。

(3)进行扣零处理,扣零至元。

3. 人员附加信息设置

附加信息为"学历"。

4. 工资项目设置

新增工资项目(表13-1)。

表13-1 工资项目

工资项目名称	类型	长度	小数	增减项
基本工资	数值	8	2	增项
岗位津贴	数值	8	2	增项
工龄	数值	8	2	其他
工龄工资	数值	8	2	增项
奖金	数值	8	2	增项
请假天数	数值	8	2	其他
请假扣款	数值	8	2	减项

5. 银行名称设置

银行名称为"中国工商银行",账号长度11,自动带出账号长度8。

6. 建立工资类别

工资类别为"在职人员",包括所有部门;"退休人员",包括"人事科"。

7. "在职人员"人员档案设置(表13-2)

表13-2 人员档案

人员编号	人员姓名	人员类别	行政部门	性别	账号	学历
101	周 平	管理人员	财务科	男	10201101001	研究生
102	王 山	管理人员	财务科	男	10201101002	本科
103	张 凤	管理人员	财务科	女	10201101003	本科
201	杨 东	管理人员	人事科	男	10201101004	本科
202	张红燕	管理人员	人事科	女	10201101005	大专
301	吕 蒙	生产人员	生产科	女	10201101006	本科
302	刘阳明	生产人员	生产科	男	10201101007	大专
401	张 文	经营人员	销售科	男	10201101008	本科
402	韩 平	经营人员	销售科	女	10201101009	大专

8. "在职人员"工资项目设置

在职人员工资项目包括所有工资项目。

9. "在职人员"公式设置

岗位津贴=iff[人员类别="管理人员",400,iff(人员类别="经营人员",300,200)]

工龄工资＝工龄×30

请假扣款＝(基本工资＋岗位津贴)/22×事假天数

以下操作日期为 2013 年 1 月 31 日。

10.修改所得税的计提基数

将计提基数设为 2000。

11.工资数据录入(表 13－3)

表 13－3　2013 年 1 月工资数据

人员编号	姓名	部门	人员类别	基本工资	工龄	奖金	请假天数
101	周 平	财务科	管理人员	3200	4	150	
102	王 山	财务科	管理人员	2700	6	150	
103	张 凤	财务科	管理人员	2400	2	150	2
201	杨 东	人事科	管理人员	3500	3	150	
202	张红燕	人事科	管理人员	2000	4	150	1
301	吕 蒙	生产科	生产人员	1800	2	150	
302	刘阳明	生产科	生产人员	1300	3	150	
401	张 文	销售科	经营人员	1800	2	150	3
402	韩 平	销售科	经营人员	1300	1	150	

12.查看个人所得税扣缴申报表

13.工资分摊设置

工资＝应发合计×100％

职工福利＝应发合计×14％

表 13－4　工资分摊表

分摊类型	部门名称	人员类别	借方科目	贷方科目
工资	人事科、财务科	管理人员	管理费用/工资(660202)	应付职工薪酬/工资(221101)
	生产科	生产人员	生产成本/直接人工(500102)	
	销售科	经营人员	销售费用(6601)	
职工福利	人事科、财务科	管理人员	管理费用/福利费(660203)	应付职工薪酬/职工福利(221102)
	生产科	生产人员	生产成本/直接人工(500102)	
	销售科	经营人员	销售费用(6601)	

14. 工资分摊并生成转账凭证

15. 月末处理

清零处理的项目：_____请假天数。

16. 备份账套（输出账套）

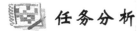 任务分析

任务一　薪资管理系统初始设置

▷**子任务一　启用"薪资管理"系统**

　　步骤一　在企业应用平台的"设置"页签，单击"基本信息"→"系统启用"，打开"系统启用"对话框。

　　步骤二　选择"薪资管理"系统，启用日期为"2013年1月1日"。

　　步骤三　启用"薪资管理"系统后退出"系统启用"对话框。

▷**子任务二　建立工资账套**

　　步骤一　在企业应用平台中，单击"人力资源"→"薪资管理"，打开"建立工资套→参数设置"对话框。

　　步骤二　选择工资类别个数为"多个"，币别为"人民币RMB"，如图13-1所示。

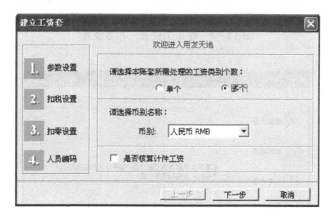

图13-1　建立工资套—参数设置

　　步骤三　单击"下一步"按钮，打开"建立工资套—扣税设置"对话框，选中"是否从工资中代扣个人所得税"复选框，如图13-2所示。

　　步骤四　单击"下一步"按钮，打开"建立工资套—扣零设置"对话框，选中"扣零"前的复选框，再选择"扣零至元"，如图13-3所示。

　　步骤五　单击"下一步"按钮，打开"建立工资套—人员编码"对话框，如图13-4所示。

　　步骤六　单击"完成"按钮，弹出"未建立工资类别"信息提示框。

　　步骤七　单击"确定"按钮，打开"打开工资类别"对话框。

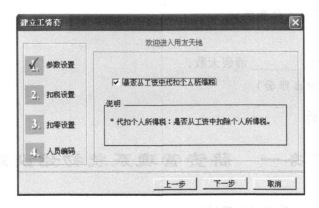

图 13-2 建立工资套—扣税设置

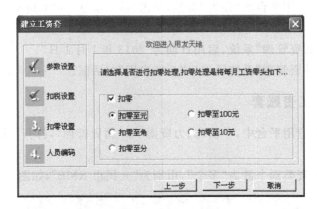

图 13-3 建立工资套—扣零设置

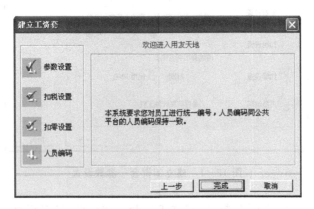

图 13-4 建立工资套—人员编码

步骤八 单击"取消"按钮。

➢子任务三 人员附加信息设置

步骤一 在薪资管理系统中,单击"设置"→"人员附加信息设置",打开"人员附加信息设置"对话框。

步骤二 单击"增加"按钮,在"栏目参照"的下拉框中选择"学历"。
步骤三 单击"增加"按钮,如图 13-5 所示。

图 13-5 人员附加信息设置

步骤四 单击"确定"按钮退出。

➤子任务四 工资项目设置

步骤一 在薪资管理系统中,单击"设置"→"工资项目设置",打开"工资项目设置"对话框。

步骤二 单击"增加"按钮,录入或从"名称参照"下拉列表中选择"基本工资",设置"基本工资"的类型为"数值"型,长度为"8",小数位数为"2",增减项为"增项"。

步骤三 继续增加其他工资项目,如图 13-6 所示。

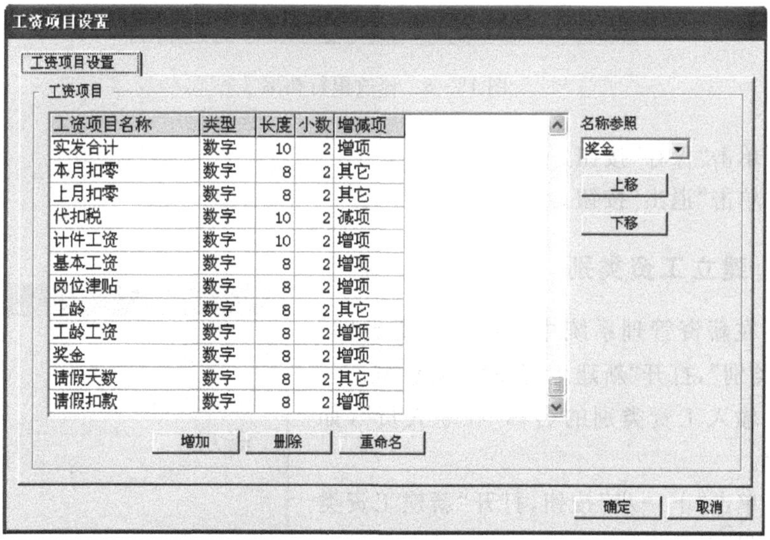

图 13-6 工资项目设置

步骤四 单击"确定"按钮,系统弹出"薪资管理"信息提示框,如图 13-7 所示。

图 13-7 薪资管理提示

步骤五 单击"确定"按钮。

➤子任务五 银行名称设置

步骤一 在企业应用平台的"设置"选项卡中,单击"基础档案"→"收付结算"→"银行档案",进入"银行档案"窗口。

步骤二 选择已有的"中国工商银行",单击"修改"按钮,打开"修改银行档案"对话框。

步骤三 选中"个人账户规则"中的"定长"复选框,设置账号长度 11,自动带出账号长度 8,如图 13-8 所示。

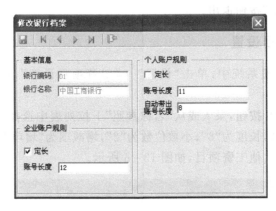

图 13-8 修改银行档案

步骤四 单击"保存"按钮。
步骤五 单击"退出"按钮。

➤子任务六 建立工资类别

步骤一 在薪资管理系统中,单击"工资类别"→"新建工资类别",打开"新建工资类别"对话框。

步骤二 输入工资类别的名称"在职人员",如图 13-9 所示。

步骤三 单击"下一步"按钮,打开"新建工资类别—请选择部门"对话框。

步骤四 分别单击选中各个部门,或单击"选定全部部门"按钮,如图 13-10 所示。

步骤五 单击"完成"按钮,系统提示"是否以

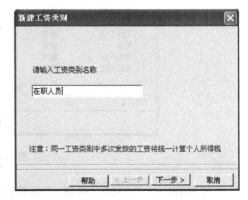

图 13-9 新建工资类别

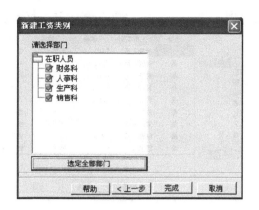

图 13-10 "新建工资类别—请选择部门"对话框

2013-01-01 为当前工资类别的启用日期?"。

  步骤六 单击"是"按钮返回。
  步骤七 单击"工资类别"→"关闭工资类别",关闭在职人员工资类别。
  步骤八 同理,新建"退休人员"工资类别。

➢子任务七 "在职人员"人员档案设置

  步骤一 在薪资管理系统中,单击"工资类别"→"打开工资类别",打开"打开工资类别"对话框,如图 13-11 所示。

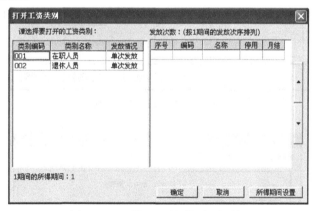

图 13-11 "打开工资类别"对话框

  步骤二 选择"在职人员"工资类别,单击"确定"按钮。
  步骤三 在薪资管理系统中,单击"设置"→"人员档案",进入"人员档案"窗口。
  步骤四 单击"批增"按钮,打开"人员批量增加"对话框。
  步骤五 选择人员类别,如图 13-12 所示。
  步骤六 单击"确定"按钮,返回到"人员档案"窗口。
  步骤七 在"人员档案"窗口选定"0101"号人员,单击"修改"按钮,修改人员的账号和学历信息,如图 13-13、图 13-14 所示。
  步骤八 单击"确定"按钮。

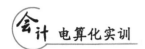

图 13-12 "人员批量增加"对话框

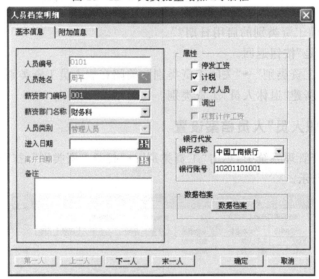

图 13-13 修改基本信息

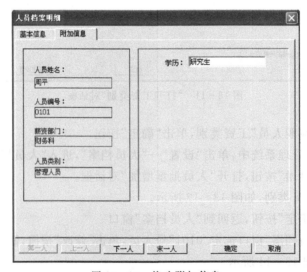

图 13-14 修改附加信息

步骤九 再单击“下一人”按钮继续修改其他人员的信息，修改完后如图 13－15 所示。

薪资部门名称	人员编号	人员姓名	人员类别	账号	中方人员	是否计税	工资停发	核算计件工资	学历
财务科	0101	周平	管理人员	10201101001	是	是	否	否	研究生
财务科	0102	王山	管理人员	10201101002	是	是	否	否	本科
财务科	0103	张凤	管理人员	10201101003	是	是	否	否	本科
人事科	0201	杨东	管理人员	10201101004	是	是	否	否	本科
人事科	0202	张红燕	管理人员	10201101005	是	是	否	否	大专
生产科	0301	吕蒙	生产人员	10201101006	是	是	否	否	本科
生产科	0303	刘阳明	生产人员	10201101007	是	是	否	否	大专
销售科	0401	张文	经营人员	10201101008	是	是	否	否	本科
销售科	0402	韩平	经营人员	10201101009	是	是	否	否	大专

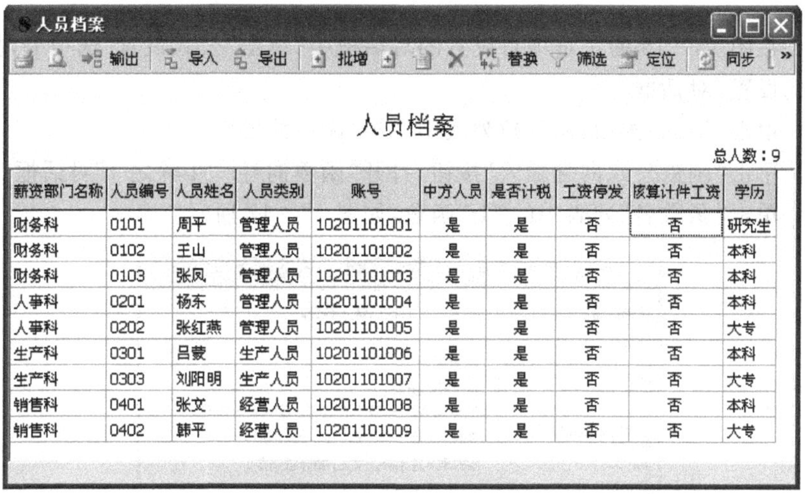

图 13－15 人员档案

说明：也可以通过单击“增加”按钮后，一个一个地增加人员档案。

➢子任务八 “在职人员”工资项目设置

步骤一 打开“在职人员”工资类别。

步骤二 单击“设置”→“工资项目设置”，打开“工资项目设置”对话框。

步骤三 单击“增加”按钮，从“名称参照”下拉列表中选择“基本工资”，再用此方法增加其他的工资项目。

步骤四 通过“上移”和“下移”按钮排列工资项目的顺序，如图 13－16 所示。

工资项目名称	类型	长度	小数	增减项
基本工资	数字	8	2	增项
岗位津贴	数字	8	2	增项
工龄	数字	8	2	其它
工龄工资	数字	8	2	增项
奖金	数字	8	2	增项
请假天数	数字	8	2	其它
请假扣款	数字	8	2	增项
代扣税	数字	10	2	减项
扣款合计	数字	10	2	减项
应发合计	数字	10	2	增项
实发合计	数字	10	2	增项
本月扣零	数字	8	2	其它

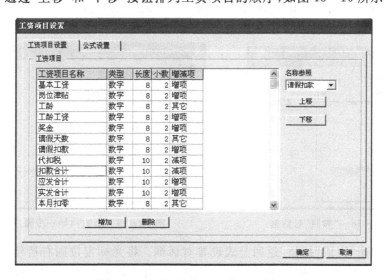

图 13－16 “在职人员”工资项目设置

▶子任务九 "岗位津贴"公式设置

步骤一 在图 13-16 的工资项目设置的对话框中,单击"公式设置"选项卡,打开"工资项目设置—公式设置"对话框。

步骤二 单击"增加"按钮,从下拉列表中选择"岗位津贴"。

步骤三 单击"函数公式向导输入"按钮,打开"函数向导—步骤之 1"对话框。

步骤四 单击"函数名"列表中的"iff"函数,如图 13-17 所示。

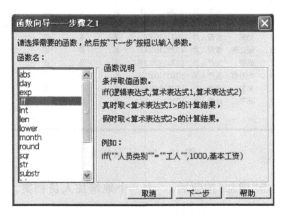

图 13-17 函数向导—步骤之 1

步骤五 单击"下一步"按钮,打开"函数向导—步骤之 2"对话框。

步骤六 单击"逻辑表达式"栏的参照按钮,打开"参照"对话框。

步骤七 单击"参照列表"栏的下三角按钮,选择"人员类别",再单击选中"管理人员",如图 13-18 所示。

步骤八 单击"确定"按钮,返回"函数向导—步骤之 2"对话框。

步骤九 在"算术表达式 1"文本框中录入"400",如图 13-19 所示。

图 13-18 "参照"对话框

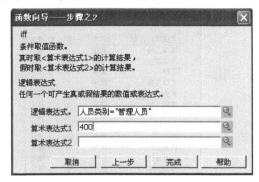

图 13-19 函数向导—步骤之 2

步骤十 单击"完成"按钮,返回公式设置对话框。将光标定位到右括号之前,继续单击"函数公式向导输入"按钮,如前所述选择"经营人员",在"算术表达式 1"中输入"300",在"算术表达式 2"中输入"200",如图 13-20 所示。

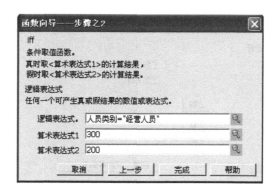

图 13-20 设置算术表达式

步骤十一 单击"完成"按钮返回公式设置界面,如图 13-21 所示。

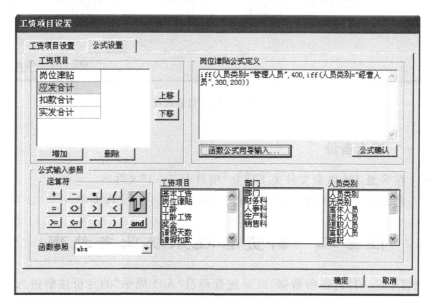

图 13-21 岗位津贴公式设置

步骤十二 单击"公式确认"按钮,单击"确定"按钮。

▶子任务十 "工龄工资"和"请假扣款"公式设置

步骤一 在"工资项目设置-公式设置"对话框中,单击"增加"按钮,从下拉列表中选择"工龄工资"。

步骤二 单击"工龄工资公式定义"区域,在下方的工资项目列表中选择"工龄",输入"*30",如图 13-22 所示。

步骤三 单击"公式确认"按钮。

步骤四 以此方法设置"请假扣款"的计算公式。

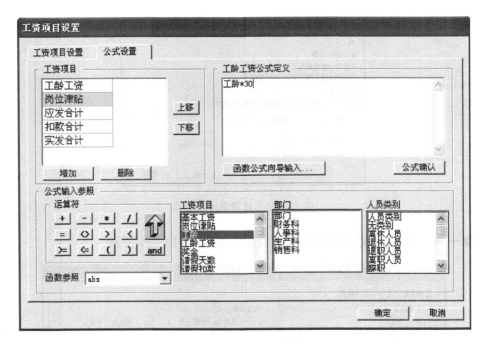

图 13-22 工龄工资公式设置

> ## 子任务十一　账套备份

步骤一　在 F 盘 100 账套文件夹下建立"项目十三—1"文件夹。

步骤二　将账套数据备份到"F:\100 账套\项目十三—1"文件夹中。

任务二　薪资管理系统业务处理

引入"项目十三—1"的备份数据,以系统管理员"A01 周平"的身份注册进入企业应用平台,操作日期是 2011 年 1 月 31 日。

> ## 子任务一　修改所得税的计提基数

步骤一　打开"在职人员"工资类别。

步骤二　单击"业务处理"→"扣缴所得税",系统弹出信息提示框。

步骤三　单击"确定"按钮,打开"栏目选择"对话框。

步骤四　单击"确定"按钮,进入"个人所得税扣缴申报表"窗口。

步骤五　单击"税率"按钮,打开"个人所得税申报表-税率表"对话框。

步骤六　在"基数"栏录入 2 000,如图 13-23 所示。

步骤七　单击"确定"按钮,返回"个人所得税扣缴申报表"窗口。

步骤八　单击"退出"按钮退出。

项目十三　薪资管理

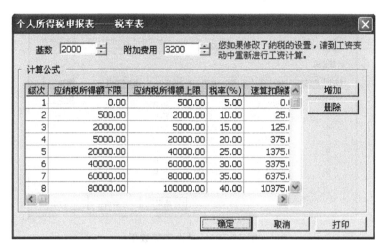

图 13-23　修改扣缴基数

➤子任务二　录入 1 月份的工资数据

步骤一　单击"业务处理"→"工资变动",进入"工资变动"窗口。

步骤二　单击"替换"按钮,打开"工资项数据替换"对话框。

步骤三　单击"将工资项目"栏的下三角按钮,选择"奖金",在"替换成"文本框中输入"150",如图 13-24 所示。

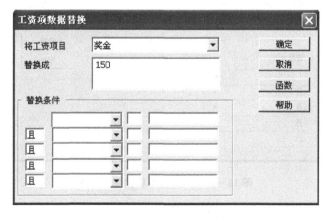

图 13-24　替换工资项目

步骤四　单击"确定"按钮,系统弹出"数据替换后将不可恢复。是否继续?"。

步骤五　单击"是"按钮,系统提示"9 条记录被替换,是否重新计算?"

步骤六　单击"是"按钮返回。

步骤七　分别录入其他工资项目。

步骤八　单击"计算"按钮,单击"汇总"按钮,计算和汇总后的工资数据如图 13-25 所示。

步骤九　单击"退出"按钮。

图 13-25 录入工资数据

▶子任务三 查看个人所得税扣缴申报表

步骤一 单击"业务处理"→"扣缴所得税",系统弹出信息提示框。
步骤二 单击"确定"按钮,打开"栏目选择"对话框。
步骤三 单击"确定"按钮,进入"个人所得税扣缴申报表"窗口,如图 13-26 所示。

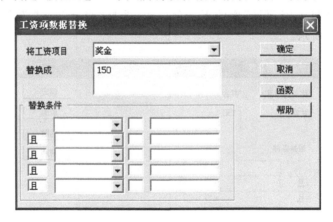

图 13-26 个人所得税扣缴申报表

步骤四 查看完后,单击"退出"按钮。

▶子任务四 工资分摊设置

步骤一 单击"业务处理"→"工资分摊",打开"工资分摊"对话框,如图 13-27 所示。
步骤二 单击"工资分摊设置"按钮,打开"分摊类型设置"对话框。
步骤三 单击"增加"按钮,打开"分摊计提比例设置"对话框。
步骤四 在"计提类型名称"栏录入"工资",如图 13-28 所示。
步骤五 单击"下一步"按钮,打开"分摊构成设置"对话框。在对话框中,选择分摊构成的各项内容,如图 13-29 所示。

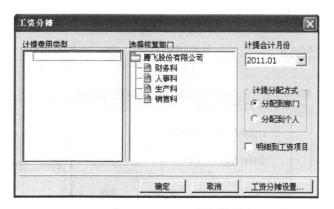

工资分摊
计提费用类型
选择核算部门
腾飞股份有限公司
财务科
人事科
生产科
销售科
计提会计月份
2011.01
计提分配方式
分配到部门
分配到个人
明细到工资项目
确定
取消
工资分摊设置...

图 13-27 “工资分摊”对话框

工资分摊
计提费用类型
选择核算部门
计提会计月份
分摊类型设置
类型名称
分摊计提比例设置
计提类型名称：工资
分摊计提比例：100%
下一步
取消

图 13-28 分摊计提比例设置

分摊构成设置
分摊构成设置
部门名称
人员类别
项目
借方科目
贷方科目
财务科,人事科
管理人员
应发合计
660202
221101
生产科
生产人员
应发合计
500102
221101
销售科
经营人员
应发合计
6601
221101
上一步
完成
取消

图 13-29 分摊构成设置

步骤六 单击“完成”按钮，返回到“分摊类型设置”对话框。

步骤七 单击“增加”按钮，在“计提类型名称”栏录入“职工福利”，在“分摊计提比例”栏录入“14%”，如图 13-30 所示。

步骤八 单击“下一步”按钮，打开“分摊构成设置”对话框。在对话框中，选择分摊构成的各项内容。

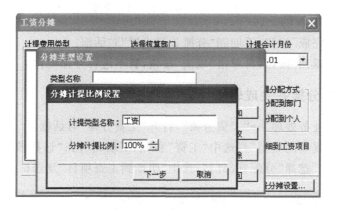

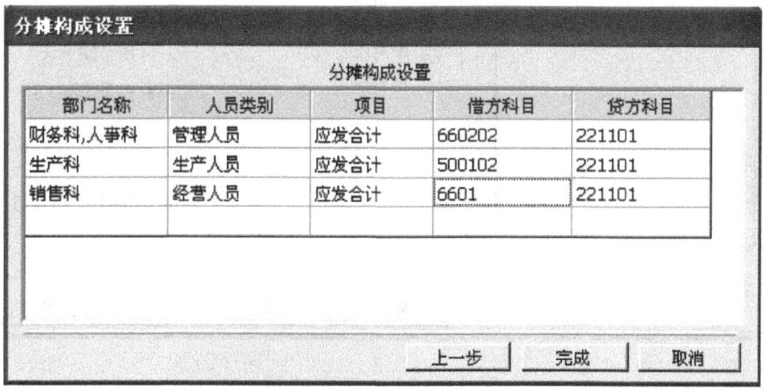

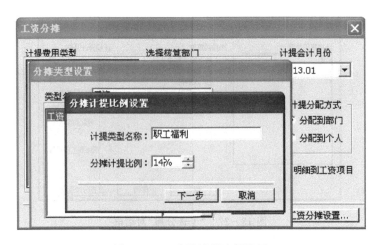

图 13-30 分摊计提比例设置

步骤九 单击"完成"按钮,返回到"分摊类型设置"对话框。

步骤十 单击"返回"按钮,再单击"取消"按钮,暂不进行分摊操作。

▶子任务五 工资分摊并生成转账凭证

步骤一 单击"业务处理"→"工资分摊",打开"工资分摊"对话框。

步骤二 在"计提费用类型"栏选中"工资"和"职工福利";在"选择核算部门"栏选中各个部门;"计提分配方式"选择"分配到部门";选中"明细到工资项目"复选框,如图13-31所示。

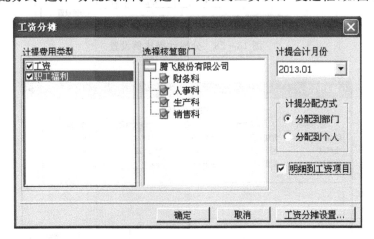

图 13-31 工资分摊

步骤三 单击"确定"按钮,进入"工资分摊明细"窗口,选中"合并科目相同、辅助项相同的分录",如图 13-32 所示。

步骤四 单击"制单"按钮,选择凭证类别为"转账凭证",单击"保存"按钮,该凭证传递到总账系统中,如图 13-33 所示。

步骤五 单击"退出"按钮,返回"工资分摊明细"窗口。

步骤六 从"类型"下拉框中选择"职工福利",单击"制单"按钮。

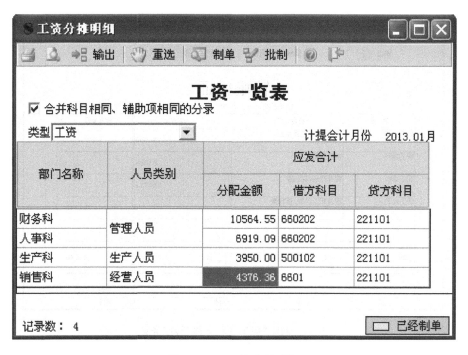

图 13-32 工资分摊明细

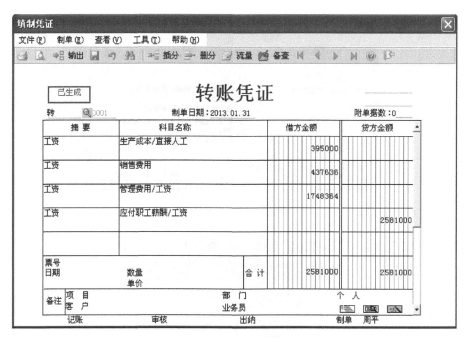

图 13-33 "工资分摊"转账凭证

步骤七 选择凭证类别为"转账凭证",单击"保存"按钮,如图 13-34 所示。

步骤八 单击"退出"按钮退出。

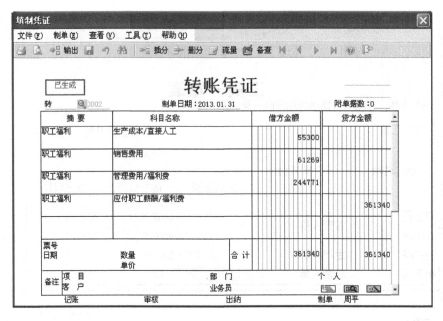

图 13-34 "职工福利分摊"转账凭证

➤子任务六 月末处理

步骤一 单击"业务处理"→"月末处理",打开"月末处理"对话框,如图 13-35 所示。

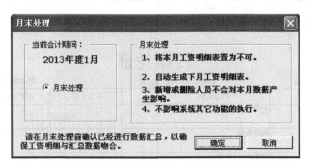

图 13-35 月末处理

步骤二 单击"确定"按钮,弹出信息提示框,如图 13-36 所示。

图 13-36 月末处理系统提示

步骤三 单击"是"按钮,系统提示"是否选择清零项?"。
步骤四 单击"是"按钮,打开"选择清零项目"对话框。

步骤五 将清零工资项目"请假天数"添加到右侧框内,选中"保存本次选择结果"复选框,如图 13－37 所示。

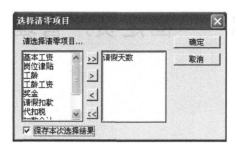

图 13－37　清零项目设置

步骤六 单击"确定"按钮,系统提示"月末处理完毕!"。
步骤七 单击"确定"按钮。

➢子任务七　账套备份

步骤一 在 F 盘 100 账套文件夹下建立"项目十三—2"文件夹;
步骤二 将账套数据备份到"F:\100 账套\项目十三—2"文件夹中。

1. 启用了工资系统,进行了工资系统初始设置。
2. 进行了工资项目设置及公司项目公式定义。
3. 进行了个人所得税设置。
4. 进行了本月个人工资数据的计算。
5. 设置工资分摊业务并生成转账机制凭证。
6. 进行了工资系统的月末处理。

项目十四　固定资产管理

 学习目标

> 一、知识目标

　　1. 掌握建立固定资产账套及初始设置
　　2. 掌握原始卡片的录入
　　3. 掌握固定资产增加、减少、变动的操作
　　4. 掌握月末计提折旧的操作
　　5. 熟悉对账操作
　　6. 掌握月末处理的操作

> 二、能力目标

　　1. 掌握原始卡片与新增卡片的区别
　　2. 掌握批量制单的操作
　　3. 掌握固定资产系统生成的凭证在总账中审核、记账的操作
　　4. 掌握如何删除固定资产系统已生成的错误的转账凭证

 项目分析

> 一、项目概述

　　在本项目中,要求学生根据情景案例的模拟公司资料,进行建立固定资产账套、初始设置、资产增加、资产减少、计提折旧并制单、生成增加固定资产的记账凭证等上机操作练习。

> 二、情景案例设计

　　1. 引入数据
　　引入"项目三　总账初始化"的备份数据。修改操作员权限,使"A03 张凤"拥有"固定资产"的所有权限。
　　2. 启用系统
　　以系统管理员"A01 周平"启用"固定资产"系统,启用日期为"2013 年 1 月 1 日"。
　　3. 进入企业应用平台
　　以操作员"A03 张凤"的身份注册进入企业应用平台,操作日期是 2013 年 1 月 1 日。

4. 建立固定资产账套

账套参数如下：

(1) 启用月份：2013 年 1 月。

(2) 主要折旧方法：平均年限法（一）；折旧汇总分配周期：1 个月；当（月初已提月份＝可使用月份－1）时将剩余折旧全部提足。

(3) 资产类别编码方式：2112；固定资产编码方式：自动编码；编码方式为：类别编号＋序号；序号长度：5。

(4) 与账务系统进行对账；固定资产对账科目：1601 固定资产；累计折旧对账科目：1602 累计折旧；在对账不平情况下不允许固定资产月末结账。

5. 固定资产选项设置

固定资产缺省入账科目：1601 固定资产；累计折旧缺省入账科目：1602 累计折旧；月末结账前一定要完成制单登账业务。

6. 部门对应折旧科目（表 14－1）

表 14－1　部门对应折旧科目

部门名称	折旧科目
财务科	管理费用/折旧费（660204）
人事科	管理费用/折旧费（660204）
生产科	制造费用（5101）
销售科	销售费用（6601）

7. 资产类别（表 14－2）

表 14－2　资产类别

类别编码	类别名称	使用年限	净残值率	计提属性	折旧方法	卡片样式
01	房屋建筑物	30	1%	正常计提	平均年限法（一）	通用样式
011	行政楼	30	1%	正常计提	平均年限法（一）	通用样式
012	生产车间	30	1%	正常计提	平均年限法（一）	通用样式
02	设备			正常计提		
021	生产设备	8	5%	正常计提	平均年限法（一）	通用样式
022	办公设备	6	2%	正常计提	平均年限法（一）	通用样式

8. 增减方式及对应入账科目（表 14－3）

表 14－3　增减方式及对应入账科目

增加方式	对应入账科目	减少方式	对应入账科目
直接购入	银行存款/建行存款（100201）	出售	固定资产清理（1606）
投资者投入	实收资本（4001）	投资转出	长期股权投资（1511）
在建工程转入	在建工程（1604）	报废	固定资产清理（1606）

9. 固定资产原始卡片(表 14-4)

表 14-4　固定资产原始卡片

卡片编号	00001	00002	00003
固定资产编号	01200001	02200002	02100003
固定资产名称	B车间	打印机	机床
类别编号	012	022	021
类别名称	生产车间	办公设备	生产设备
使用部门	生产科	财务科/人事科(各占50%)	生产科
增加方式	在建工程转入	直接购入	直接购入
使用状况	在用	在用	在用
使用年限	30 年	6 年	8 年
折旧方法	平均年限法(一)	平均年限法(一)	平均年限法(一)
开始使用日期	2010-02-21	2010-04-19	2010-07-01
原值	800 000	2 000	300 000
累计折旧	22 000	220	13 950
对应折旧科目	制造费用(5101)	管理费用/折旧费(660205)	制造费用(5101)

10. 修改固定资产卡片

2013年1月28日,将"00003"号固定资产的增加方式由"直接购入"修改为"投资者投入"。

11. 增加固定资产

2013年1月28日,直接购入并交付使用电脑两台,其中,生产科一台,销售科一台,预计使用年限为5年,原值每台5 950元,净残值1%,采用"平均年限法(一)"计提折旧。

12. 计提固定资产折旧并生成凭证

13. 批量制单

生成增加固定资产的凭证。

14. 将生成的凭证审核并记账

(1)由"A02 王山"在总账系统中进行出纳签字。
(2)由"A01 周平"在总账系统中进行审核并记账。

15. 对账

在固定资产系统中进行对账。

16. 结账

17. 备份账套(输出账套)

任务分析

任务一 固定资产管理系统初始设置

▶子任务一 修改操作员权限

步骤一 在"系统管理"中,单击"权限"菜单→"权限",打开"操作员权限"对话框。
步骤二 选中操作员"A03 张凤",再选择"100 账套",然后单击"修改"按钮。
步骤三 选择"固定资产",然后单击"确定"按钮。
步骤四 单击"退出"按钮。

▶子任务二 启用"固定资产"系统

以系统管理员"A01 周平"启用"固定资产"系统,启用日期为"2013 年 1 月 1 日"。

▶子任务三 建立固定资产账套

步骤一 以操作员"A03 张凤"注册进入企业应用平台,操作日期为"2013 年 1 月 1 日"。
步骤二 在企业应用平台的"业务"页签,单击"财务会计"-"固定资产",系统弹出信息提示框,如图 14-1 所示。

图 14-1 固定资产信息提示

步骤三 单击"是"按钮,打开"初始化账套向导—约定及说明"对话框,选中"我同意"单选按钮,如图 14-2 所示。

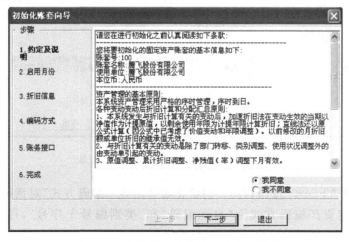

图 14-2 初始化账套向导-约定及说明

步骤四 单击"下一步"按钮,打开"初始化账套向导—启用月份"对话框,如图 14-3 所示。

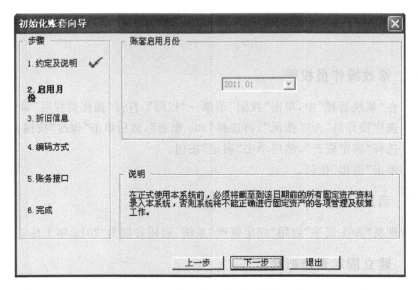

图 14-3 初始化账套向导—启用月份

步骤五 单击"下一步"按钮,打开"初始化账套向导—折旧信息"对话框。选中"本账套计提折旧"复选框,选择主要折旧方法为"平均年限法(一)",折旧汇总分配周期为"1 个月",当(月初已计提月份=可使用月份-1)时将剩余折旧全部提足,如图 14-4 所示。

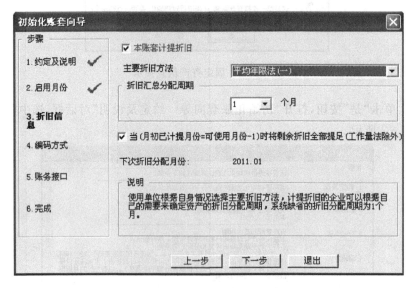

图 14-4 初始化账套向导—折旧信息

步骤六 单击"下一步"按钮,打开"初始化账套向导—编码方式"对话框。资产类别编码方式为 2112;固定资产编码方式为"自动编码"和"类别编号+序号",序号长度为"4",如图14-5 所示。

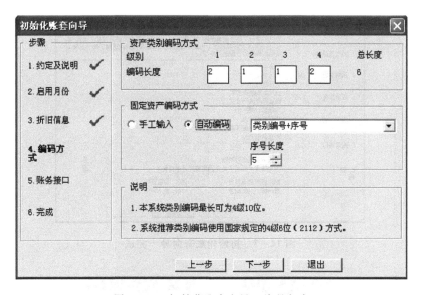

图 14-5 初始化账套向导—编码方式

步骤七 单击"下一步"按钮,打开"初始化账套向导—财务接口"对话框。选中"与账务系统进行对账"复选框,在"固定资产对账科目"栏选择"1601,固定资产",在"累计折旧对账科目"栏选择"1602,累计折旧",在对账不平情况下不允许固定资产月末结账,如图 14-6 所示。

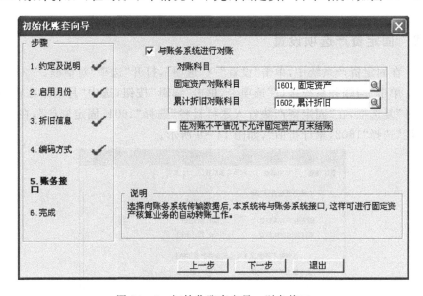

图 14-6 初始化账套向导—财务接口

步骤八 单击"下一步"按钮,打开"初始化账套向导—完成"对话框,如图 14-7 所示。
步骤九 单击"完成"按钮,系统弹出信息提示框,如图 14-8 所示。
步骤十 单击"是"按钮,系统提示"已成功初始化本固定资产账套!"
步骤十一 单击"确定"按钮。

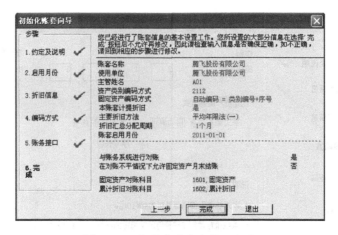

图 14-7 初始化账套向导—完成

图 14-8 固定资产信息提示

➢ 子任务四　固定资产选项设置

步骤一　在固定资产系统中,单击"设置"→"选项",打开"选项"对话框。

步骤二　单击"与账务系统接口"选项卡,单击"编辑"按钮,选中"月末结账前一定要完成制单登账业务"复选框,在"固定资产缺省入账科目栏"选择"1601,固定资产",在"累计折旧缺省入账科目栏"选择"1602,累计折旧",如图 14-9 所示。

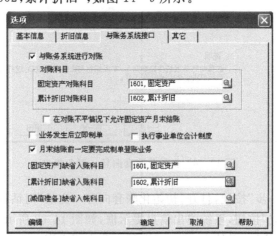

图 14-9 固定资产选项设置

步骤三　单击"确定"按钮。

▶子任务五　设置部门对应折旧科目

步骤一　在固定资产系统中,单击"设置"→"部门对应折旧科目",进入"部门对应折旧科目—列表视图"窗口。

步骤二　选择"财务科",单击"修改"按钮,打开"部门对应折旧科目—单张视图"窗口,在"折旧科目"栏选择或录入"660204",如图14-10所示。

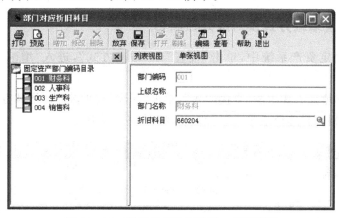

图14-10　部门对应折旧科目—单张视图

步骤三　单击"保存"按钮。

步骤四　以此方法继续设置其他部门对应折旧科目。

▶子任务六　设置资产类别

步骤一　在固定资产系统中,单击"设置"→"资产类别",进入"资产类别—列表视图"窗口。

步骤二　单击"增加"按钮,打开"资产类别—单张视图"窗口。在"类别名称"栏录入"房屋建筑物",在"使用年限"栏录入"30",在"净残值率"栏录入"1",如图14-11所示。

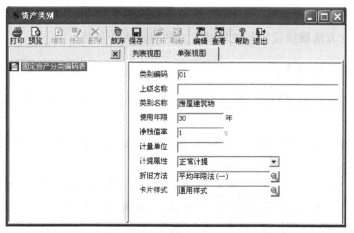

图14-11　资产类别—单张视图

步骤三　单击"保存"按钮。
步骤四　继续录入 02 号资产类别信息。
步骤五　单击"放弃"按钮,系统提示"是否取消本次操作?",单击"是"按钮。
步骤六　选中"01 房屋建筑物"分类,再单击"增加"按钮,在"类别名称"栏录入"行政楼"。
步骤七　单击"保存"按钮。
步骤八　以此方法继续录入其他固定资产分类。

➤子任务七　设置增减方式及对应入账科目

步骤一　在固定资产系统中,单击"设置"→"增减方式",进入"增减方式—列表视图"窗口。

步骤二　选择增加方式中的"直接购入",单击"修改"按钮,进入"增减方式—单张视图"窗口,在"对应入账科目"栏选择或录入"100201",如图 14-12 所示。

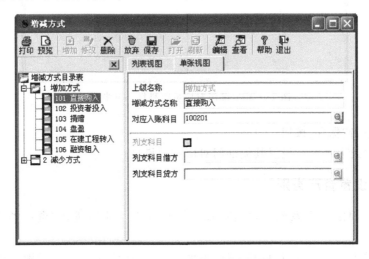

图 14-12　增减方式—单张视图

步骤三　单击"保存"按钮。
步骤四　以此方法继续设置其他增减方式的对应入账科目。

➤子任务八　录入原始卡片

步骤一　在固定资产系统中,单击"卡片"→"录入原始卡片",打开"资产类别参照"对话框。

步骤二　选择"012 生产车间",单击"确定"按钮,进入"固定资产卡片[录入原始卡片 00001 号卡片]"窗口。

步骤三　在"固定资产名称"栏录入"B 车间",单击"使用部门"栏,再单击"使用部门"按钮,打开"固定资产—本资产部门使用方式"对话框,如图 14-13 所示。

步骤四　选择"单部门使用",单击"确定"按钮,打开"部门参照"对话框。
步骤五　选择"生产科",单击"确定"按钮。
步骤六　单击"增加方式"栏,再单击"增加方式"按钮,打开"增减方式参照"对话框,选择

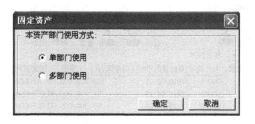

图14-13 固定资产—本资产部门使用方式

"105 在建工程转入",单击"确定"按钮。

步骤七 单击"使用状况"栏,再单击"使用状况"按钮,打开"使用状况参照"对话框,选择"1001 在用",单击"确定"按钮。

步骤八 在"开始使用日期"栏录入"2012-02-21",在"原值"栏录入"800 000",在"累计折旧"栏录入"22 000",如图 14-14 所示。

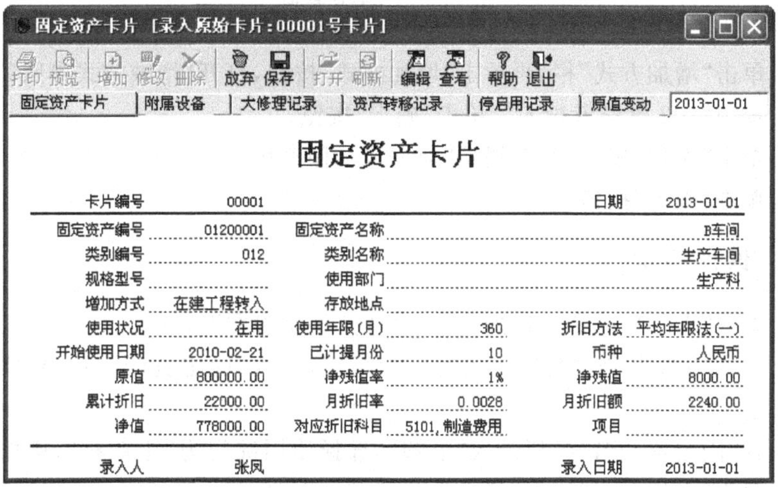

图 14-14 录入原始卡片

步骤九 单击"保存"按钮,系统提示"数据成功保存!",单击"确定"按钮。
步骤十 以此方法继续录入其他原始卡片。

任务二 固定资产管理系统业务处理

▶子任务一 修改固定资产卡片

步骤一 重新注册,操作员为 A03,操作日期为 2013 年 1 月 28 日。
步骤二 在固定资产系统,单击"卡片"→"卡片管理",进入"卡片管理"窗口,如图 14-15 所示。
步骤三 选中"00003"号卡片,单击"修改"按钮,进入"固定资产卡片[编辑卡片 00003 号卡片]"窗口。

图 14-15 卡片管理

步骤四　单击"增加方式"栏,再单击"增加方式"按钮,打开"增减方式参照"对话框。
步骤五　选中"102 投资者投入",单击"确定"按钮。
步骤六　单击"保存"按钮,系统提示"数据成功保存!"
步骤七　单击"确定"按钮。

> 子任务二　增加固定资产

步骤一　单击"卡片"→"资产增加",打开"资产类别参照"对话框。
步骤二　选择"022 办公设备",单击"确定"按钮,进入"固定资产卡片[新增资产　00004号卡片]"窗口。
步骤三　在"固定资产名称"栏录入"电脑",选择使用部门为"生产科";增加方式为"直接购入";使用状况为"在用";在"原值"栏录入"5950"。如图 14-16 所示。

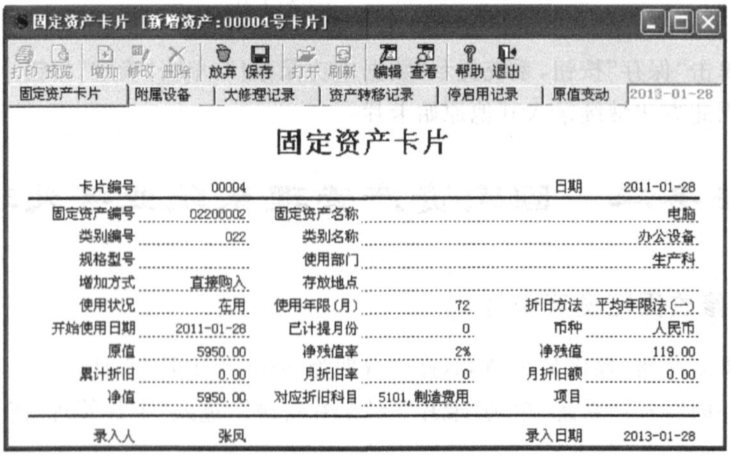

图 14-16　资产增加

步骤四　单击"保存"按钮,系统提示"数据成功保存!"
步骤五　单击"确定"按钮。
步骤六　以此方法增加"销售科"的固定资产。

➤子任务三　计提固定资产折旧

步骤一　重新注册,操作员为 A03,操作日期为 2013 年 1 月 31 日。
步骤二　单击"处理"→"计提本月折旧",系统弹出信息提示框,如图 14-17 所示。
步骤三　单击"是"按钮,系统又弹出一个信息提示框,如图 14-18 所示。

图 14-17　固定资产计提折旧信息提示 1　　　图 14-18　固定资产计提折旧信息提示 2

步骤四　单击"是"按钮,打开折旧清单对话框,如图 14-19 所示。

图 14-19　折旧清单

步骤五　单击"退出"按钮,打开"折旧分配表"对话框,如图 14-20 所示。
步骤六　单击"凭证"按钮。
步骤七　选择凭证类别字为"转账凭证"。
步骤八　单击"保存"按钮,该凭证传递到总账系统中,如图 14-21 所示。
步骤九　单击"退出"按钮。

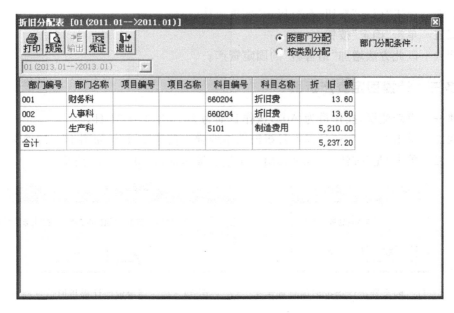

图 14-20 折旧分配表

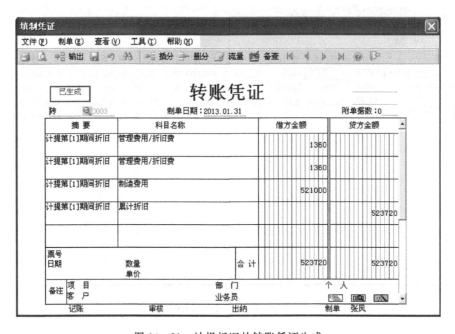

图 14-21 计提折旧的转账凭证生成

➢ 子任务四 批量制单

步骤一 单击"处理"→"批量制单",打开"批量制单"对话框。

步骤二 双击"00004"号业务的"选择"栏,或单击"全选"按钮,如图 14-22 所示。

步骤三 单击"制单设置"选项卡,如图 14-23 所示。

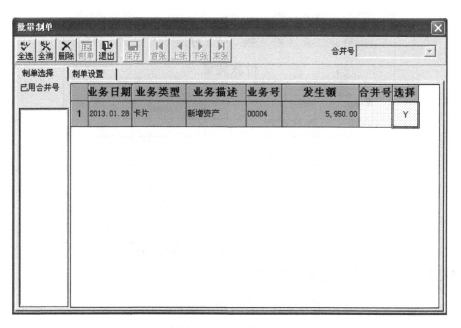

图 14-22 批量制单—制单选择

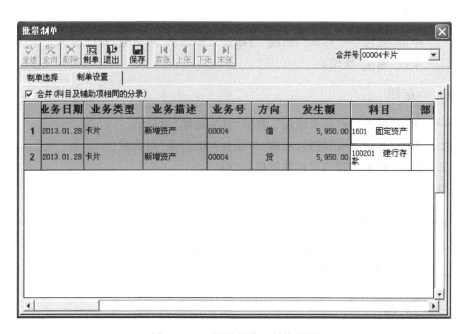

图 14-23 批量制单—制单设置

步骤四 单击"制单"按钮,选择凭证类别为"付款凭证",输入摘要"购入电脑"。

步骤五 单击"保存"按钮,如图 14-24 所示。

步骤六 单击"退出"按钮。

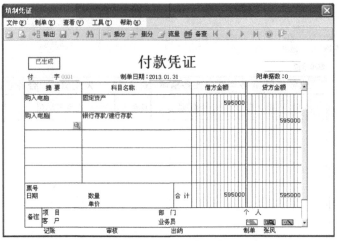

图 14-24　新增固定资产的凭证生成

➢子任务五　将生成的凭证审核并记账

步骤一　由"A02 王山"在总账系统中进行出纳签字。

步骤二　由"A01 周平"在总账系统中进行审核并记账。

➢子任务六　对账

步骤一　单击"处理"→"对账",出现"与账务对账结果"对话框,对账结果为"平衡"。

步骤二　单击"确定"按钮。

➢子任务七　结账

步骤一　单击"处理"→"月末结账",打开"月末结账"对话框。

步骤二　单击"开始结账"按钮,出现"与账务对账结果"对话框。

步骤三　单击"确定"按钮,出现系统提示信息。

步骤四　单击"确定"按钮。

➢子任务八　备份账套

步骤一　在 F 盘 100 账套文件夹下建立"项目十四"文件夹。

步骤二　将账套数据备份到"F:\100 账套\项目十四"文件夹中。

任务结果

1. 启用了固定资产系统,进行了固定资产系统初始设置。
2. 进行了固定资产卡片设置。
3. 进行了本期固定资产业务处理。
4. 进行了计提折旧计算。
5. 生成固定资产机制凭证。
6. 进行了固定资产系统的月末处理。

项目十五　应收款管理系统

学习目标

一、知识目标

1. 了解应收款管理系统的基本结构和功能
2. 掌握应收款管理系统的初始设置、日常业务及月末处理的内容及操作方法

二、能力目标

1. 能够进行应收初始设置
2. 能够进行应收业务日常核算与管理
3. 能够进行应收款的核销
4. 能够查询应收单据及账表

项目分析

一、项目概述

在本项目中,要求学生根据情景案例的模拟公司资料,进行应收款初始设置、期初余额的录入、日常单据的处理、转账业务的处理、坏账处理和账表查询与期末处理等上机操作练习。

二、情景案例设计

1. 实验准备

(1)建账资料。

账套代码:111　　　　　　　账套名称:应收应付系统
账套路径:F:\自己文件夹　　启用日期:2013 年 1 月
会计期间:公历 12 个月　　　单位名称:华丰技术有限公司
单位简称:华丰　　　　　　　单位地址:陕西咸阳
法人代表:杨洋　　　　　　　记账本位币:人民币(RMB)
企业类型:工业　　　　　　　行业性质:2007 新会计制度科目
账套主管:demo　　　　　　　不按行业性质预置一级会计科目

(注:不按行业性质预置一级会计科目,存货、客户、供应商分类核算,该账套无外币核算业务。)

编码设置:科目级数:4 级(4222);部门级数:2 级(22);存货分类编码级次:2 级(22);客户

分类编码级次:2级(22);供应商分类编码级次:2级(22)。

其他信息:系统默认或随意输入,启用总账系统(2013.01.01)。

(2)新增操作员的权限(设置完成后,以账套主管"杨洋"的身份进入企业应用平台)(表15-1)。

表15-1 操作员管理一览表

编号	姓名	口令	所属部门	权限
001	杨洋	1	财务科	账套主管
002	张刚	2	财务科	应付、应收、公用目录设置、固定资产系统、总账和薪资管理的全部权限

(3)部门档案(表15-2)。

表15-2 部门档案一览表

编号	名称	编号	名称	编号	名称
01	行政部门	02	生产部门	03	销售部门
0101	财务科	0201	一车间	04	采购部门
0102	总务科	0202	二车间		

(4)客户分类(表15-3)。

表15-3 客户分类一览表

客户分类编码	客户分类名称
CQ	长期客户
DQ	短期客户

(5)客户档案(表15-4)。

表15-4 客户档案一览表

客户编码	客户简称	所属分类	币种	往来科目	业务日期	摘要	金额
01	天地	CQ	人民币	1122	2012.10.07	销售产品	借59 500
02	华伟	DQ	人民币	1122	2012.11.12	销售产品	借58 500

(6)供应商分类(表15-5)。

表15-5 供应商分类一览表

供应商分类编码	供应商分类名称
GD	固定供应商
LS	临时供应商

(7)供应商档案(表15-6)。

表 15-6 供应商档案一览表

供应商编码	供应商简称	所属分类	币种	往来科目	业务日期	摘要	金额
01	海阳	GD	人民币	2202	2012.04.17	采购材料	贷 35 100
02	天美	LS	人民币	2202	2012.08.12	采购材料	贷 58 500

(8)存货分类(表15-7)。

表 15-7 存货分类一览表

存货分类编码	存货分类名称
CL	材料
CP	产品

(9)计量单位分组与单位(表15-8)。

表 15-8 计量单位设置一览表

计量分组	组编码	1
	组名称	无换算关系组
	类别	无换算
单位	1	公斤
	2	台
	3	件
	4	盒

(10)存货档案(表15-9)。

表 15-9 存货档案一览表

存货编码	存货名称	计量单位	分类	税率	存货属性
01	A材料	公斤	CL	17%	外购、生产耗用
02	B材料	台	CL	17%	外购、生产耗用
03	C产品	件	CP	17%	销售
04	D产品	盒	CP	17%	销售

(11)结算方式(表15-10)。

表 15-10 结算方式一览表

编码	结算方式	票据管理
1	现金支票	√
2	转账支票	√
3	其他结算方式	

(12)会计科目及期初余额(表15-11)。

表 15-11 会计科目及期初余额一览表

科目编码	名称	科目性质	账页格式	辅助核算	方向	期初余额
1001	库存现金	资产	金额式		借	2 000
1002	银行存款	资产	金额式		借	71 300
100201	建设银行存款	资产	金额式		借	71 300
1012	其他货币资金	资产	金额式		借	50 000
1121	应收票据	资产	金额式	客户往来	借	
1122	应收账款	资产	金额式	客户往来	借	118 000
1123	预付账款	资产	金额式	供应商往来	借	
1231	坏账准备	资产	金额式		贷	3 540
1401	材料采购	资产	金额式		借	
1403	原材料	资产	金额式		借	130 000
140301	A材料	资产	数量金额式（公斤）		借	30 000 10 000
140302	B材料	资产	数量金额式（台）		借	100 000 20 000
1405	库存商品	资产	金额式		借	93 000
140501	C产品	资产	数量金额式（件）		借	60 000 5 000
140502	D产品	资产	数量金额式（盒）		借	33 000 3 000
2202	应付账款	负债	金额式	供应商往来	贷	93 600
2203	预收账款	负债	金额式	客户往来	贷	
2221	应交税费	负债	金额式		贷	
222101	未交增值税	负债	金额式		贷	30 000
222102	应交增值税	负债	金额式		贷	
22210201	进项税	负债	金额式		贷	
22210202	销项税	负债	金额式		贷	
4001	实收资本	权益	金额式		贷	
4103	本年利润	权益	金额式		贷	
4104	利润分配	权益	金额式		贷	75 000
5001	生产成本	成本	金额式		借	40 000
5101	制造费用	成本	金额式		借	

续表 15－11

科目编码	名称	科目性质	账页格式	辅助核算	方向	期初余额
6001	主营业务收入	损益	金额式		收入	
6401	主营业务成本	损益	金额式		支出	
6601	销售费用	损益	金额式		支出	
6602	管理费用	损益	金额式		支出	

(13)凭证类别:收、付、转并设置控制参数。
(14)备份账套(供应付款系统使用)。
2.应收款系统的设置
(1)应收款系统启用,启用日期为2013年1月1日。
(2)开户银行(表15－12)。

表 15－12　开户银行信息一览表

编码	银行名称	银行账号	暂时标识	所属银行	客户编号	机构号	联行号
001	建行咸阳支行	111111111111	否	中国建设银行	1	1	1

(3)付款条件(表15－13)。

表 15－13　付款条件一览表

编码	信用天数	优惠天数1	优惠率1	优惠天数2	优惠率2
1	40	20	2	30	1
2	60	30	2	50	1

(4)应收系统选项设置(表15－14)。

表 15－14　选项参数一览表

参数选项	参数控制	参数选项	参数控制
应收款核销方式	按单据	单据审核日期依据	单据日期
坏账处理方式	应收余额百分比法	代垫费用类型	其他应收单
应收账款核算类型	详细核算	受控科目制单方式	明细到客户
方向相反的分录合并	是	非受控科目制单方式	汇总方式
是否启用客户权限	是	报警方式	信用方式
提前天数	7		

(5)应收款初始设置(表15－15)。

表 15-15 科目设置一览表

科目类型	设置方式
基本科目	应收科目(本币):1122,销售收入科目:6001,应交增值税科目:22210202 预收科目:2203,银行承兑科目:1121
控制科目	应收账款科目涉及所有客户
产品科目	6001 及 22210202 涉及 C 产品和 D 产品
结算方式科目	现金支票:1001,转账支票:100201

(6)坏账准备设置。

提取比率:3‰,坏账准备期初:3540,坏账准备科目:1231,对方科目:6602。

(7)账龄区间(表 15-16)。

表 15-16 账龄区间设置一览表

序号	起始天数	总天数
01	1～90	90
02	91～180	180
03	181～360	360
04	361～720	720
05	721 以上	

(8)报警级别设置(表 15-17)。

表 15-17 报警级别设置一览表

序号	起始比率	总比率	级别名称
01	0～10%	10	A
02	10%～20%	20	B
03	20%～30%	30	C
04	30%以上		D

(9)应收账款期初余额(表 15-18)。

表 15-18 应收账款期初余额一览表

单据名称	方向	开票日期	客户名称	销售部门	科目编码	货物名称	数量	不税单价	价税合计	摘要
销售专用发票	正向	10.07	天地	销售部	1122	C	1 000	50	58 500	销售产品
销售普通发票	正向	11.12	华伟	销售部	1122	D	1 250	40	58 500	销售产品
其他应收单	正向	10.07	天地	销售部	1122				1 000	代垫运费

3.2013年1月发生的经济业务

(1)1月8日,销售部给天地销售C产品500件,含税价58.5元,货款29 250元,开出普通发票一张,货已发出,款项尚未收回。

(2)1月20日,销售一部给华伟销售D产品800盒,无税价40元,价税合计37 440元,开出增值税专用发票一张,货已发出,货款已通过现金支票收到。

(3)1月22日,收到天地以转账方式支付的前欠部分货款58 500元(手工核销)。

(4)1月25日,将天地2010年度的1 000元的应收货款转入华伟账户。

(5)1月31日,计提本月坏账准备金—877.5元。

(6)1月31日,核销,成批制单。

4.对所有客户进行账龄分析,并查询各种账表

5.月末结账,在总账系统查询应收款业务的机制凭证

任务分析

任务一　初始设置

▶子任务一　启用应收管理系统

步骤一　以账套主管"杨洋"的身份启用应收管理系统,设定启用日期为2013年1月1日,如图15-1所示。

图15-1　应收系统启用

步骤二　首次进入应收管理系统,在主菜单界面中,单击"设置\选项"菜单,进入账套参数设置窗口,单击"编辑"按钮,选择相应控制参数,如图15-2所示。

步骤三　依次设置完毕,单击"确定"按钮。

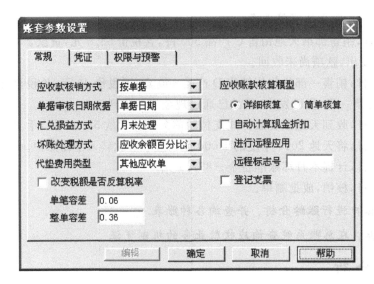

图15-2 账套参数设置

子任务二 应收管理系统初始设置

步骤一 在主菜单界面中,单击"设置\初始设置"菜单,进入初始设置窗口,选择"基本科目设置",输入对应科目,如图15-3所示。

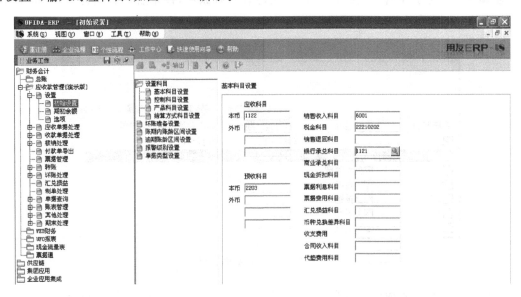

图15-3 基本科目设置

步骤二 输入完毕,选择"控制科目设置",输入对应科目,如图15-4所示。

步骤三 输入完毕,选择"产品科目设置",输入对应科目,如图15-5所示。

步骤四 输入完毕,选择"结算方式科目设置",输入对应科目,如图15-6所示。

步骤五 选择"初始设置\坏账准备设置",进入坏账准备设置窗口,输入相应信息,单击

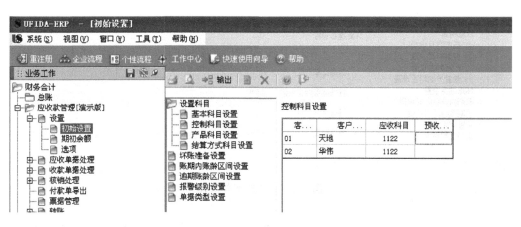

图 15-4 控制科目设置

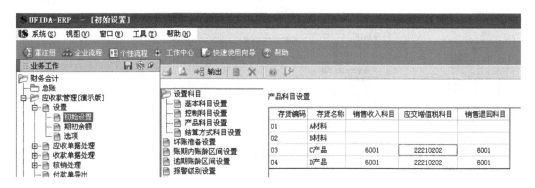

图 15-5 产品科目设置

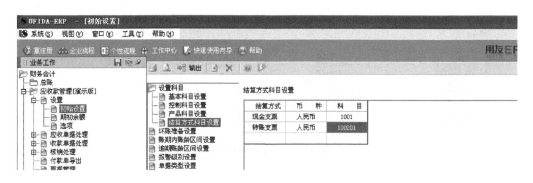

图 15-6 结算方式科目设置

"确认"按钮,如图 15-7 所示。

步骤六 选择"账龄区间设置",进入账龄区间设置窗口,输入相应信息,如图 15-8 所示。

步骤七 选择"报警级别设置",进入报警级别设置窗口,输入相应信息,如图 15-9 所示。

步骤八 设置完毕,单击"退出"按钮。

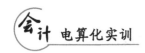

图 15-7 坏账准备设置

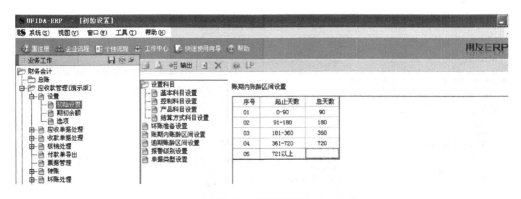

图 15-8 账龄区间设置

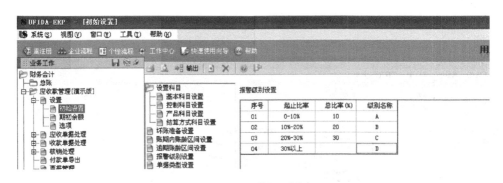

图 15-9 报警级别设置

➢子任务三 应收系统期初余额录入

步骤一 选择"设置\期初余额"菜单,进入"期初余额—查询"窗口,单击"确认"按钮,进入期初余额明细表窗口,单击"增加"按钮,打开"单据类别"窗口,选择单据名称:销售发票,单据类型:销售专用发票,方向:正向,如图 15-10 所示。

步骤二 单击"确定"按钮,进入期初销售发票窗口,按资料输入相应内容,如图 15-11 所示。

步骤三 输入完毕,单击"保存"按钮。同理录入销售普通发票。

图 15-10 单据类别窗口

图 15-11 录入期初销售发票

步骤四 进行应收单的期初余额的录入,进入期初余额明细表窗口,单击"增加"按钮,打开"单据类别"窗口,选择单据名称:应收单,单据类型:其他应收单,方向:正向,如图 15-12 所示。

图 15-12 单据类别

步骤五 单击"确定"按钮,进入期初应收单窗口,按资料输入相应内容,如图 15-13 所示。

步骤六 当期初余额录入完毕后,在期初余额明细表窗口,单击"对账"按钮,系统自动将

图 15-13 录入期初应收单

应收管理系统的初始余额与总账系统的初始余额进行核对,显示对账结果,如图 15-14 所示。

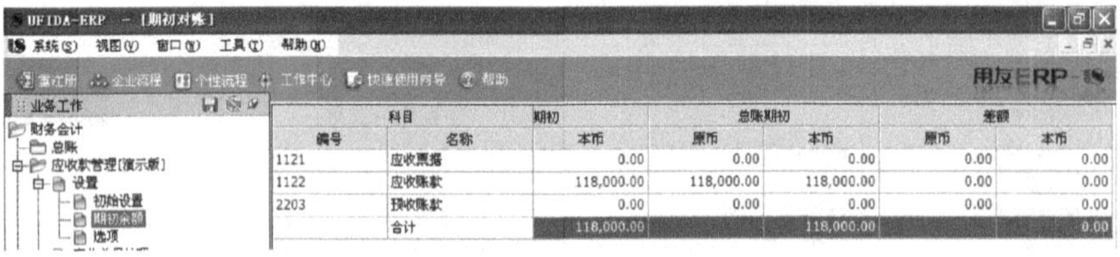

图 15-14 期初对账

步骤七 当差额为 0 时,说明应收期初与总账期初核对结果一致;当差额不为 0 时,查找错误,继续修改。

任务二 日常业务处理

➢ 子任务一 业务一:销售普通发票

步骤一 单击"应收单据处理\应收单据录入"菜单,打开"单据类别"窗口,选择单据名称:销售发票,单据类型:销售普通发票,方向:正向,单击"确认"按钮,进入销售普通发票录入窗口,按业务输入表头、表体内容后,单击"保存"按钮,如图 15-15 所示。

图 15-15 录入销售普通发票

步骤二 单击"审核"按钮,系统提示"是否立即制单?",如图 15-16 所示。

图 15-16 是否立即制单对话框

步骤三 单击"是"按钮,生成凭证,如图 15-17 所示。

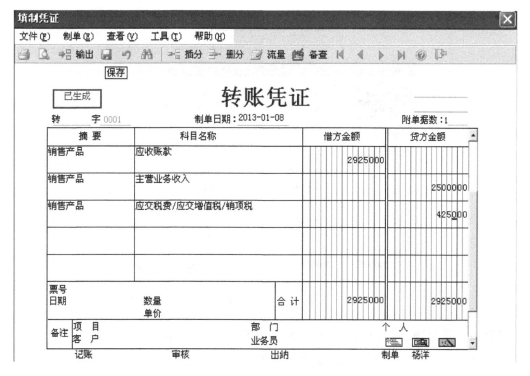

图 15-17 制单

➤子任务二 业务二:销售业务

销售业务,应填一张销售发票

步骤一 单击"应收单据处理\应收单据录入"菜单,打开"单据类别"窗口,选择单据名称:销售发票,单据类型:销售专用发票,方向:正向,单击"确认"按钮,进入销售专用发票录入窗口,按业务输入表头、表体内容后,"保存"并"审核",但不要制单。

收到货款,所以应填写一张收款单。

步骤二 单击"收款单据处理\收款单据录入"菜单,进入收款单录入窗口,单击"增加"按钮,按业务输入表头、表体内容后,单击"保存"按钮,如图 15-18 所示。

步骤三 "保存"并"审核",但不要制单。

步骤四 单击"制单处理"菜单,进入"制单查询"窗口,如图 15-19 所示。

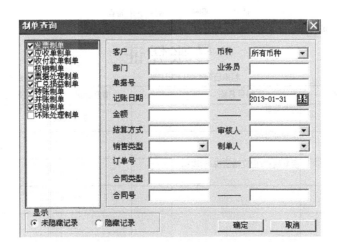

图 15-18 录入收款单

图 15-19 制单查询

步骤五 单击"确认"按钮，进入制单窗口，如图 15-20 所示。

图 15-20 应收制单

步骤六 单击"全选"→"合并"→"隐藏"出现如图 15-21 所示的提示框。

图 15-21 隐藏提示框

步骤七 选择"是",再选择制单,出现如图 15-22 所示的窗口。

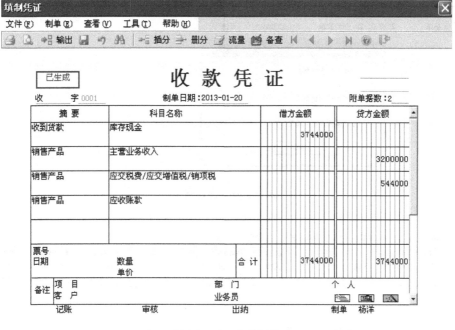

图 15-22 合并制单

➤子任务三 业务三:应收/应付业务核销

步骤一 单击"收款单据处理\收款单据录入"菜单,进入收款单录入窗口,单击"增加"按钮,按业务输入表头、表体内容后,单击"保存"→"退出"。

步骤二 选择"收款单据处理\收款单据审核",进入"收款单过滤条件"窗口,直接"确定",出现收付款单据列表窗口,如图 15-23 所示。

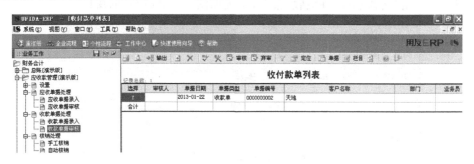

图 15-23 收款单据审核

步骤三 单击"全选"→"审核"按钮,出现如图 15-24 所示窗口。

步骤四 单击"退出"按钮。进入"核销处理\手工核销"菜单,进入核销条件窗口,选择客户为天地,单击"分摊"或输入本次结算金额后"保存",如图 15-25 所示。

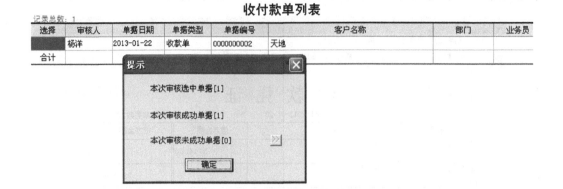

图 15-24 审核结果

图 15-25 手工核销

➢ 子任务四 业务四：应收冲应收

步骤一 单击"转账\应收冲应收"菜单，出现如图 15-26 所示的窗口。

图 15-26 应收冲应收

步骤二 输入转出户与转入户后,单击"过滤",所有转出户信息全部列出,手工输入并账金额后"确定",不需要立即"制单"。

▶子任务五　业务五:计提本月坏账准备金

步骤一 单击"坏账处理\计提坏账准备",出现如图 15-27 所示窗口,单击"OK",不需要立即制单。

图 15-27　计提坏账准备

▶子任务六　其他处理

步骤一 自动核销。单击"日常处理\核销处理\自动核销"菜单,进入核销条件窗口,单击"确定"按钮,系统自动将应收单据与收款单据进行核销,显示自动核销结果,如图 15-28 所示。

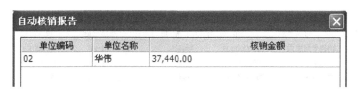

图 15-28　自动核销结果

步骤二 制单处理。进入制单处理模块,进行收款与并账业务处理,生成两张凭证,再对坏账处理制单,生成一张凭证。

任务三　期末结账

单击"期末处理\月末结账"菜单,进入"月末处理"窗口,双击 1 月份结账标志,显示"Y",单击"下一步"按钮,屏幕显示各处理类型的处理情况,在处理显示都是"是"的情况下,单击"确认"按钮,系统提示"结账成功!",单击"确定"按钮,系统自动在对应的结账月份的"结账标志"栏中标记"已结账"字样,如图 15-29 所示。

图 15-29 月末结账

1. 生成 2013 年 1 月机制凭证 5 张,如下图所示。

凭证查询

凭证总数:5 张

业务日期	业务类型	业 务 号	制单人	凭证日期	凭证号	标　志
2013-01-20	销售专用发票	0000000003	杨洋	2013-01-20	收-0001	
2013-01-22	收款单	0000000002	杨洋	2013-01-31	收-0002	
2013-01-08	销售普通发票	0000000001	杨洋	2013-01-08	转-0001	
2013-01-31	并账	0000000001	杨洋	2013-01-31	转-0002	
2013-01-31	计提坏账	HZAR000000000...	杨洋	2013-01-31	转-0003	

2. 备份账套数据到 F:\自己文件夹。

项目十六 应付款管理系统

一、知识目标

1. 了解应付款管理系统的基本结构和功能
2. 掌握应付款管理系统的初始设置、日常业务及月末处理的内容及操作方法

二、能力目标

1. 能够进行应付初始设置
2. 能够进行应收付业务日常核算与管理
3. 能够进行应付款的核销
4. 能够查询应付单据及账表

一、项目概述

在本项目中,要求学生根据情景案例的模拟公司资料,进行应付款初始设置、期初余额的录入、日常单据的处理、转账业务的处理、账表查询与期末处理等上机操作练习。

二、情景案例设计

1. 实验准备

(1)引入项目十五应收款第一次的备份数据。
(2)以账套主管"杨洋"的身份进入企业应用平台,完成应付款管理系统的业务操作。
(3)系统启用日期为 2013 年 1 月 1 日。
(4)开户银行与应收系统相同。

2. 应付系统的设置

(1)选项(表 16-1)。

表 16-1 选项参数一览表

参数选项	参数控制	参数选项	参数控制
应付款核销方式	按单据	单据审核日期依据	单据日期
应收账款核算类型	详细核算	受控科目制单方式	明细到供应商
非受控科目制单方式	汇总方式	红票对冲是否生成凭证	是
是否启用供应商权限	是	提前天数	10
报警方式	信用方式	其他参数按系统默认	

(2)初始设置(表16-2至表16-4)。

表16-2 科目设置一览表

科目类型	设置方式
基本科目	应付科目(本币):2202,材料采购科目:1401,应交增值税科目:22210201 预付科目:1123
控制科目	应付款科目涉及所有供应商
产品科目	采购科目1401及22210202涉及A材料和B材料
结算方式科目	现金支票:1001,转账支票:100201

表16-3 账龄区间设置一览表

序号	起始天数	总天数
01	1~30	30
02	31~60	60
03	61~90	90
04	91~180	180
05	181以上	

表16-4 报警级别设置一览表

序号	起始比率	总比率	级别名称
01	0~10%	10	A
02	10%~20%	20	B
03	20%~30%	30	C
04	30%以上		D

(3)应付款期初余额(表16-5)。

表16-5 供应商期初余额一览表

单据名称	方向	开票日期	供应商名称	部门	科目编码	货物名称	数量	无税单价	价税合计	摘要
采购专用发票	正向	04.17	海阳	采购部	2202	A材料	10 000	3	35 100元	采购材料
采购专用发票	正向	08.12	天美	采购部	2202	B材料	10 000	5	58 500元	采购产品

3.日常业务处理

(1)1月7日,采购部向海阳公司采购A材料5 000公斤,无税价3元,价税合并17 550元,收到一张增值税专用发票,料已验收入库,货款未付。

(2)1月8日,应向天美公司支付其他费用款1 200元。

(3)1月10日,采购部向天美公司采购B材料2 000台,含税价5元,货款10 000元,材料已验收入库,并收到普通发票一张,货款已通过转账支票支付。

(4)1月15日,以现金支票方式支付前欠海阳公司的料款35 100元

(5)1月20日,给海阳退回A材料100公斤,收到红字专用发票,并核销以前100公斤的应付账款。

4.对所有供应商的账龄进行分析

5.月末结账,在总账系统查询应付业务的机制凭证

任务分析

任务一　初始设置

▶子任务一　启用应付管理系统

引入实验数据后,以账套主管"杨洋"的身份进入企业应用平台,启用应付款系统,设立启用日期2013年1月1日,如图16-1所示。

图16-1　应付款管理系统启用

▶子任务二　应付款初始设置

步骤一　选项设置。进入应付款管理系统,选择"设置\选项",进行账套参数的设置,如图16-2所示。

步骤二　初始设置—设置基本科目。选择"设置\初始设置\设置基本科目",如图16-3所示。

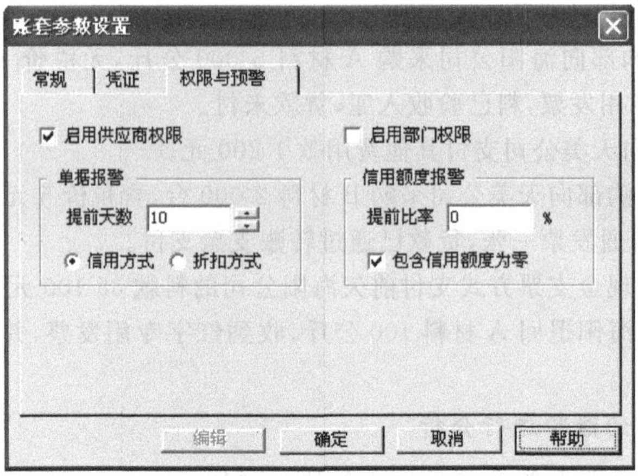

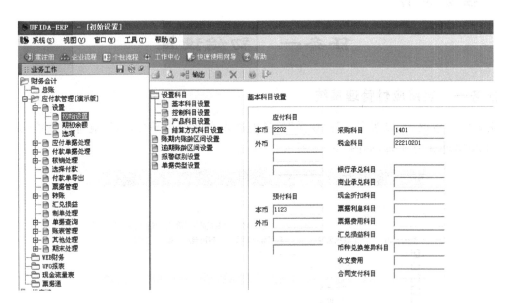

图 16-2 设置账套设置

图 16-3 基本科目设置

步骤三 选择"控制科目设置",输入控制科目信息,如图 16-4 所示。

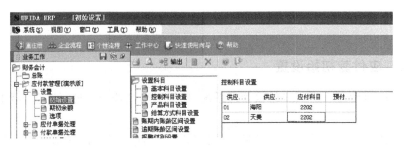

图 16-4 控制科目设置

步骤四 选择"产品科目设置",如图 16-5 所示。

图 16-5 产品科目设置

步骤五 结算方式科目设置、账龄区间设置、报警级别设置操作方法与应收款管理系统相同。

➢子任务三 期初余额录入

步骤一 选择"设置\期初余额",在弹出的"期初余额—查询"窗口中不用输入任何信息,直接"确定"进入"期初余额明细表"中,单击"增加",打开"单据类别"对话框。如图 16-6 所示。

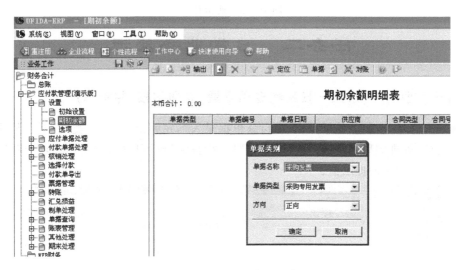

图 16-6 选择单据类别

步骤二 单击"确定",打开"采购专用发票",录入期初余额,如图 16-7 所示。

步骤三 按资料输入表头、表体各项内容后,"保存"后"退出",在"期初余额明细表"中"刷新",即可出现已录入的单据信息,单击"对账",对应付款管理的期初余额与总账系统的期初余额进行核对,如图 16-8 所示。当差额不为零时,要修改至差额为零。

图 16-7 采购专用发票

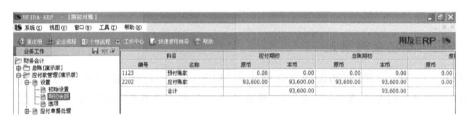

图 16-8 期初对账

任务二　日常业务处理

▶子任务一　业务一(录入一张采购专用发票,立即审核,并制单)

步骤一　选择"应付款单据处理\应付款单据录入",在弹出的"单据类别"对话框内,选择采购专业发票,处理同期初余额录入。"保存"后,检查无误后可直接单击"审核",审核完成后弹出如图 16-9 所示的提示框。

图 16-9 立即制单选择框

步骤二 选择"是",进入直接生成一张记账凭证,如图 16-10 所示。

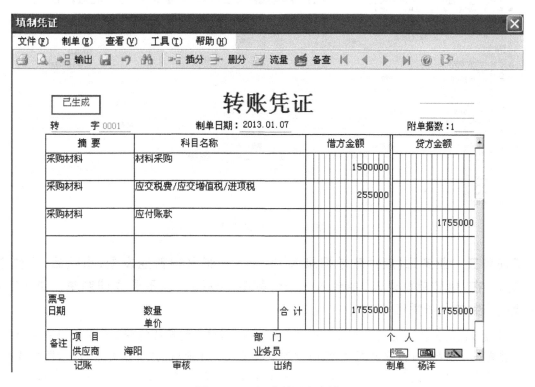

图 16-10 记账凭证生成图

子任务二 业务二(录入一张付款单,审核,制单)

步骤一 选择"应付款单据处理\应付款单据录入",在弹出的"单据类别"提示框内选择,单据名称为"应付单",如图 16-11 所示。

图 16-11 选择单据类别

步骤二 在应付单窗口中,直接输入表头信息,如图 16-12 所示。
步骤三 保存后立即"审核",在弹出的立即制单提示框中选择"是",生成一张凭证并"保存"。

图 16-12 应付单录入

> **子任务三** 业务三("应付款单据录入"中录入一张采购普通发票,审核后,不要立即制单,在"付款单据录入"中录入一张付款单,审核后,也不要立即制单。进入"制单处理"生成一张凭证)

（注意：在应付款系统内不能进行现结业务处理,但对采购系统的现结业务可以制单。）

步骤一 选择"应付款单据处理\应付款单据录入",在弹出的"单据类别"提示框内选择,单据名称为"采购发票",单据类型为"采购普通发票",录入发票信息,如图 16-13 所示。

图 16-13 采购普通发票录入

步骤二 审核不制单,选择"付款单据处理\付款单据录入",进行付款单录入,如图 16-14 所示。

步骤三 审核后,不制单,进入"制单处理",弹出"制单查询"窗口,如图 16-15 所示。

步骤四 "确定"进入"应付制单"窗口,单击"全选"后"合并",再选择"自动",会提示要不要隐藏,单击"是"弹出如图 16-16 所示的提示框。

项目十六 应付款管理系统

图 16-14 付款单据录入

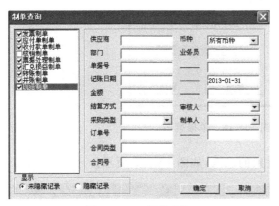

图 16-15 制单查询

图 16-16 自动隐藏提示框

步骤五 选择"是"后,再选择"制单",会出现如图 16-17 所示的凭证。

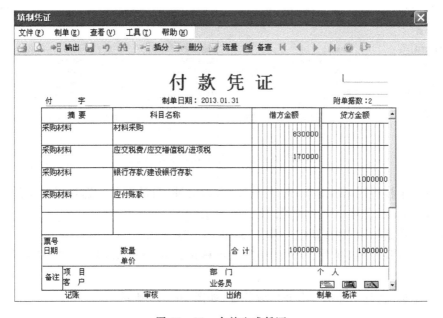

图 16-17 合并生成凭证

▶子任务四 业务四(录入一张付款单,生成一张凭证)

选择"付款单据处理\付款单据录入",进行付款单录入,审核后制单。

▶子任务五 业务五(采用红字专用发票)

步骤一 选择"应付款单据处理\应付款单据录入",在弹出的"单据类别"提示框内选择,单据名称:采购发票,单据类型:采购专用发票,方向:负向,如图16-18所示。

图16-18 单据类别

步骤二 确定后,进入红字专用发票的录入,如图16-19所示。

图16-19 红字专用发票录入

步骤四 审核不制单后退出,选择"转账\红票对冲\自动对冲",选择对冲条件,系统自动进行红票对冲,显示出对冲结果,如图16-20所示。

步骤五 不制单,产生自动红冲报告,如图16-21所示。

步骤六 选择"核销处理\自动核销",选择核销条件,弹出如图16-22所示的自动核销结果。

步骤七 进入"制单处理",合并生成凭证,如图16-23所示。

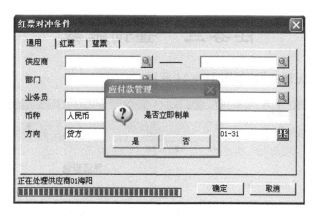

图 16-20 红票对冲

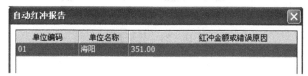

图 16-21 自动红冲报告

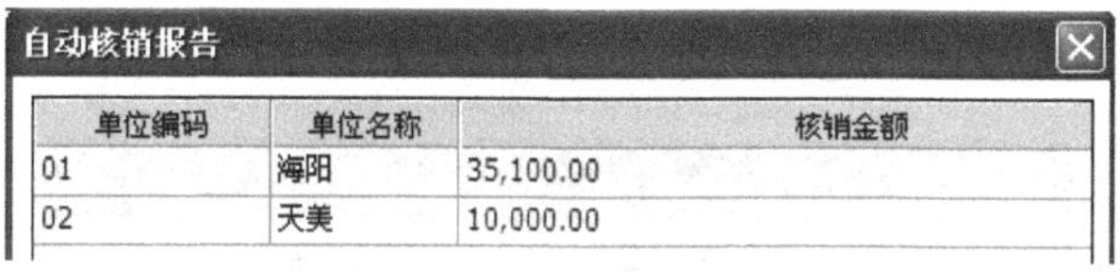

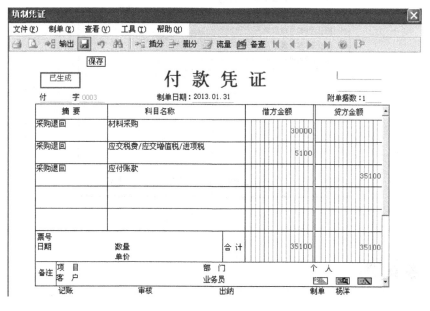

图 16-22 自动核销报告

图 16-23 生成红字凭证

任务三　查询账款

进入"单据查询\凭证查询"如图 16-24 所示。

图 16-24　凭证查询

任务四　月末结账

进入"期末处理\月末结账",选择结账月份,自动结账,出现如图 16-25 所示结果。

图 16-25　结账结果

任务结果

1. 生成五张凭证,如下图所示。

2.备份账套数据到F:\自己文件夹。

项目十七 采购、销售、库存管理

 学习目标

> 一、知识目标

1. 了解 U8 中供应链管理的地位和作用
2. 掌握供应链管理系统的初始设置
3. 掌握采购管理系统的基本操作
4. 掌握销售管理系统的基本操作
5. 掌握库存管理系统的基本操作
6. 掌握采购、销售、库存管理系统之间的关系

> 二、能力目标

1. 能够对供应链进行初始设置
2. 能够对供应链各子模块进行初始设置
3. 能够对采购管理系统各功能进行操作
4. 能够对销售管理系统各功能进行操作
5. 能够对库存管理系统各功能进行操作

 项目分析

> 一、项目概述

在本项目中,要求学生根据情景案例的模拟公司资料,在采购管理、销售管理、库存管理系统中完成上机操作练习。

> 二、情景案例设计

1. 定义各项基础档案:
(1)存货分类(表17-1)。

表 17-1 腾飞公司存货分类信息

编码	名称
1	原材料
2	外购品
3	产成品
4	应税劳务

(2)计量单位(表 17-2)。

表 17-2 计量单位信息

编号	名称	所属计量单位组	备注
01	套	数量单位	无换算
02	件	数量单位	无换算
03	条	数量单位	无换算
04	元	数量单位	无换算
05	匹	数量单位	无换算

(3)存货档案(表 17-3)。

表 17-3 腾飞公司存货档案

存货编码	存货名称	计量单位	存货属性	所属类别	备注
101	毛料	匹	外购/生产耗用	原材料	
102	棉布	匹	外购/生产耗用	原材料	
201	领带	条	外购/销售	外购品	
301	西装	套	自制/销售	产成品	
302	上衣	件	自制/销售	产成品	
303	裤子	条	自制/销售	产成品	
401	运费	元	应税劳务	应税劳务	

(4)仓库档案(表 17-4)。

表 17-4 腾飞公司仓库档案

仓库编码	仓库名称	计价方式
01	材料库	全月平均
02	外购品库	移动平均
03	产成品库	移动平均

(5)收发类别(表17-5)。

表17-5 腾飞公司收发类别信息

收/发	类别编码	类别名称	收/发	类别编码	类别名称
收	1	正常入库	发	6	正常出库
	101	采购入库		601	销售出库
	102	产成品入库		602	生产领用
	103	调拨入库		603	调拨出库
	2	非正常入库		7	非正常出库
	201	盘盈入库		701	盘亏出库
	202	其他入库		702	其他出库

(6)采购类型(表17-6)。

表17-6 腾飞公司采购类别信息

序号	采购类型编码	采购类型名称	入库类别	是否默认值
1	1	普通采购	采购入库	是

(7)销售类型(表17-7)。

表17-7 腾飞公司销售类别信息

序号	销售类型编码	销售类型名称	出库类别	是否默认值
1	1	经销	销售出库	是
2	2	代销	销售出库	否

2.供应链各模块初始设置

(1)采购管理。

2012年12月29日收到益达公司发来毛料10匹,单价10 000元,商品已经验收入库,发票尚未收到。

(2)销售系统。

2012年12月30日,销售一部向华宏公司出售西装100套,单价1 000元,商品已经发出尚未开票。

销售选项:有委托代销业务、有直运销售业务、直运销售必有订单,单笔容差和整单容差均为"1.00",其他选项默认。

(3)库存管理(表17-8)。

表 17-8　各仓库月初结存存货

仓库编码	仓库名称	存货	单位	数量	单价
03	产成品库	西装	套	200	600
03	产成品库	上衣	件	100	400
03	产成品库	裤子	条	100	200
02	外购品库	领带	条	100	100
01	材料库	棉布	匹	100	1 000
01	材料库	毛料	匹	10	10 000

选项:有组装、拆卸业务,其他默认。

3. 业务处理

腾飞公司 2013 年 1 月发生以下业务:

(1)请购业务。

1 月 1 日,业务员王山向益达公司询问领带的价格(80 元/条,不含税),觉得价格合适,随后向公司上级主管提出请购要求,请购数量为 300 条。业务员据此填制请购单。

(2)采购订单。

1 月 1 日,上级主管同意向益达公司订购领带 300 条,单价为 80 元。

(3)采购到货。

1 月 3 日,收到所订购的领带 300 条,填制到货单。

(4)采购入库。

1 月 3 日,将所收到的货物验收入原材料仓库,填制采购入库单。

(5)采购发票。

当天收到该笔货物的专用发票和上月采购毛料的货物发票。

(6)运费发票。

在采购领带的过程中,发生了一笔运输费 200 元,税率为 7%,收到相应的运费发票一张。

(7)采购结算。

1 月 4 日,完成以上领带采购业务的结算。

(8)销售报价

1 月 5 日,昌新贸易公司想购买 100 套西装,向销售二部了解价格。销售二部报价为 1 000 元/套,填制并审核报价单。

(9)销售订货。

1 月 5 日,该客户了解情况后,要求订购 100 套西装,要求发货日期为 1 月 6 日。填制并审核销售订单。

(10)销售发货。

1 月 6 日,销售二部从产成品仓库向昌新贸易公司发出其所订货物。

(11)销售开票。

并据此开据专用销售发票一张。

(12)代垫费用。

1月6日,销售二部在向昌新贸易公司销售商品过程中发生了一笔代垫的运费500元。

(13)直运业务—销售订单。

1月8日,销售一部接到业务信息,精益公司想购买领带200条,经协商以单价为100元成交,增值税率为17%。销售一部填制相应销售订单。

(14)直运业务—采购订单。

当日,销售一部通知采购部以80元的价格向兴华公司发出采购订单,并要求对方直接将货物送到精益公司。

(15)直运业务—采购发票。

1月22日,货物送至精益公司,兴华公司凭送货签收单根据订单开具了一张专用发票给采购部。

(16)直运业务—销售发票。

销售一部根据销售订单开具专用发票一张。

(17)产成品入库。

1月24日,产成品仓库收到当月生产的100条裤子,做产成品入库。

(18)领用材料。

1月24日,一车间向原料仓库领用毛料6匹、棉布100匹,用于生产。

(19)调拨业务。

1月27日,将外购品仓库中的100只领带调拨到原材料仓库。

(20)组装业务。

1月28日,将100件上衣和100条裤子组装成100套西装。

(21)盘点业务。

1月31日,对材料库的所有存货进行盘点。盘点后,发现毛料多出一匹。

4.月末结账

对供应链各个模块进行结账处理。

 任务分析

任务一　定义基础档案

准备工作:以"Admin"的身份登录"系统管理"后,引入供应链初始备份账套"项目二"。分别启用"采购管理"、"销售管理"和"库存管理"系统,启用日期为"2013.01.01"。

> **子任务一　设置存货分类**

步骤一　以账套主管(A01)登录"企业应用平台"→"基础设置"→"基础档案"→"存货"→"存货分类"。

步骤二　点击" "打开增加"存货分类"录入相关信息,点击"保存"。

▶子任务二　设置计量单位

　　步骤一　"基础设置"→"基础档案"→"存货"→"计量单位"。
　　步骤二　点击"分组"→"增加",分别输入两个计量单位组,点击"保存"。
　　步骤三　点击"单位"→"增加",输入"计量单位相关信息"→"保存"。

▶子任务三　增加存货档案

　　步骤一　"基础设置"→"基础档案"→"存货"→"存货档案"。
　　步骤二　点击"增加"输入"各存货相关信息"→"保存"。

▶子任务四　设置仓库档案

　　步骤一　"基础设置"→"基础档案"→"业务"→"仓库档案"。
　　步骤二　点击"增加"输入"仓库档案相关信息"→"保存"。

▶子任务五　设置收发类别

　　步骤一　"基础设置"→"基础档案"→"业务"→"收发类别"。
　　步骤二　点击"增加"输入"收发类别相关信息"→"保存"。

▶子任务六　设置采购类型

　　步骤一　"基础设置"→"基础档案"→"业务"→"采购类型"。
　　步骤二　点击"增加"输入"采购类型相关信息"→"保存"。

▶子任务七　设置销售类型

　　步骤一　"基础设置"→"基础档案"→"业务"→"销售类型"。
　　步骤二　点击"增加"输入"销售类型相关信息"→"保存"。

任务二　供应链各模块初始设置

▶子任务一　采购管理系统初始设置

　　步骤一　以 A01 的身份登录"企业应用平台"→"供应链"→"采购管理"。
　　步骤二　点击"采购入库"→"采购入库单"进入"期初采购入库单",如图 17-1 所示。
　　步骤三　点击"增加"→输入日期"2012.12.29"、仓库"材料库"、供货单位"益达公司"、部门"采购部"、采购类型"普通采购"、入库类别"采购入库"。
　　步骤四　选择存货编码"101"、数量"10"、单价"10 000"→"保存"。
　　步骤五　点击"采购管理"→"设置"→"采购期初记账",点击"记账"。

图 17-1 期初入库单界面

▶子任务二 销售管理系统初始设置

步骤一 以 A03 的身份登录"企业应用平台"→"供应链"→"销售管理"。

步骤二 点击"设置"→"期初录入"→"销售选项"→"有委托代销业务、由直运销售业务、直运销售必有订单"→单笔容差和整单容差均为"1.00"→选中"改变税额反算税率"→"确定"。

步骤三 点击"设置"→"期初发货单"→"增加"。

步骤四 输入日期"2012.12.30"、销售类型"普通销售"、客户"K01"、税率"0.17"、仓库名称"03"、存货名称"301"、数量"100"、无税单价"1 000"→"保存"。

步骤五 点击"审核"。

▶子任务三 库存管理系统初始设置

步骤一 以 A05 的身份登录"企业应用平台"→"供应链"→"库存管理"。

步骤二 点击"初始设置"→"选项"→"有组装、拆卸业务"→"确定"。

步骤三 点击"期初结存"→仓库选择"材料库"→"修改"→第一行:存货编码"101"、数量"10"、单价"10 000"→"保存"→"审核"。

步骤四 点击第二行:存货编码"102"、数量"100"、单价"1 000"→"保存"→"审核"。

步骤五 再分别选择"外购品仓库"和"产成品库"输入其他存货的库存信息→"保存"→"审核"。

任务三 业务处理

▶子任务一 请购业务

步骤一 以 A02 的身份登录"企业应用平台"→"供应链"→"采购管理"。

步骤二 点击"请购"→"请购单"→"增加"。

步骤三 输入业务类型"普通采购"、日期"2013.01.01"、部门"采购部"、业务员"王山"、采购类型"普通采购"。

步骤四 选择存货编码“201”、数量“300”、无税单价“80”、需求日期“2013.01.03”、供应商“G01”→“保存”→“审核”。

➢子任务二 采购订单

步骤一 点击“采购订货单”→“采购订单”→“增加”。

步骤二 输入采购单表头信息。

步骤三 在采购订单表体上右击“拷贝采购请购单”→“过滤”，进入“拷贝采购请购单”界面，如图 17－2 所示。

采购订单拷贝采购订单

记录总数：1

选择	订单编号	订单日期	供应商	币种	存货编码	存货名称	规格型号	主计量	订货数量	原币单价	原币含税单价	原币金额	原币税额	原币价税合计
Y	0000000001	2011-01-01	益达公司	人民币	201	领带		条	300.00	80.00	93.60	24,000.00	4,080.00	28,080.0

图 17－2 拷贝采购请购单

步骤四 双击“选择”栏的空格，点击“OK”后返回“采购订单”界面→“保存”→“审核”。

➢子任务三 采购到货

步骤一 点击“采购到货”→“到货单”→“增加”。

步骤二 输入采购单表头信息。

步骤三 在采购订单表体上右击“拷贝采购订单”→“过滤”，进入“拷贝采购订单”界面。

步骤四 在“拷贝采购订单”界面双击“选择”栏的空格→点击“OK”后返回“到货单”界面→“保存”。

➢子任务四 采购入库

步骤一 以 A05 的身份登录“企业应用平台”→“供应链”→“库存管理”。

步骤二 点击“入库业务”→“采购入库单”→“增加”。

步骤三 输入“采购入库单”的“入库日期”、“仓库”、“供货单位”、“部门”、“采购类型”、“入库类别”、“存货编码”等信息后点击“保存”、“审核”。

➢子任务五 采购发票

步骤一 以 A02 的身份登录“企业应用平台”→“供应链”→“采购管理”。

步骤二 点击“采购发票”→“专用采购发票”→“增加”。

步骤三 在“专用发票”表体上右击“拷贝采购订单”→“采购订单”→“保存”。

步骤四 点击“采购入库”，用翻页功能进入“期初采购入库单”界面，点击“生成”→发票类型“专用发票”→“自动结算”→“期初采购入库单”→“生单”。

注意：采购发票也可以在“库存管理系统”中“采购入库单”界面，直接点击“生单”后自动生成。

➢子任务六 运费发票

步骤一 点击“采购发票”→“运费发票”→“增加”。

步骤二 在“运费发票”界面输入“开票日期”、“供应商”、“代垫单位”、“存货名称”、“数量”

等信息后点击"保存"。

注意:运费发票的表体和表头税率均应选择7%。

➢子任务七 采购结算

步骤一 点击"采购结算"→"手工结算"→"过滤",进入"结算选单"界面,如图17-3所示。

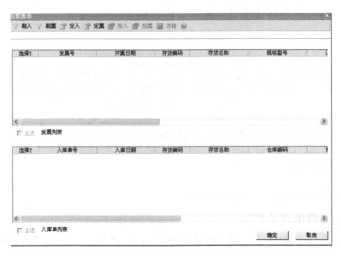

图17-3 结算选单界面图

步骤二 分别单击"刷票"、"刷入"按钮。

步骤三 直接点击"过滤"→选中显示的单据→"确定",进入如图17-4所示的界面。

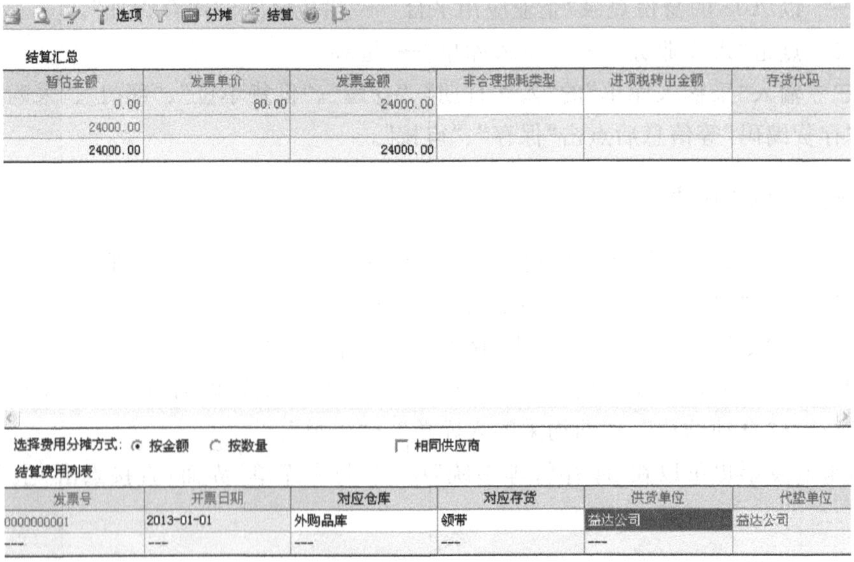

图17-4 结算汇总界面

— 276 —

步骤四　点击"分摊"→"选择按金额分摊,是否开始计算"→"是"。
步骤五　点击"结算"后,完成结算。

➤子任务八　销售报价

步骤一　以 A03 的身份登录"企业应用平台"→"供应链"→"销售管理"。
步骤二　点击"销售报价"→"销售报价单"进入销售报价单界面,点击"增加"按钮。
步骤三　输入"客户"、"销售类型"、"存货编码"、"报价"等信息后点击"保存"、"审核"。

➤子任务九　销售订货

步骤一　在销售管理系统中,点击"销售订货"→"销售订单"→"增加"进入增加销售订单界面。
步骤二　点击"报价"按钮系统自动进入"选择报价单"界面,如图 17-5 所示。

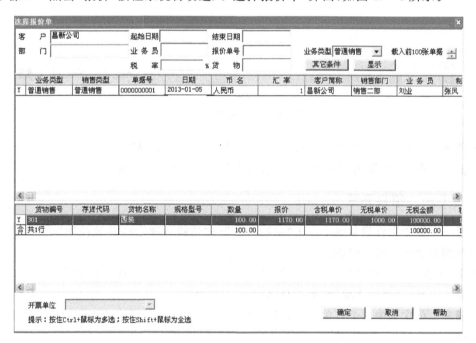

图 17-5　选择报价单界面

步骤三　在"选择订单"界面选择客户"昌新公司"后点击"显示"。
步骤四　依次选中订单和货物行后点击"确定"返回"销售订单"界面。
步骤五　点击表体第一行最后一栏输入预计发货日期"2013.01.06"。
步骤六　点击"保存"、"审核"。

➤子任务十　销售发货

步骤一　在销售管理系统中点击"销售发货"→"发货单"→"增加",系统自动进入"选择订单"界面,如图 17-6 所示。
步骤二　在"选择订单"界面选择客户"昌新公司"后点击"显示"。

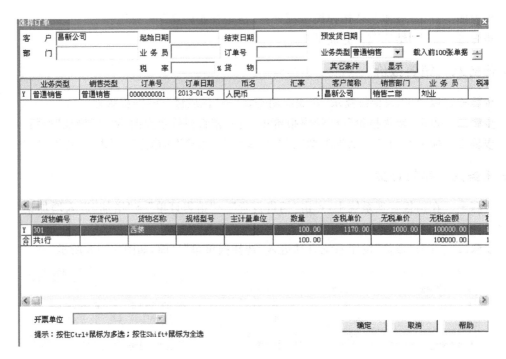

图 17-6 选择订单界面

步骤三 分别选中订单和货物行后点击"确定"返回"发货单"界面。

步骤四 在"发货单"中选择"产成品仓库"后点击"保存"、"审核"。

➤子任务十一 销售开票

步骤一 在销售管理系统中点击"基础设置"→"销售选项"→"其他控制"→"选择新增发票默认参照发货单生成"→"确定"。

点击"销售发票"→"销售专用发票"→"增加",系统自动进入"选择发货单"界面。

步骤二 在"选择发货单"界面选择客户点击"显示"。

步骤三 依次选中两个订单(包括月初结存)和对应货物行后点击"确定"返回"销售专用发票"界面,点击"保存"、"审核"。

➤子任务十二 代垫费用

步骤一 以账套主管(A01)登录"企业应用平台"→"基础设置"→"基础档案"→"业务"→"费用项目分类"。

步骤二 在"费用项目分类"界面点击"增加",输入分类编码"1"、分类名称"代垫费用"后"退出"。

步骤三 点击"费用项目"→"增加",输入费用项目编码"1"、费用项目名称"代垫运费",费用项目分类选择"代垫费用"后"保存"。

步骤四 在销售管理系统中点击"代垫费用"→"代垫费用单"→"增加"。

步骤五 输入"代垫费用单"表头和表体内容后点击"保存"、"审核"。

➢子任务十三　直运业务—销售订单

步骤一　以 A03 的身份登录"企业应用平台"→"供应链"→"销售管理"→"销售订货"→"销售订单"→"增加"。

步骤二　在业务类型和销售类型中都选择"直运销售",客户"K03"、存货编码"201"、数量"200"、单价"100"→"保存"→"审核"。

➢子任务十四　直运业务—采购订单

步骤一　以 A02 的身份登录"企业应用平台"→"供应链"→"采购管理"。

步骤二　点击"采购订货"→"采购订单"→"增加"。

步骤三　右击表体选择"拷贝销售订单"→"过滤"→"选中直运销售订单"→"OK"返回采购订单界面—"保存"→"审核"。

➢子任务十五　直运业务—采购发票

步骤一　在"采购管理系统"点击"采购发票"→"专用采购发票"→"增加"。

步骤二　在"专用发票"界面,表头的业务类型选择"直运采购"、开票日期选择"2011－01－22"。

步骤三　在表体上右击,选择"拷贝采购订单"进入"过滤",如图 17-7 所示。

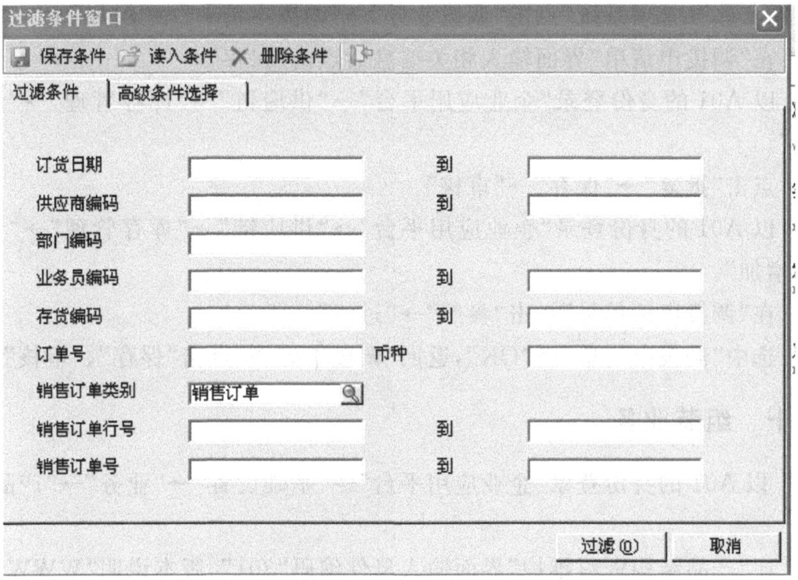

图 17-7　拷贝采购订单过滤条件窗口

在销售订单类别处,点击参照,选择"销售订单"→"过滤"。

步骤四　选中"直运采购订单"→"OK"→返回采购订单界面→"保存"。

➤子任务十六 直运业务-销售发票

步骤一 在销售管理系统点击"销售发票"→"销售专用发票"→"增加"
步骤二 在"销售专用发票"填制界面点击"订单"进入"销售订单选择"界面。
步骤三 "业务类型"选择"直运销售"→"显示"。
步骤四 依次选中订单和货物点击"确定",返回"销售专用发票"界面,点击"保存"、"审核"。

➤子任务十七 产成品入库

步骤一 以 A05 的身份登录"企业应用平台"→"供应链"→"库存管理"→"入库业务"→"产成品入库"→"增加"。
步骤二 在"产成品入库界面"输入相关信息,点击"保存"、"审核"。

➤子任务十八 领用材料

步骤一 在"库存管理系统"点击"出库业务"→"材料出库单"→"增加"。
步骤二 在"材料出库单"界面输入相关信息后点击"保存"、"审核"。

➤子任务十九 调拨业务

步骤一 在"库存管理系统"点击"调拨业务"→"调拨申请单"→"增加"。
步骤二 在"调拨申请单"界面输入相关信息后点击"保存"。
步骤三 以 A01 的身份登录"企业应用平台"→"供应链"→"库存管理"→"调拨业务"→"调拨申请单"。
步骤四 点击"批复"→"保存"→"审核"
步骤五 以 A01 的身份登录"企业应用平台"→"供应链"→"库存管理"→"调拨业务"→"调拨单"→"增加"。
步骤六 在"调拨申请单号"点击"参照"→"过滤"。
步骤七 选中"调拨申请单"→"OK",返回"调拨单界面"点击"保存"、"审核"。

➤子任务二十 组装业务

步骤一 以 A01 的身份登录"企业应用平台"→"基础设置"→"业务"→"产品结构"→"增加"。
步骤二 在"产品结构资料维护"界面输入母件编码"301"、版本说明"WWWWW"。
步骤三 在表体第一行输入子件编码"302"、基本用量"1"等信息,在第二行输入子件编码"303"、基本用量"1"等信息后点击"保存"。
步骤四 以 A05 的身份登录"企业应用平台"→"供应链"→"库存管理"。
步骤五 在"库存管理系统"点击"组装拆卸"→"组装单"→"增加"。
步骤六 在组装单中,表头配套件选择"西装"、版本号选择"WWWWW"后点击"确定",然后输入表头、表体的其他内容后点击"保存"、"审核"。此时得到"组装单",如图 17-8 所示。

图17-8 组装单

➤子任务二十一 盘点业务

步骤一 在"库存管理系统"点击"盘点业务",进入"盘点单"后点击"增加"。

步骤二 输入相关信息后点击"保存"、"审核"。

任务四 期末结账

➤子任务一 采购系统期末结账

步骤一 以A02的身份登录"企业应用平台"→"供应链"→"采购管理"。

步骤二 点击"月末结账",选中结账月份后点击"结账"后显示如图17-9所示。

图17-9 采购系统月末结账示意图

步骤三 点击"确定",完成结账处理。

➢子任务二 销售系统月末结账

步骤一 以 A03 的身份登录"企业应用平台"→"供应链"→"销售管理"。
步骤二 点击"月末结账",选中结账月份点击"结账"后点击"退出"。

➢子任务三 库存系统月末结账

步骤一 以 A05 的身份登录"企业应用平台"→"供应链"→"库存管理"。
步骤二 点击"月末结账",选中结账月份点击"结账"后点击"退出"。

项目十八　财务会计综合实验

综合一　系统管理

项目分析

一、项目概述

在本项目中,要求学生根据情景案例的模拟公司资料,进行新建账套、修改账套、输出账套、引入账套、增加用户、分配权限等上机操作练习。

二、情景案例设计

1. 系统操作员及权限(表18-1)

表18-1　丰丰配件厂操作员一览表

编号	姓名	口令	所属部门	角色	财务分工	权限
001	莫浩为	001	财务部	账套主管	账套主管	账套主管的全部权限
002	朱千	002	财务部		会计	总账、应收款管理、应付款管理、公共目录设置中的常用摘要的权限
003	张芸诚	003	财务部		出纳	总账系统中出纳签字及出纳的所有权限
004	何宇松	004	财务部		会计	薪资管理、固定资产管理的所有权限

2. 丰丰配件公司建账信息(表18-2)

表18-2　丰丰配件公司账套信息

项目	账套参数	
账套信息	账套号:200 账套路径:E:\200账套	账套名称:丰丰配件股份有限公司 启用会计期:2013年1月
单位信息	单位名称:丰丰配件股份有限公司 单位地址:河北石家庄 邮　　编:050000	单位简称:丰丰公司 法人代表:秦哲会 税　　号:311258963968888
核算类型	本币代码:RMB	币名称:人民币

283

续表 18-2

项目	账套参数	
基础信息	企业类型:工业 账套主管:莫浩为 存货是否分类:是 供应商是否分类:是	行业性质:2007年新会计制度科目 按行业性质预置科目:是 客户是否分类:是 有无外币核算:否
编码方案	科目编码:4—2—2—2 存货分类编码:2—2—2 结算方式:1—2	客户分类编码:2—3 部门编码:1—2 收发类别:1—1
数据精度	全部小数位默认为2	
系统启用	启用"总账系统"日期为2013年1月1日	

3.修改账套

(1)修改供应商不分类。

(2)修改编码方案:客户分类编码(1—2—3)。

4.设置自动备份计划(表18-3)

在"E:\200账套"下建立"自动备份"文件夹。

表 18-3 丰丰公司自动备份计划

计划编号	2013—01	计划名称	200账套备份
备份类型	账套备份	发生频率	每周
发生天数	1	开始时间	17:30
有效触发	2小时	保留天数	0
备份路径	E:\200账套\自动备份	账 套	丰丰配件股份有限公司

5.备份账套(输出账套)

(1)在E盘200账套文件夹下建立"综合1—系统管理"文件夹。

(2)将200账套数据备份到"E:\200账套\综合1—系统管理"文件夹中。

综合二 基础设置

项目分析

➢ 一、项目概述

在本项目中,要求学生根据情景案例的模拟公司资料,进行部门档案、人员类别、人员档案、客户档案、供应商档案等上机操作练习。

二、情景案例设计

1. 引入数据

引入"综合1—系统管理"的备份数据,以账套主管"001莫浩为"的身份注册进入企业应用平台,操作日期是 2013 年 1 月 1 日。

2. 丰丰公司部门档案(表18-4)

表 18-4 部门档案

部门编码	部门名称	部门属性
1	人事部	行政管理
2	财务部	财务管理
3	销售部	销售管理
301	销售一部	市场营销
302	销售二部	市场营销
4	供应部	采购供应
5	生产部	生产管理
501	一车间	生产制造
502	二车间	生产制造

3. 丰丰公司人员类别(表18-5)

表 18-5 人员类别

档案编码	档案名称
1001	企业管理人员
1002	经营人员
1003	车间管理人员
1004	生产工人

4. 丰丰公司人员档案(表18-6)

表 18-6 人员档案

人员编码	人员姓名	人员类别	行政部门	性别	是否业务员
101	秦哲慧	企业管理人员	人事部	男	
201	莫浩为	企业管理人员	财务部	女	
202	朱千	企业管理人员	财务部	男	
203	张芸诚	企业管理人员	财务部	女	是
204	何宇松	企业管理人员	财务部	男	
301	吴天国	经营人员	销售一部	男	是
302	关聪力	经营人员	销售一部	男	是
303	毛念佳	经营人员	销售二部	女	是
304	冯羽	经营人员	销售二部	女	是

续表 18-6

人员编码	人员姓名	人员类别	行政部门	性别	是否业务员
401	吴凤曼	经营人员	供应部	女	是
501	鲁杰文	车间管理人员	一车间	男	
502	杨德依	生产工人	一车间	男	
503	梁文杰	车间管理人员	二车间	男	
504	曾琳	生产工人	二车间	女	

5. 丰丰公司客户分类（表 18-7）

表 18-7 客户分类

分类编码	分类名称
1	北京客户
2	华北客户
3	华中客户
4	华南客户

6. 丰丰公司客户档案（表 18-8）

表 18-8 客户档案

客户编码	客户名称	客户简称	所属分类	税号	分管部门	专管业务员
01	北京华旗公司	华旗公司	1	195678568821164	销售一部	吴天国
02	北京恒昌公司	恒昌公司	1	157895154965156	销售一部	吴天国
03	石家庄嘉信公司	嘉信公司	2	202157110153440	销售一部	关聪力
04	河南安琪公司	安琪公司	3	348978004879085	销售二部	毛念佳
05	广州卓越飞扬公司	卓越飞扬公司	4	506548789015498	销售二部	毛念佳

7. 丰丰公司供应商档案（表 18-9）

表 18-9 供应商档案

供应商编码	供应商名称	供应商简称	所属分类	税号	分管部门	专管业务员
01	北京开拓公司	开拓公司	00	159821549845681	供应部	吴凤曼
02	广州隆鑫公司	隆鑫公司	00	528784515498423	供应部	吴凤曼
03	广州朔日公司	朔日公司	00	544545110351656	供应部	吴凤曼

5. 备份账套（输出账套）

(1) 在 E 盘 200 账套文件夹下建立"综合 2—基础设置"文件夹。

(2)将200账套数据备份到"E:\200账套\综合2—基础设置"文件夹中。

综合三 总账系统初始设置

项目分析

➢ 一、项目概述

在本项目中,要求学生根据情景案例的模拟公司资料,进行设置总账参数、增加与修改会计科目、指定会计科目、设置凭证类别、设置结算方式、设置项目目录、录入期初余额等上机操作练习。

➢ 二、情景案例设计

1. 引入数据

引入"综合2—基础设置"的备份数据,以账套主管"001莫浩为"的身份注册进入企业应用平台,操作日期是2013年1月1日。

2. 设置总账系统的参数(表18-10)

表18-10 总账系统的参数

选项卡	参数设置
"凭证"	制单序时控制
	支票控制
	可以使用应收、应付、存货受控科目
	凭证编号采用系统编号
	批量审核凭证进行合法性校验
"权限"	凭证审核控制到操作员
	出纳凭证必须经由出纳签字
	不允许修改、作废他人填制的凭证
	可查询他人凭证
"会计日历"	数量小数位:2
	单价小数位:2
	本位币精度:2

3. 增加会计科目（表18-11）

表18-11 新增会计科目表

科目编码	科目名称	账页格式	辅助账类型	计量单位
100201	工行存款		日记账、银行账	
100202	建行存款		日记账、银行账	
122101	应收职工借款		个人往来	
140101	甲材料	数量金额式	数量核算	千克
140102	乙材料	数量金额式	数量核算	千克
140301	甲材料	数量金额式	数量核算	千克
140302	乙材料	数量金额式	数量核算	千克
160501	专用材料		项目核算	
160502	专用设备		项目核算	
160503	预付大型设备款		项目核算	
160504	为生产准备的工具及器具		项目核算	
190101	待处理流动资产损溢			
190102	待处理固定资产损溢			
221101	工资			
221102	职工福利			
221103	工会经费			
221104	职工教育经费			
222101	应交增值税			
22210101	进项税额			
22210102	已交税金			
22210103	转出未交增值税			
22210104	销项税额			
22210105	进项税额转出			
22210106	转出多交增值税			
222102	未交增值税			
222103	应交所得税			
410401	提取法定盈余公积			
410402	提取法定公益金			
410403	提取任意盈余公积			
410404	未分配利润			
500101	直接材料			
500102	直接人工			
500103	制造费用			
500104	折旧费			
500105	其他			
510101	工资			
510102	折旧费			
510103	水电费			
510104	其他			
660101	广告费			
660102	工资			

续表 18－11

科目编码	科目名称	账页格式	辅助账类型	计量单位
660103	福利费			
660104	折旧费			
660105	其他			
660201	工资		部门核算	
660202	福利费		部门核算	
660203	办公费		部门核算	
660204	差旅费		部门核算	
660205	折旧费		部门核算	
660206	工会经费		部门核算	
660207	职工教育经费		部门核算	
660208	其他		部门核算	

4. 修改会计科目（表 18－12）

表 18－12　修改会计科目表

科目编码	科目名称	辅助账类型
1001	库存现金	日记账
1002	银行存款	日记账、银行账
1121	应收票据	客户往来（无受控系统）
1122	应收账款	客户往来（无受控系统）
1123	预付账款	供应商往来（无受控系统）
1221	其他应收款	个人往来
1605	工程物资	项目核算
2201	应付票据	供应商往来（无受控系统）
2202	应付账款	供应商往来（无受控系统）
2203	预收账款	客户往来（无受控系统）
6602	管理费用	部门核算

5. 指定会计科目

将"库存现金（1001）"科目指定为现金总账科目；将"银行存款（1002）"科目指定为银行总账科目。

6. 设置凭证类别（表 18－13）

表 18－13　凭证类别

类别名称	限制类型	限制科目
收款凭证	借方必有	1001,1002
付款凭证	贷方必有	1001,1002
转账凭证	凭证必无	1001,1002

7. 设置结算方式（表 18-14）

表 18-14　结算方式

结算方式编码	结算方式名称	是否票据管理
1	现金	否
2	支票	否
201	现金支票	是
202	转账支票	是
3	商业汇票	否
301	商业承兑汇票	否
302	银行承兑汇票	否
4	托收承付	否

8. 设置项目目录

(1)定义项目大类（表 18-15）。

表 18-15　项目大类

项目大类名称	项目级次
自建工程	一级

(2)指定项目核算科目（表 18-16）。

表 18-16　核算科目

项目大类名称	核算科目
自建工程	工程物资(1605)
	专用材料(160501)
	专用设备(160502)
	预付大型设备款(160503)
	为生产准备的工具及器具(160504)

(3)项目分类定义（表 18-17）。

表 18-17　项目分类定义

项目大类名称	分类编码	分类名称
自建工程	1	自建生产线
	2	设备安装

(4)项目目录定义（表 18-18）。

表 3-9　项目目录定义

项目大类名称	项目编号	项目名称	所属分类
自建工程	01	1号生产线	1
	02	2号生产线	1

9. 录入期初余额(表18-19)

表 18-19　期初余额表

科目名称	期初余额	备注
库存现金	8 090	
银行存款	1 272 000	
工行存款	1 000 000	
建行存款	272 000	
应收票据	35 100	2012-12-26,销售给华旗公司硬盘100块,价税合计35 100元,收到商业承兑汇票一张,票号035624,业务员吴天国。
应收账款	608 400	2012-12-20,销售给安琪公司内存50条,价税合计23 400元,业务员毛念佳。 2012-12-23,销售给卓越飞扬公司主机100个,价税合计585 000元,业务员毛念佳。
其他应收款/应收职工借款	6 000	2012-12-25,供应部吴凤曼出差借差旅费6 000元。
原材料	1 152 400	
甲材料	550 000	5 000千克
乙材料	602 400	7 200千克
库存商品	1 380 000	
固定资产	4 926 000	
累计折旧	631 260	
短期借款	300 000	
应付票据	35 100	2012-12-28,向朔日公司购进甲材料,价税合计35 100元,采购员吴凤曼。
应付账款	93 600	2012-12-31,向隆鑫公司购进乙材料,价税合计93 600元,采购员吴凤曼。
应交税费	341 500	
未交增值税	128 000	
应交所得税	213 500	
长期借款	800 000	
实收资本	7 000 000	
利润分配/未分配利润	186 530	

(表中只列出了有期初余额的科目,试算结果为 8 756 730)

10. 备份账套(输出账套)

(1)在 E 盘 200 账套文件夹下建立"综合 3—总账初始设置"文件夹。

(2)将 200 账套数据备份到"E:\200 账套\综合 3—总账初始设置"文件夹中。

综合四　总账系统日常业务处理

项目分析

➤ 一、项目概述

在本项目中,要求学生根据情景案例的模拟公司资料,进行设置常用摘要、填制凭证、审核凭证、修改凭证、删除凭证、记账、查询客户往来明细账、查询部门总账等上机操作练习。

➤ 二、情景案例设计

1. 引入数据

引入"综合 3—总账初始设置"的备份数据,以操作员"002 朱千"的身份注册进入企业应用平台,操作日期是 2013 年 1 月 31 日。

2. 设置常用摘要(表 18-20)

表 18-20　常用摘要

摘要编码	摘要内容
1	提取现金备用
2	报销办公费
3	生产领用材料

3. 丰丰公司 2013 年 1 月发生的经济业务

(1)1 月 1 日,财务部张芸诚用现金支票到工行提出 8 000 元现金备用,支票号为 7681,进行支票登记。

　　借:库存现金　　　　　　　　　　　　　　8 000
　　　贷:银行存款/工行存款　　　　　　　　　8 000

(2)1 月 3 日,以现金 500 元支付财务部办公费。

　　借:管理费用/办公费　　　　　　　　　　　500
　　　贷:库存现金　　　　　　　　　　　　　　500

(3)1 月 8 日,北京华旗公司购买硬盘 100 块,价款 45 500 元,增值税 7 735 元,收到商业承兑汇票一张,业务员吴天国。

　　借:应收票据　　　　　　　　　　　　　　53 235
　　　贷:主营业务收入　　　　　　　　　　　45 500

　　　　　应交税费/应交增值税/销项税额　　　　　　　　7 735

　(4) 1月10日,采购甲材料700千克,无税单价110元,增值税13 090元,材料已入库,供应部吴凤曼领用工行转账支票一张支付货款,票号2963,进行支票登记。

　　　　借:原材料/甲材料　　　　　　　　　　　　　77 000
　　　　　应交税费/应交增值税/进项税额　　　　　　 13 090
　　　　　贷:银行存款/工行存款　　　　　　　　　　　　90 090

　(5) 1月13日供应部吴凤曼到广州出差,预借差旅费3 000元,以现金付讫。

　　　　借:其他应收款/应收职工借款　　　　　　　　　3 000
　　　　　贷:库存现金　　　　　　　　　　　　　　　　3 000

　(6) 1月13日,二车间领用乙材料30千克,单价83.67元/千克。

　　　　借:生产成本/直接材料　　　　　　　　　　　　2 510.10
　　　　　贷:原材料/乙材料　　　　　　　　　　　　　2 510.10

　(7) 1月18日,财务部张芸诚签发工行转账支票一张,票号2964,支付广告费8 700元,不进行支票登记。

　　　　借:销售费用/广告费　　　　　　　　　　　　　8 700
　　　　　贷:银行存款/工行存款　　　　　　　　　　　　8 700

　(8) 1月20日,供应部吴凤曼出差回来报销差旅费2 850元,余款150元现金收讫。

　　　　借:管理费用/差旅费　　　　　　　　　　　　　2 850
　　　　　贷:其他应收款/应收职工借款　　　　　　　　2 850
　　　　借:库存现金　　　　　　　　　　　　　　　　　150
　　　　　贷:其他应收款/应收职工借款　　　　　　　　150

　(9) 1月25日,一车间领用甲材料50千克,单价110元/千克。

　　　　借:生产成本/直接材料　　　　　　　　　　　　5 500
　　　　　贷:原材料/甲材料　　　　　　　　　　　　　5 500

　(10) 1月28日,销售给河南安琪公司主机30台,售价150 000元,增值税25 500元,收到转账支票一张,票号5648。

　　　　借:银行存款/工行存款　　　　　　　　　　　　175 500
　　　　　贷:主营业务收入　　　　　　　　　　　　　150 000
　　　　　应交税费/应交增值税/销项税额　　　　　　　25 500

　(11) 1月31日,预提本月借款利息300元。

　　　　借:财务费用　　　　　　　　　　　　　　　　　300
　　　　　贷:应付利息　　　　　　　　　　　　　　　　300

　(12) 1月31日,财务部用工行存款支付本月电费2 800元,其中生产车间2 400元,人事部300元,财务部100元。

　　　　借:制造费用/水电费　　　　　　　　　　　　　2 400
　　　　　管理费用/其他(人事部)　　　　　　　　　　　300
　　　　　管理费用/其他(财务部)　　　　　　　　　　　100
　　　　　贷:银行存款/工行存款　　　　　　　　　　　2 800

4. 以"003 张芸诚"进行出纳签字,"001 莫浩为"进行审核

5. 修改"付 0002"号凭证,将金额改为 600 元

6. 由操作员"002 朱千"进行记账

7. 冲销"转 0005"号凭证,并对该凭证审核、记账

8. 查询客户往来明细账

9. 查询部门总账

10. 取消记账、恢复记账前状态(选做)

在"对账"窗口按"Ctrl+H"键,然后恢复到"最近一次记账前状态"

提醒:在做账套输出前要重新记账。

11. 备份账套(输出账套)

(1)在 E 盘 200 账套文件夹下建立"综合 4—总账日常业务处理"文件夹。
(2)将 200 账套数据备份到"E:\200 账套\综合 4—总账日常业务处理"文件夹中。

综合五　出纳管理

项目分析

➢ 一、项目概述

在本项目中,要求学生根据情景案例的模拟公司资料,进行查询日记账、银行对账、支票登记簿管理、余额调节表查询等上机操作练习。

➢ 二、情景案例设计

1. 引入数据

引入"综合 4—总账日常业务处理"的备份数据,以操作员"003 张芸诚"的身份注册进入企业应用平台,操作日期是 2013 年 1 月 31 日。

2. 查询现金日记账

3. 登记支票登记簿

1 月 18 日,财务部张芸诚签发工行转账支票一张,票号 2964,支付广告费,限额 8 700 元。

4. 银行对账其实录入

企业工行存款日记账余额为 1 000 000 元,银行对账单期初余额为 970 000 元,有企业已收而银行未收的未达账(2012 年 12 月 25 日)30 000 元。

5.录入银行对账单(表18-21)

表18-21 工行存款对账单

日期	结算方式	票号	借方金额	贷方金额	余额
2013.01.01	现金支票	7681		8 000	962 000
2013.01.10	转账支票	2963		90 090	871 910
2013.01.18	转账支票	2964		8 700	863 210

6.银行对账

对工行存款进行自动对账,对账条件采用默认值。

7.余额调节表查询

查询余额调节表,检查调整后余额是否相等。

8.备份账套(输出账套)

(1)在E盘200账套文件夹下建立"综合5—出纳管理"文件夹。

(2)将200账套数据备份到"E:\200账套\综合5—出纳管理"文件夹中。

综合六　总账系统期末业务处理

项目分析

➢ 一、项目概述

在本项目中,要求学生根据情景案例的模拟公司资料,进行转账定义、生成转账凭证、对账、结账等上机操作练习。

➢ 二、情景案例设计

1.引入数据

引入"综合5—出纳管理"的备份数据,以操作员"002朱千"的身份注册进入企业应用平台,操作日期是2013年1月31日。

2.转账定义

(1)自定义转账。

① 按短期借款期末余额的0.43%计提短期借款利息。

　　借:财务费用(6603)　　　　QM(2001,月)*0.0043

　　　贷:应付利息(2231)　　　　　　　JG()

转账序号:0001;转账说明:计提短期借款利息;凭证类别:转账凭证。

② 计算本期应交所得税。

　　借:所得税费用(6801)　　　　QM(4103,月,贷)*0.25

　　　贷:应交税费/应交所得税(222103)　　　JG()

转账序号:0002;转账说明:计提应交所得税;凭证类别:转账凭证。
③ 按10%的比例计提法定盈余公积。
　　借:利润分配/提取法定盈余公积(410401)　　JG()
　　　贷:盈余公积(4101)　　　　　　　　QM(4103,月,贷)*0.1
转账序号:0003;转账说明:计提法定盈余公积;凭证类别:转账凭证。
(2)对应结转(表18-22)。

表 18-22　对应结转

编号	凭证类别	摘要	转出科目	转入科目	结转系数
0004	转账凭证	结转销项税额	销项税额 (22210104)	未交增值税 (222102)	1.0

(3)期间损益结转。

将本月"期间损益"转入"本年利润"。

3. 转账生成

(1)生成期末"自定义结转"的"计提短期借款利息"的凭证及"对应结转"的转账凭证。

凭证生成后,由"001 莫浩为"审核凭证,由"002 朱千"进行记账。

(2)生成"期间损益"结转凭证。

凭证生成后,由"001 莫浩为"审核凭证,由"002 朱千"进行记账。

(3)生成期末"自定义结转"的"计提应交所得税"的凭证。

凭证生成后,由"001 莫浩为"审核凭证,由"002 朱千"进行记账。

(4)生成"期间损益"结转凭证。

凭证生成后,由"001 莫浩为"审核凭证,由"002 朱千"进行记账。

(5)生成期末"自定义结转"的"计提法定盈余公积"的凭证。

凭证生成后,由"001 莫浩为"审核凭证,由"002 朱千"进行记账。

4. 对账

5. 结账

6. 取消结账(选做)

账套主管"001 莫浩为"在"结账"窗口,选择要取消结账的月份,按 Ctrl+Shift+F6 键激活"取消结账"功能,输入账套主管口令并确定。

提醒:取消结账后必须重新结账。

7. 备份账套(输出账套)

(1)在 E 盘 200 账套文件夹下建立"综合6—总账期末业务处理"文件夹。

(2)将 200 账套数据备份到"E:\200 账套\综合6—总账期末业务处理"文件夹中。

综合七 报表格式设置

项目分析

➤ 一、项目概述

在本项目中,要求学生根据情景案例的模拟公司资料,进行设计利润表的格式、设置计算公式等上机操作练习。

➤ 二、情景案例设计

1. 引入数据

引入"综合6—总账期末业务处理"的备份数据,以账套主管"001 莫浩为"的身份注册进入企业应用平台,操作日期是 2013 年 1 月 31 日。

2. 自定义一张货币资金表

(1)报表格式(表 18-23)。

表 18-23 货币资金表

货币资金表

编制单位:丰丰配件股份有限公司　　　　年　　　　月　　　　单位:元

项目	行数	期初数	期末数
库存现金	1		
银行存款	2		
合计	3		

制表人:莫浩为

格式说明:

① 新建一张 7 行 4 列的报表。

② 将 A1:D1 按行组合单元,A7:D7 按行组合单元。

③ 将 A3:D6 画细实线的网线。

④ 输入报表项目。

⑤ 定义报表的行高和列宽。

A1 的行高是 11;其他行的行高是 7。A 列的列宽是 70,C、D 列的列宽是 35,B 列的列宽是 15。

⑥ 设置单元属性。

A1 单元设置为:宋体 18 号字,粗下划线,水平及垂直方向居中;A3:D3 单元设置为:宋体 12 号字,粗体,水平及垂直方向居中;D2 水平居右;B4:B6 水平居中;C4:D6 水平居右;A7 水平居左。

⑦ 定义关键字。

在 B2 设置关键字"年",在 C2 设置关键字"月"。

(2)报表公式。

库存现金期初数:C4＝QC("1001",月)

库存现金期末数:D4＝QM("1001",月)

银行存款期初数:C5＝QC("1002",月)

银行存款期末数:D5＝QM("1002",月)

期初数合计:C6＝C4＋C5

期末数合计:D6＝D4＋D5

3.保存报表

(1)在 E 盘 200 账套文件夹下建立"综合 7—报表格式设置"文件夹。

(2)将报表保存到"E:\200 账套\综合 7—报表格式设置"文件夹中,文件名"自制货币资金表"。

综合八　报表数据处理

项目分析

> 一、项目概述

在本项目中,要求学生根据情景案例的模拟公司资料,进行报表数据处理、利用报表模板生成利润表、资产负债表等上机操作练习。

> 二、情景案例设计

1.引入数据

引入"综合 6—总账期末业务处理"的备份数据,以账套主管"001 莫浩为"的身份注册进入企业应用平台,操作日期是 2013 年 1 月 31 日。

2.打开"综合七"中的"自制货币资金表"

(1)插入 2 张表页。

(2)在第二张表页录入关键字的值:2013 年 1 月,重算第一页。

(3)在第一张表面录入关键字的值:2013 年 2 月,在第三张表页录入 2013 年 3 月,并重算表页。

(4)对表页按月递增排序。

(5)保存报表数据。

① 在 E 盘 200 账套文件夹下建立"综合 8—报表数据处理"文件夹。

② 将报表保存到"E:\200 账套\综合 8—报表数据处理"文件夹中,文件名"2013 年 1—3 月货币资金表"。

3. 利用报表模板生成"利润表"

(1)新建一张报表。
(2)利用报表模板生成"利润表",所在行业为"2007年新会计制度科目"。
(3)录入关键字的值"2013年1月"并进行表页重算。
(4)保存"利润表"。

将报表保存到"E:\200账套\综合8—报表数据处理"文件夹中,文件名"2013年1月利润表"。

4. 利用报表模板生成"资产负债表"(要求同3)

综合九 薪资管理

项目分析

➢ 一、项目概述

在本项目中,要求学生根据情景案例的模拟公司资料,进行建立工资账套、初始设置、工资项目设置、公式设置、录入工资数据、扣缴所得税、工资分摊并生成转账凭证、月末处理等上机操作练习。

➢ 二、情景案例设计

1. 引入数据

引入"综合3—总账初始设置"的备份数据,以系统管理员"001莫浩为"启用"薪资管理"系统,启用日期为2013年1月1日。以操作员"004何宇松"的身份注册进入企业应用平台,操作日期是2013年1月1日。

2. 建立工资账套

工资账套参数如下:
(1)工资类别个数:2个;核算币种:人民币;不核算计件工资。
(2)代扣个人所得税。
(3)不进行扣零处理。

3. 人员附加信息设置

附加信息为"性别"、"学历"、"职称"、"职务"。

4. 工资项目设置(表18-24)

表 18-24 工资项目

工资项目名称	类型	长度	小数	增减项
基本工资	数值	8	2	增项
职务补贴	数值	8	2	增项
工龄工资	数值	8	2	增项

续表 18－24

工资项目名称	类型	长度	小数	增减项
奖金	数值	8	2	增项
加班费	数值	8	2	增项
事假天数	数值	8	2	其他
事假扣款	数值	8	2	减项

5. 银行名称设置

以账套主管"001 莫浩为"设置银行名称,银行名称为"中国工商银行";账号长度:11;自动带出账号长度:8。

6. 建立工资类别

以操作员"004 何宇松"进行操作。工资类别为:"在编人员",包括所有部门;"临时人员",包括"销售部"和"生产部"。

7. 在编人员档案设置（表 18－25）

表 18－25　人员档案

人员编号	人员姓名	人员类别	行政部门	性别	账号	学历	职称	职务
101	秦哲慧	企业管理人员	人事部	男	10201101001	本科	经济师	总经理
201	莫浩为	企业管理人员	财务部	女	10201101002	研究生	高级会计师	会计主管
202	朱千	企业管理人员	财务部	男	10201101003	本科	会计师	会计
203	张芸诚	企业管理人员	财务部	女	10201101004	本科	会计师	出纳
204	何宇松	企业管理人员	财务部	男	10201101005	本科	会计师	会计
301	吴天国	经营人员	销售一部	男	10201101006	本科	经济师	销售主管
302	关聪力	经营人员	销售一部	男	10201101007	大专	助师	经营人员
303	毛念佳	经营人员	销售二部	女	10201101008	本科	经济师	销售主管
304	冯羽	经营人员	销售二部	女	10201101009	大专	助师	经营人员
401	吴凤曼	经营人员	供应部	女	10201101010	本科	经济师	采购主管
501	鲁杰文	车间管理人员	一车间	男	10201101011	本科	工程师	生产主管
502	杨德依	生产工人	一车间	男	10201101012	大专	技术员	生产人员
503	梁文杰	车间管理人员	二车间	男	10201101013	本科	工程师	生产主管
504	曾琳	生产工人	二车间	女	10201101014	大专	技术员	生产人员

8. 在编人员工资项目设置

在职人员工资项目包括所有工资项目。

9. 在编人员公式设置

职务补贴＝iff(人员类别＝"企业管理人员",500,iff[人员类别＝"车间管理人员",400,200)]

事假扣款＝(基本工资＋职务补贴)/22×事假天数

10. 修改所得税的计提基数

将计提基数设为 3 500。

11. 工资数据录入（表 18－26）

表 18－26 2013 年 1 月工资数据

人员编号	姓名	部门	人员类别	基本工资	工龄工资	奖金	加班费	事假天数
101	秦哲慧	人事部	企业管理人员	4 500	120	150	200	2
201	莫浩为	财务部	企业管理人员	3 800	200	150	120	
202	朱千	财务部	企业管理人员	2 400	70	150		
203	张芸诚	财务部	企业管理人员	1 500	90	150		
204	何宇松	财务部	企业管理人员	2 000	70	150		1
301	吴天国	销售一部	经营人员	1 800	50	150	300	
302	关聪力	销售一部	经营人员	1 300	30	150		
303	毛念佳	销售二部	经营人员	1 800	60	150		
304	冯羽	销售二部	经营人员	1 300	30	150		3
401	吴凤曼	供应部	经营人员	1 800	140	150		
501	鲁杰文	一车间	车间管理人员	1 900	130	150		
502	杨德依	一车间	生产工人	1 100	60	150	400	
503	梁文杰	二车间	车间管理人员	1 900	120	150		
504	曾琳	二车间	生产工人	1100	50	150	530	

12. 查看个人所得税扣缴申报表

13. 工资分摊设置（表 18－27）

工资＝应发合计×100%

职工福利＝应发合计×14％

工会经费＝应发合计×2％

职工教育经费＝应发合计×1.5％

表 18－27　工资分摊表

分摊类型	部门名称	人员类别	借方科目	贷方科目
工资	人事部、财务部	企业管理人员	管理费用/工资(660201)	应付职工薪酬/工资(221101)
	供应部	经营人员	管理费用/工资(660201)	
	销售部	经营人员	销售费用/工资(660102)	
	生产部	车间管理人员	制造费用/工资(510101)	
	生产部	生产工人	生产成本/直接人工(500102)	
职工福利	人事部、财务部	企业管理人员	管理费用/福利费(660202)	应付职工薪酬/职工福利(221102)
	供应部	经营人员	管理费用/福利费(660202)	
	销售部	经营人员	销售费用/福利费(660103)	
	生产部	车间管理人员	制造费用/其他(510101)	
	生产部	生产工人	生产成本/直接人工(500102)	
工会经费	所有部门		管理费用/工会经费(660206)	应付职工薪酬/工会经费(221103)
职工教育经费	所有部门		管理费用/职工教育经费(660207)	应付职工薪酬/职工教育经费(221104)

14. **工资分摊并生成转账凭证**

15. **月末处理**

清零处理的项目有加班费、事假天数。

16. **备份账套(输出账套)**

(1)在 E 盘 200 账套文件夹下建立"综合 9－薪资管理"文件夹。

(2)将 200 账套数据备份到"E:\200 账套\综合 9－薪资管理"文件夹中。

综合十　固定资产管理

项目分析

➢ 一、项目概述

在本项目中,要求学生根据情景案例的模拟公司资料,进行建立固定资产账套、初始设置、资产增加、资产减少、计提折旧并制单、生成增加固定资产的记账凭证等上机操作练习。

➢ 二、情景案例设计

1. 引入数据

引入"综合3—总账初始设置"的备份数据,以系统管理员"001 莫浩为"启用"固定资产"系统,启用日期为 2013 年 1 月 1 日。以操作员"004 何宇松"的身份注册进入企业应用平台,操作日期是 2013 月 1 日。

2. 建立固定资产账套

账套参数如下:

(1)启用月份:2013 年 1 月。

(2)主要折旧方法:平均年限法(一);折旧汇总分配周期:1 个月;当(月初已提月份=可使用月份－1)时将剩余折旧全部提足。

(3)资产类别编码方式:2112;固定资产编码方式:自动编码;编码方式为:类别编号＋序号;序号长度:5。

(4)与账务系统进行对账;固定资产对账科目:1601 固定资产;累计折旧对账科目:1602 累计折旧;在对账不平情况下不允许固定资产月末结账。

3. 固定资产选项设置

固定资产缺省入账科目:1601 固定资产;累计折旧缺省入账科目:1602 累计折旧;月末结账前一定要完成制单登账业务。

4. 部门对应折旧科目(表 18－28)

表 18－28　部门对应折旧科目

部门名称	折旧科目
人事部	管理费用/折旧费(660205)
财务部	管理费用/折旧费(660205)
销售部	销售费用/折旧费(660104)
供应部	管理费用/折旧费(660205)
生产部	制造费用/折旧费(510102)

5. 资产类别(表18-29)

表18-29 资产类别

类别编码	类别名称	使用年限	净残值率	计提属性	折旧方法	卡片样式
01	房屋建筑物	30	1%	正常计提	平均年限法(一)	通用样式
011	行政楼	30	1%	正常计提	平均年限法(一)	通用样式
012	厂房	30	1%	正常计提	平均年限法(一)	通用样式
02	生产线	10	3%	正常计提	平均年限法(一)	通用样式
021	1号生产线	10	3%	正常计提	平均年限法(一)	通用样式
022	2号生产线	10	3%	正常计提	平均年限法(一)	通用样式
03	设备			正常计提	平均年限法(一)	通用样式
031	交通运输设备	10	5%	正常计提	平均年限法(一)	通用样式
032	办公设备	5	2%	正常计提	平均年限法(一)	通用样式

5. 增减方式及对应入账科目(表18-30)

表18-30 增减方式及对应入账科目

增加方式	对应入账科目	减少方式	对应入账科目
直接购入	银行存款/工行存款(100201)	出售	固定资产清理(1606)
投资者投入	实收资本(4001)	盘亏	待处理固定资产损溢(190102)
捐赠	营业外收入(6301)	投资转出	长期股权投资(1511)
盘盈	待处理固定资产损溢(190102)	捐赠转出	固定资产清理(1606)
在建工程转入	在建工程(1604)	报废	固定资产清理(1606)

6. 固定资产原始卡片(表18-31)

表18-31 固定资产原始卡片

卡片编号	00001	00002	00003
固定资产编号	01200001	02100002	03100003
固定资产名称	B区厂房	硬盘生产线	汽车
类别编号	012	021	031
类别名称	厂房	1号生产线	交通运输设备
使用部门	二车间	一车间	人事部/财务部(各占50%)
增加方式	在建工程转入	在建工程转入	直接购入
使用状况	在用	在用	在用
使用年限	30年	10年	10年
折旧方法	平均年限法(一)	平均年限法(一)	平均年限法(一)

续表 18-31

卡片编号	00001	00002	00003
开始使用日期	2012-01-28	2012-03-15	2012-02-01
原值	800 000	1 000 000	180 000
累计折旧	24 640	80 000	20 000
对应折旧科目	制造费用/折旧费（510102）	制造费用/折旧费（510102）	管理费用/折旧费（660205）

7. 增加固定资产

2013年1月17日，直接购入并交付使用电脑两台，其中，销售一部一台，采购部一台，预计使用年限为5年，原值5 950元，净残值1%，采用"平均年限法（一）"计提折旧。

8. 计提固定资产折旧

9. 批量制单

生成增加固定资产和计提折旧的凭证。

10. 将生成的凭证审核并记账

(1) 由"003 张芸诚"在总账系统中进行出纳签字。

(2) 由"001 莫浩为"在总账系统中进行审核。

(3) 由"002 朱千"在总账系统中记账。

11. 对账

在固定资产系统中进行对账。

12. 结账

13. 备份账套（输出账套）

(1) 在E盘200账套文件夹下建立"综合10—固定资产"文件夹。

(2) 将200账套数据备份到"E:\200账套\综合10—固定资产"文件夹中。

参考文献

[1] 薛祖云.会计信息系统.学习指导、练习与实验[M].3版.厦门大学出版社,2006.
[2] 武新华,段玲华,唐坚明.会计电算化系统实务操作教程[M].北京:机械工业出版社,2007.
[3] 胡汉祥,杨海芬.会计电算化[M].北京:机械工业出版社,2008.
[4] 王新玲,房琳琳.朋友ERP财务管理系统实验教程[M].北京:清华大学出版社,2009.
[5] 袁咏平.会计电算化项目化教程[M].北京:冶金工业出版社,2010.
[6] 付一得.会计信息系统[M].北京:中央广播电视大学出版社,2010.
[7] 李霞,张爱侠.会计电算化教程[M].北京:首都经济贸易大学出版社,2010.

图书在版编目(CIP)数据

会计电算化实训:用友8.7版/李迎,周平根主编
—西安:西安交通大学出版社,2013.12(2022.7重印)
ISBN 978-7-5605-5895-0

Ⅰ.①会… Ⅱ.①李… ②周… Ⅲ.①会计电算化
Ⅳ.①F232

中国版本图书馆CIP数据核字(2013)第303845号

书　　名	会计电算化实训(用友8.7版)
主　　编	李　迎　周平根
责任编辑	赵怀瀛
出版发行	西安交通大学出版社 (西安市兴庆南路1号　邮政编码 710048)
网　　址	http://www.xjtupress.com
电　　话	(029)82668357　82667874(市场营销中心) (029)82668315(总编办)
传　　真	(029)82668280
印　　刷	西安日报社印务中心
开　　本	787mm×1092mm　1/16　印张 19.75　字数 478千字
版次印次	2014年1月第1版　2022年7月第7次印刷
书　　号	ISBN 978-7-5605-5895-0
定　　价	56.00元

如发现印装质量问题,请与本社市场营销中心联系。
订购热线:(029)82665248　(029)82665249
投稿热线:(029)82668133
读者信箱:xj_rwjg@126.com

版权所有　侵权必究